JN210130

読むラグビー

大友信彦
Nobuhiko Otomo

実業之日本社

図解 ラグビーのグラウンド

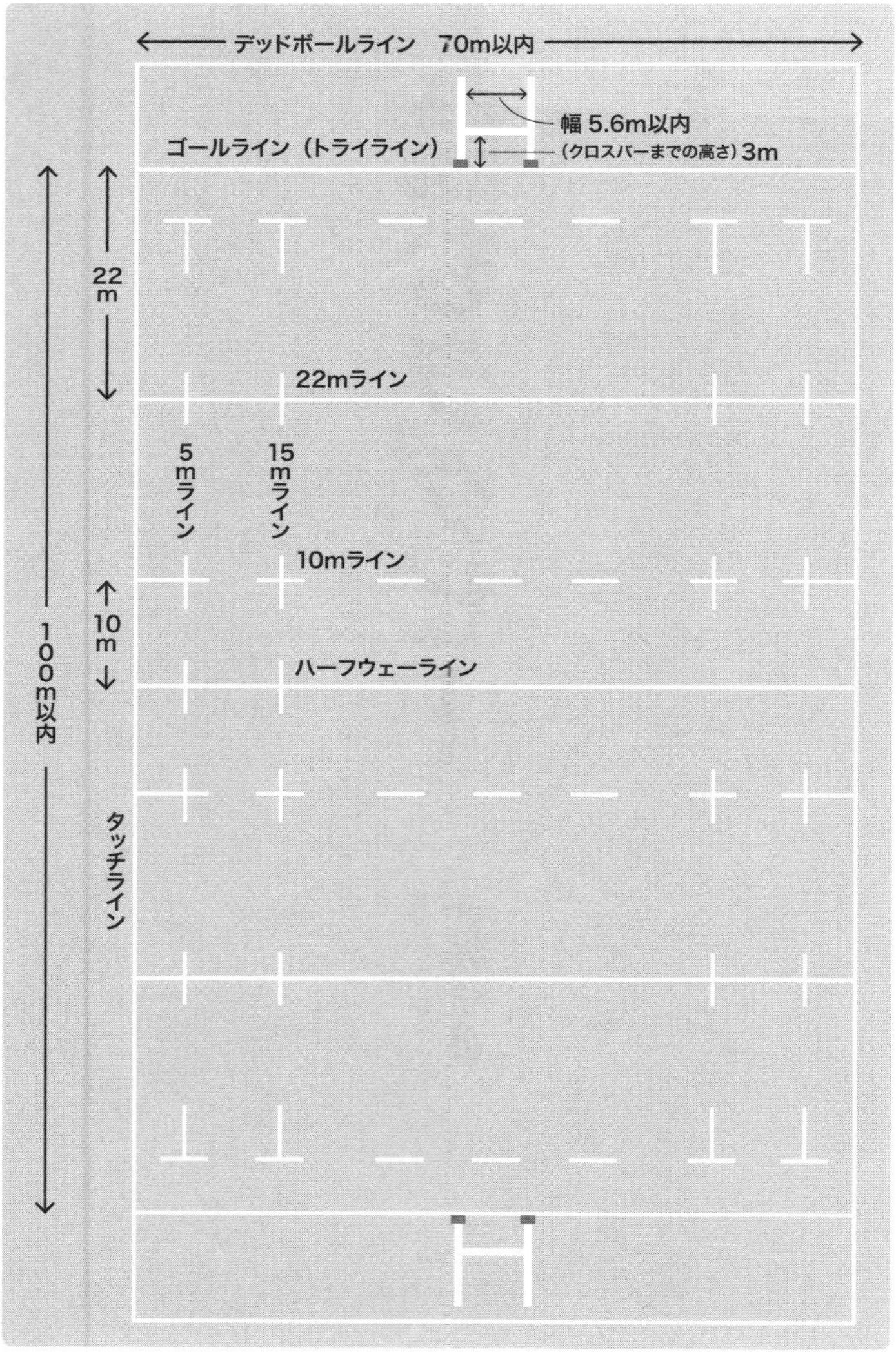

図解 ラグビーのポジション名とユニットの呼び名の例

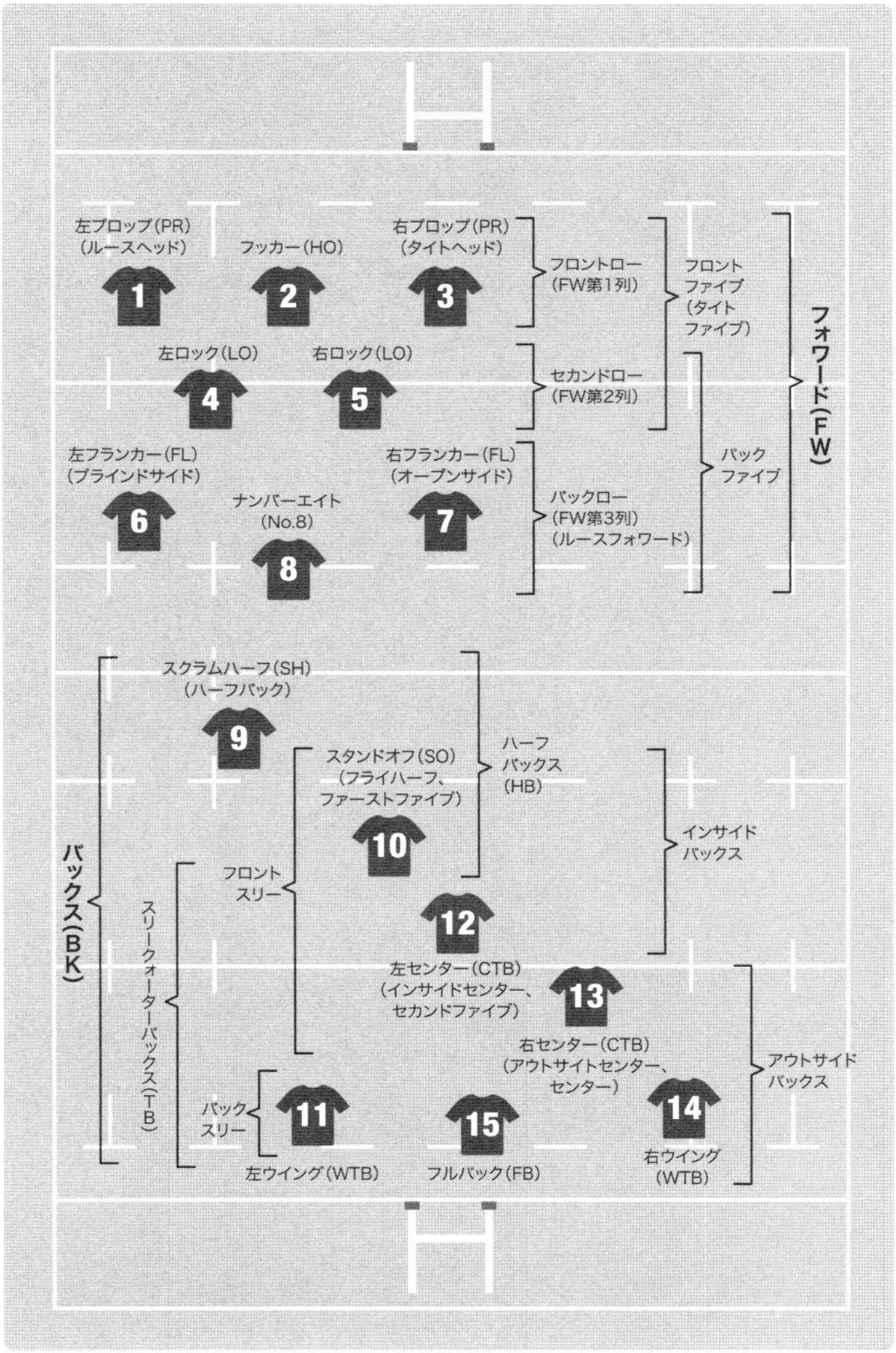

はじめに

ラグビーワールドカップ日本大会が始まる。

4年前の2015年イングランド大会では、日本が優勝候補の巨人国・南アフリカを開幕初戦で破る大金星をあげ、列島にラグビーブームを引き起こした。難しいゴールキックを次々に決め、チームを救うタックルも連発した五郎丸歩はワールドカップの大会ベストフィフティーンに選ばれ、国民的ヒーローになった。その後、順調とはいえない時期もあったが、前回ワールドカップでの躍進が評価された日本代表は、2019年ワールドカップの開催国ということもあり、この4年間は世界のトップ国と次々に対戦する僥倖を得た。2016年6月のスコットランド戦から2019年9月の南アフリカ戦までの4シーズンで、日本は「ティア1」と呼ばれる世界ラグビーの上位チーム10カ国すべてと対戦することになる。今回は、ラグビー日本代表にとって、今までにない周到な準備を施して迎える大会になる。

ラグビーワールドカップとはどんな大会か

では、日本にやってくるラグビーワールドカップとはどんな大会なのだろう。

ラグビーワールドカップは1987年に第1回大会が開かれた。サッカーのFIFAワールドカップの第1回大会が開かれたのは1930年。57年も遅れたのは、ラグビーが厳格なアマチュアリズムを謳っていたからだ。プレーによる報酬を認めないだけではない。複数国が集まって「どこが一番強いか」を決めるのではなく、ホーム&アウェーの戦いで「どちらが強いか」を決める対抗戦思想こそラグビー精神である——世界のラグビーは、そんな価値観の上に歴史を築いてきた。

第1回ワールドカップが南半球のニュージーランドとオーストラリアで開催されたのは、南半球勢が大会創設に積極的だったからだ。北半球勢をはじめ、ほとんどの国は、それまでの海外遠征と同じような準備で大会に臨んだ中、ホスト国として、ラグビー王国として、プロフェッショナルな準備で臨んだニュージーランドが圧倒的な強さで優勝を飾り、初代王座に就いた。

パンドラの箱が開いた。

1987年を境として、世界のラグビーはワールドカップを中心に回り始めた。上位国は、当たり前のように「世界一」を目標に掲げ、強化に注力した。旧弊にとらわれ出遅れたチームは悲惨な成績にまみれた。ラグビー界は急激にプロ化が進み、1995年にラグビーの国際統括機関IRBはついにアマチュア規定を撤廃した。選手もコーチも競技に専念する者も現れた。

競技レベルの向上は、より才能のある選手の発見を促す。かつて「貴族のスポーツ」と呼ばれたラグビーは、才能ある選手を求め、その獲得資金を求め、敷居を下げ始めた。スポンサーが導入され、ジャージーに広告が入り、選手が広告に登場し、観客動員を中心に据えたスケジュールが組まれた。

4年に一度のワールドカップは、世界ラグビーの進化のショーケースとなった。優勝チームが手にするウェッブ・エリス・カップはニュージーランドからオーストラリアへ、南アフリカへ、再びオーストラリアへ。さながらパス練習のごとく、南半球の強国の間を往復した。2003年の第5回大会では、ラグビーの母国イングランドが北半球勢初の頂点を掴むが、以後カップは再び南半球へ戻っていった。

世界に存在をアピールしたのは頂点を掴んだチーム、歴戦の強豪国、つまり世界ラグビーのエスタブリッシュメントたちにとってだけのものではない。

無名だった国が、ワールドカップで世界に飛び出していった

1987年の第1回大会では南洋の島国フィジーが8強に勝ち進み、フィジアン・マジックと呼ばれるアクロバティックなラグビーを世界に披露した。

1991年の第2回大会では、フィジーとは日付変更線を挟んで並ぶ島国、西サモア（現サモア）が8強に勝ち進み、アイランダーのフィジカルな強さ、逞しさを世界にアピール

した。

1995年の第3回大会はアパルトヘイトを撤廃し、マンデラ大統領の下国際舞台に復帰した南アフリカが自国開催で劇的優勝を飾った。それは以前の南アフリカ代表チームには存在しなかった有色人種の代表、チェスター・ウィリアムズを擁してのものだった。

1999年の第4回大会ではアルゼンチンが初めての8強に勝ち進む。2003年大会では伝統国優遇の日程操作に敗れたが、2007年大会では8強の壁も突破、伝統の5カ国対抗勢を次々と破り世界3位まで上り詰めた。

ワールドカップは、それまでの国際ラグビーのメインステージには存在しなかった国に、チームに、選手に、ステージに繋がる扉を開いたのだ。無論、誰でもステージに登れるわけではないが、頑健な肉体と才能を持ち、覚悟を決め、気の遠くなるような努力を重ねた者に、扉は開いた。

2015年、その扉に手をかけ、階段に足をかけたのが、他ならぬ日本だった。

そして2019年、これまでラグビー伝統国でのみ開かれていたラグビーワールドカップが、初めて伝統国以外に開催地を移す。その場所が日本だ。

「伝統国」「IRB創設8カ国」「強豪国」どの肩書きも当てはまらない日本でワールドカップが開催されることは、ラグビーが目指した世界へのオープン化の総仕上げだ。

日本でのワールドカップ、祝祭が始まる

たくさんの人が、初めてラグビーを見るだろう。世界の頂点を争うチームの激しさとスピードに目を見張り、100kgを超える肉体同士の激突を堪能し、魔法のようなパス、ステップに大声を上げるだろう。やってくるのは強豪国だけではない。今まで聞いたこともないような国からやってきたチームが、誇り高くピッチを駆け、勝敗や点差とは無関係に体を張り、戦い続ける姿を目撃するだろう。そこには勇気があり、献身があり、尊厳があり、友情がある。予想もしなかった試合展開に、決着に、全身鳥肌が立つ瞬間を味わえるかもしれない。試合が終わった瞬間、今の今まで激しくやりあっていた選手たちが笑顔で互いを讃えあう姿に出会うだろう。新しくラグビーの魅力に出会い、ラグビーを好きになる人がたくさんうまれるだろう。

本書を手に取ってくれたあなたは、きっとその一人だ。

2019年9月20日、東京スタジアムのロシア戦で、ラグビーワールドカップ日本大会は開幕する。

1カ月半にわたる祝祭が始まる。

読むラグビー　CONTENTS

CHAPTER 4

世界ラグビーを読み解く

CHAPTER 5

2019へ 釜石と平尾誠二の物語

CHAPTER

1

—

ワールドカップ日本代表戦記

【1987－2019】

日本代表W杯記録

●出場試合数

※現役

順位	試合数	氏名	1987	1991	1995	1999	2003	2007	2011	2015
1	12	小野澤宏時※					4	4	4	
2	10	トンプソン ルーク※						3	3	4
3	9	薫田真広		3	3	3				
	9	元木由記雄		0	3	3	3			
5	8	平尾誠二	3	3	2					
	8	シナリ・ラトゥ	2	3	3					
	8	松田努		0	3	2	3			
	8	大野均※						3	3	2
	8	リーチ マイケル※							4	4
	8	畠山健介※							4	4
	8	日和佐篤※							4	4
12	7	大久保直弥				3	4			
	7	大畑大介				3	4			
	7	長谷川慎				3	4			
	7	箕内拓郎					4	3		
	7	堀江翔太※							3	4
	7	田中史朗※							3	4

●通算得点

順位	得点	氏名	1987	1991	1995	1999	2003	2007	2011	2015	T	C	P	D
1	58	五郎丸歩※								58	1	7	13	
2	40	栗原徹					40				1	4	9	
3	39	廣瀬佳司			7	26	6					3	11	
4	34	ジェームズ・アレジ							34		2	3	6	
5	29	細川隆弘		29							1	8	2	1
6	24	大西将太郎※						24				3	6	
7	20	吉田義人		12	8						3	4		
8	19	朽木英次	11	8							4		1	
9	15	大畑大介				5	10				3			
	15	小野澤宏時※						10	5		3			
	15	遠藤幸佑						10	5		3			
12	14	梶原宏之		4	10						3			
13	13	アンドリュー・ミラー					13				1	1	1	1
14	11	沖土居稔	11									1	2	1
15	10	ロペティ・オト			10						2			
	10	トンプソン ルーク※						10			2			
	10	リーチ マイケル※							5	5	2			
	10	アマナキ・レレイ・マフィ※								10	2			

●通算トライ

順位	トライ	氏名	1987	1991	1995	1999	2003	2007	2011	2015
1	4	朽木英次	2	2						
2	3	吉田義人		3	0					
	3	梶原宏之		1	2					
	3	大畑大介				1	2			
	3	小野澤宏時※					1	1	1	
	3	遠藤幸佑						2	1	
7	2	ノホムリ・タウモエフォラウ	2							
	2	増保輝則		2	0	0				
	2	ロペティ・オト			2					
	2	トンプソン ルーク※						2		
	2	ジェームズ・アレジ							2	
	2	リーチ マイケル※							1	1
	2	アマナキ・レレイ・マフィ※								2

日本代表W杯記録について

ラグビー日本代表のワールドカップの記録は、前回2015年大会で多くの部門が塗り替えられた。

チーム記録でいえば、過去7大会で1勝しかしていなかった日本が、1大会3勝を挙げたのだからすごい。そして個人記録でいえば、象徴は「1大会個人最多得点記録」だ。

これまでの1大会最多得点は2003年大会の栗原徹の40点、以下2011年大会ジェームズ・アレジの34点、1991年大会細川隆弘の29得点（トライ4点時代だ!）、99年大会廣瀬佳司の26点、2007年大会大西将太郎の24点……と続く。それを前回2015年大会で、五郎丸歩は一気に58得点まで塗り替えた。

対照的に、古い記録が破られずに残っているのが「W杯通算トライ」だ。日本代表のW杯個人通算トライの歴代1位は、いまだ1987年第1回大会と1991年第2回大会に出場したCTB朽木英次の「4」だ。テストマッチ通算トライの世界記録69を持つ大畑大介、同じく歴代4位の55を持つ小野澤宏時がいるのだが……彼らは朽木に1差の「3」トライを挙げながら、日本最多には届いていないのだ。吉田義人、遠藤幸佑も同じ。1995年オールブラックス戦で執念の2トライをあげた梶原宏之も「3」で歴代2位タイに食い込んでいる。

記録更新の期待がかかるのは、W杯通算トライ「2」のトンプソンルーク、リーチマイケル、アマナキ・レレイ・マフィか。日本のトライゲッターとして期待されている松島幸太朗は「1」、福岡堅樹はいまだ「0」だ。

最多出場で歴代トップは小野澤宏時だ。2003年から2011年まで3大会連続で全試合出場。必ずしもその時々の指揮官にトップ選手として固定されたわけではないが、2007年大会を率いたJKことジョン・カーワンは勝負に出る試合のメンバーと、主力を休ませる試合のメンバーの「2チーム制」を積極的に進めたが、小野澤は「主力外」で先発した初戦のオーストラリア戦から4試合すべてに出場。03年から07年、11年と3大会連続で全試合出場を果たし、日本代表のワールドカップ最多試合出場のトップに立った。今回のW杯では、38歳で代表復帰を果たしたトンプソンルークが日本大会2試合出場で小野澤に並び、3試合出場でW杯最多出場記録更新となる。

初めてのワールドカップ、手探りの大会

―桜庭吉彦が振り返る1987―

「ワールドカップがどんな大会なのか、まったく想像がつかない中でやっていました。でも、とにかく第1回の大会なんだから、そこに出場できるのは嬉しい、ワクワクする気持ちでいっぱいでしたね」

第1回ワールドカップのことを、桜庭吉彦はそう振り返った。

1987年、それまで基本的にホーム&アウェーの対戦のみで争われてきた世界のラグビーが、ワールドカップという世界大会の枠組みに踏み出した。記念すべきその日本代表に、最年少で選ばれていたのが桜庭だった。

ワールドカップが開かれたのは、秋田工高から新日鐵釜石に加わって3年目の春だった。その1年前、2年目の春の日本代表北米遠征に桜庭は19歳で初めて日本代表に選ばれた。このツアーではテストマッチ出場を果たせなかったが、同年秋の英国遠征・スコットランド戦で初キャップ。その半年後に開かれる第1回ワールドカップにも最年少で選ばれた。

RWC1987　POOL A

	AUS	ENG	USA	JPN	得点(T)	失点(T)	勝ち点
AUS		○19-6	○47-12	○42-23	108(18)	41(5)	6
ENG	×6-19		○34-6	○60-7	100(15)	32(4)	4
USA	×12-47	×6-34		○21-18	39(5)	99(15)	2
JPN	×23-42	×7-60	×18-21		48(7)	123(21)	0

AUS：オーストラリア、ENG：イングランド、USA：アメリカ、JPN：日本

日本代表スコア		1987/5/24 ブリスベン **JPN 18-21 USA** (HT 11-15) 3T2P-3T3C1P		1987/5/30 シドニー **JPN 7-60 ENG** (HT3-16) 1T1P-10T7C2P		1987/6/3 シドニー **JPN 23-42 AUS** (HT 13-16) 3T1C2P1D-8T5C	
メンバー	FW	八角浩司		木村敏隆		木村敏隆	
	FW	藤田剛		藤田剛		藤田剛	1T
	FW	洞口孝治		洞口孝治		相沢雅晴	
	FW	林敏之 C		大八木淳史		林敏之 C	
	FW	大八木淳史		栗原誠治		桜庭吉彦	
	FW	宮本勝文		宮本勝文	1T	宮本勝文	
	FW	シナリ・ラトゥ		林敏之 C		河瀬泰治	
	FW	千田美智仁		千田美智仁		シナリ・ラトゥ	
	HB	生田久貴		萩本光威		生田久貴	
	HB	平尾誠二		平尾誠二		平尾誠二	
	TB	大貫慎二		大貫慎二		沖土居稔	1C2P1D
	TB	朽木英次	1P	松尾勝博		朽木英次	2T
	TB	吉永宏二郎	1T1P	朽木英次	1P	吉永宏二郎	
	TB	ノフォムリ・タウモエフォラウ	2T	ノフォムリ・タウモエフォラウ		ノフォムリ・タウモエフォラウ	
	FB	向井昭吾		村井大次郎		向井昭吾	

「自分は代表に入ったばかりでしたからそれ以前のツアーとは比較できないけれど、オーストラリアに着いてからはチーム全体に『初めての大会だぞ』というワクワク感があったと思います。ただ、準備段階から特別だったかというと、そんなでもなかったかな」

このままじゃ日本に帰れない
——林キャプテンのゲキに燃えたオーストラリア戦

桜庭にとって最後のワールドカップとなる1999年大会では、東京プリンスホテルで壮行会が行われたが、第1回では特別な壮行会を開いてもらった記憶もないという。

「青年館か、協会の会議室かで、こじんまりとやった気がします。合宿は山梨の八田村でやった記憶があるけれど、国内でもそんなに特別感はなかったですね…そのあとのワールドカップと比べると、のんびりしたものでした」

試合そのものへの準備も足りなかった。初戦のアメリカ戦は優勢に試合を進めながら要所でトライを取りきれず、逆に不用意なトライを許し、18対21で惜敗。続くイングランド戦は、初めて公式テストマッチで本気の勝負に来たイングランドに7対60で大敗。2戦2敗で1次リーグ敗退が決まったあとの最終戦、優勝候補の地元オーストラリアとの一戦に、桜庭はワールドカップで初めて先発のジャージーを着た。

「試合前、キャプテンの林敏之さんが『このままじゃ日本に帰れない』って泣きながらみんなにゲキを飛ばしたことを覚えています。それまで以上に気合いが入りました」

試合は優勝候補のオーストラリアに対し、日本が激しい出足とタックルで奮戦。CTB朽木英次はオーストラリアのエース、キャンピージを仰向けに倒すタックルを連発し、鮮やかな2トライをスコア。初先発のWTB沖土居稔はハーフウェー付近から約50mのロングDGも決めた。ファイナルスコアは23対42。

「一番覚えてるのは、NO・8河瀬（泰治）さんの体の張りようですね。すごいタックルだった。出らなくて、ため込んでいた思いがあったんだと思います。自分も、プレーしていて充実感があった」

87年、手探りの第1回大会が終わると、世界のラグビーはすべてが4年に一度のワールドカップを中心に回るようになった。

「またこの舞台に来たい。ワールドカップの舞台で戦って勝ちたいという思いが強くなりましたね」

それが、日本ラグビー史に刻まれる名ロック桜庭吉彦を生み出す力となった。20歳で初めてのワールドカップに臨んだ桜庭は、91年の代表落選を経ることで夢舞台への思いをさらに募らせ、95年南アフリカ大会に2大会ぶりに出場。さらに99年ウェールズ大会まで、足かけ13年、20歳から33歳までワールドカップに挑み続けた。その原点は「どんな大会になるんだろ、ワクワクするな」と無我夢中で体を張った20歳の経験だった。

悲願の1勝は圧勝

——宿沢&平尾ジャパンの到達点

1勝2敗、予選プール3位。W杯初勝利を果すも、目標の決勝トーナメント進出はならず——。ある意味では、最も予想された成績を残して、ジャパンは帰国した。スコットランドには捨身の勝負をかけて大敗。アイルランドには勝つチャンスを掴みかけながら完敗。そしてジンバブエには、誰も予想しなかった一方的な試合で大勝。宿沢監督と平尾主将が率い、この2年半の間強化を続けてきたジャパンは、第2回W杯にいかに臨み、いかに戦ったのか。

ジンバブエ戦勝利のカタルシス ——難産の末の初勝利

SHの堀越正己がスクラムサイドを駆けぬけた。WTB吉田義人がタックラーを突きとばしてインゴールにとびこんだ。WTB増保輝則が、CTB朽木英次がトライを重ね、キャプテンの平尾誠二が芝の上を疾走した。敷きつめられた緑の芝を、ジャパンのスコッド

RWC1991 POOL B

	SCO	IRE	JPN	ZIM	得点(T)	失点(T)	勝ち点
SCO		○24-15	○47-9	○51-12	122(17)	36(3)	9
IRE	×15-24		○32-16	○55-11	102(12)	51(7)	7
JPN	×9-47	×16-32		○52-8	77(13)	87(13)	5
ZIM	×12-51	×11-55	×8-52		31(6)	158(25T)	3

SCO：スコットランド、IRE：アイルランド、JPN：日本、ZIM：ジンバブエ

日本代表スコア		1991/10/5 エディンバラ **JPN 9-47 SCO** (HT 9-17) 1T1C1D-7T5C3P		1991/10/9 ダブリン **JPN 16-32 IRE** (HT 6-19) 3T2C-4T2C4P		1991/10/14 ベルファスト **JPN 52-8 ZIM** (HT 16-4) 9T5C2P-2T	
メンバー	FW	太田治		太田治		太田治	
		薫田真広		藤田剛		薫田真広	
		田倉政憲		田倉政憲		田倉政憲	
		林敏之		林敏之	1T	林敏之	
		エケロマ・ルアイウヒ		大八木淳史		大八木淳史	
		梶原宏之		エケロマ・ルアイウヒ		エケロマ・ルアイウヒ	1T
		中島修二		梶原宏之	1T	梶原宏之	
		シナリ・ラトゥ		シナリ・ラトゥ		シナリ・ラトゥ	
	HB	村田亙		堀越正己		堀越正己	1T
		松尾勝博		松尾勝博		松尾勝博	1T
	TB	吉田義人		吉田義人	1T	吉田義人	2T
		平尾誠二 C		平尾誠二 C		平尾誠二 C	
		朽木英次		朽木英次		朽木英次	2T
		増保輝則		増保輝則		増保輝則	2T
	FB	細川隆弘	1T1C1D	細川隆弘	2C	細川隆弘	5C2P
	リザーブ	藤田剛		薫田真広	→2	藤田剛	
		高橋一彰		高橋一彰		高橋一彰	
		大八木淳史		宮本勝文	→6	宮本勝文	
		堀越正己		村田亙		村田亙	
		元木由記雄		元木由記雄		元木由記雄	
		前田達也		前田達也		前田達也	

達は自由に走り回っていた。

1991年10月14日、アイルランド島北東端、英国領北アイルランドのベルファストにあるレイベンヒル・スタジアムで行われたジンバブエ戦。曇天のもと、地の涯てを思わせる寒い町で行われたこの試合は、日本にとって夢のような展開で進んでいた。

前半3分、日本はFB細川隆弘がPGを決めて先制し、18分には堀越が両チーム初トライ。ジンバブエも23分、エースのCTBツィンバがトライを返すが、28分には相手ゴール前のスクラムから、ジャパン得意のサインプレー⑧⑨⑪が決まり、吉田がインゴールへ。左隅からインゴールに入った吉田は、そのままゴール中央まで回り込んだ。ジンバブエのディフェンスはすでに諦めていたのか。このとき、勝負は決していたのかもしれない。後半は日本が7トライをたたみかけた。吉田と朽木、増保が2本ずつ、堀越、SO松尾勝博、フランカーのエケロマ・ルアイウヒが1本ずつ、計9トライを奪う52対8の大勝。これは今回のW杯プール戦における1試合最多トライであり、日本代表のテストマッチ過去114試合における最多得点記録でもあった。ジンバブエは2トライを返しただけだった。

だが、ジンバブエとの差がこんなにあったとは思えない。ジャパンのアタックがジンバブエを萎えさせるほどに効果的だったのであり、それだけジャパンの闘志がまさっていた——それがスコアをこんなにも開かせたのだ。

難産の末の初勝利だった。

初戦のスコットランド戦は、47対9の完敗だった。

スコットランドは、2年前の日本遠征には参加していなかったフランカーのジョン・ジェフリー、フルバックのガヴィン・ヘイスティングスら世界に名を轟かせたビッグネームを並べたベストの布陣で日本を迎え撃った。日本の宿沢監督は、SHにそれまでキャップわずか1ながら、抜群のスピードを持つ村田亙を起用した。地力に優るスコットランドに対し、ゲームのバランスを崩せる最終兵器は、密集サイドを切り裂く村田のスピードしかない――そんな期待を込めた起用だった。だが残念ながら、スコットランドは一切隙を見せなかった。9対47。完敗だった。

焦点は、続くアイルランド戦だった。アイルランドはこの年の5カ国対抗で3敗1分と勝利ナシに終わっていた。そしてアイルランドは、日本戦には主力を外した布陣で臨んだ。FW第1列の3人をはじめ、ジンバブエ戦4トライ（といってもうち3本はスクラムトライだが）のNO・8ロビンソン、宿沢監督が「警戒しないと」と指名したWTBゲーガンなど、初戦に出場したメンバーのうち8人が欠場。メンバーをみた柄木は「なめとんちゃうか」と呟いた。アイルランドのフィッツジェラルド監督は「日本を甘くみてるわけではないが、我々は中2日でスコットランドと戦わねばならないのだ」と釈明した。いずれにしろ、チャンスだ。

事実、日本はアイルランドに食い下がった。前半36分には相手のドロップアウトからエケロマ―松尾―エケロマ―大八木とつなぎ林敏之がトライ。後半18分には自陣22mラインのPKから速攻をかけ、左サイドでボールを持ったWTB吉田が大きなスワーブでトイメンを抜き、相手陣22mラインまで激走。相手タックルを受けたところで松尾がつなぎ、サポートしたフランカー梶原宏之が飛び込む、大会ベストトライにもノミネートされたスリリングなトライを披露。終了直前には相手ゴール前のスクラムからお家芸のサインプレー「⑧⑨」でWTB吉田が大会初トライ。どれもが極上のトライだった。

しかし日本は勝てなかった。主力が抜けたアイルランドは愚直に日本にプレッシャーをかけ、激しく体をぶつけ、日本のこぼれ球は見逃さず、ペナルティを得れば大会得点王になるSOラルフ・キーズが実直に3点を蹴り込んだ。キーズがボールを立てるとランズダウンロードの5万6000人の観衆は静寂を作ってキーズを助けた。そして日本の細川が芝にボールを立てるとけたたましい声をあげてプレッシャーをかけた。ランズダウンロードの名物、スタンド下を走る電車の騒音が聞こえないほど。その圧力に気圧されたのか、正確なキックを誇った細川も、前半25分、最初のPGを外してしまった。最終スコアは16対32。トライ数は3対4と1本しか差がなかったのにダブルスコア。必死に食い下がり、奪った3トライのクオリティは、数字には表れなかった。

「日本の3トライは、素早いカウンターアタックと早いパス回し。我々のディフェンスが云々よりも、日本をほめるべきです」アイルランドのフィッツジェラルド監督は、過去何十人もの外国チーム監督と寸分違わぬことを口にした。

「やっぱり力の部分の差が、細かいミスになって出ている。アイルランドはそこを見逃さず突いてくる。もっと体の大きな人材を育てていかないと、5カ国クラスの相手と対等に戦うことはできない」宿沢監督も、過去の多くの日本の監督と同じことを口にした。

2戦2敗。日本のプール戦敗退が決まった。

平尾の激走が示したもの ——日本が世界で勝つために必要なものとは

その5日後。ベルファスト。試合後の会見室で、進行役の役員が、口から泡を飛ばしてまくしたてる。

「今日、この試合をベルファストの子供たちが見ることができたことは素晴らしいことです。日本のアタックは素晴らしかった。キックばかり蹴るんじゃなく、ボールを持って走り、パスをしてつなぎ、みんなでトライを取る。これこそがラグビーなのです！」

「もっと競ると思ってた。ジンバブエも、あんなに簡単に抜けるほど弱いチームじゃないんだけどね。こっちも疲れもあって、どうしてもひとつは勝ちたいという思いの強さもあって、最初は空回りしていた。でも、W杯に来て初めて先行できたからね。最後は『せっかくだから、早く50点いかないかな』って思ってたよ」

3戦目で初めてのW杯勝利を掴んだ宿沢監督は冗談めかして言った。言葉には安堵感がにじみ出ていた。

だが、主将の平尾の思いは、監督よりもシビアだったようだ。

「最後にこれだけトライをとれて、いく分かは気が晴れました。でも、負けた2試合も、やろうとすることはできかけてたんです。それが今日は、よりスムーズにできたということです」

記念すべきW杯初勝利のインタビューだというのに、平尾は自ら、敗れた2試合のことを話しはじめた。

「いろんな思いがあるんです。ひとつには、くやしい。アイルランド戦のことです。なんで、あんなゲームで勝てないんや？と、すごく悔しい。僕は『勝てたんちゃうかなあ、もっと自信持ちゃええんちゃうかなあ』と思ってました。みんな、絶対に対等に戦うだけの力はあるし、それだけのチームをみんなで作ってきたんやから、このくらいできて当然なんです。なんでもっと自信持たんのや、と」

言葉の裏側には、そこへ導けなかった自らへの悔いもあったかもしれない。ジャパンのキャプテンになって2年半。26歳だった若き主将は、3カ月後に29歳になる。三十路を目前にして大願を果せなかった口惜しさ。しかも次のチャンスは、4年後しかめぐってこない。

ジンバブエ戦で印象的だったのは後半30分のプレーだ。ジンバブエはキックオフからFWが日本陣に殺到した。前進する密集の中から日本FWが辛うじて出したボールは、22m線近くで平尾にわたった。平尾は一旦後ろへ走り、22mラインの内側へ入った。スコアは36対8まで開いていた。無理をする必要はない場面だ。タッチキックを蹴るのか――。

だがそんな予想は裏切られた。迂回してスペースをみつけた平尾は、右タッチライン沿いを猛然とカウンターに転じたのだ。22mラインを超え、10mラインを超えてさらに加速。ハーフウェイラインも超え、さらに敵陣の10mラインまでも進んだ。かつてのスピードが影をひそめ、パスダミーを駆使する技巧派センターに変身したように見えた平尾が、久しぶりにみせた本格派の走り。その姿は脚が折れるまで走ってやる、というバクチにも、まだ走れるぞという自分への叱咤にも見えた。試合開始から70分が過ぎ、30点近い点差がついていているとは思えない全開の走り。この疾走に平尾のキャプテンシーが見えた。

「キツかったですわ、今日は」

そのプレーのことを訊くと、平尾は少し照れくさそうに笑った。

「みんな、パンクするくらい走らんと、日本のラグビーはできんのですよ。こっちがパンクするか、向こうがパンクするか、そこまでぎりぎりのところでやらんと通用せんのです。それを、今日やったヤツらはわかったと思う」

幸い、平尾の実感は、次の世代にも着実に根を下ろしている。アイルランド戦のあと、吉田が言った。

「タッチ蹴ってゲーム切って、なんて考えてたらダメですね。敵ボールのラインアウトは100％とられますから。こっちからね、最初から動いて仕掛けていかなきゃダメ。そこまでやって初めて、勝つ可能性が出てくるんですよ」

やはりアイルランド戦で、FBの細川も同じことを言っていた。

「堀越が無理な姿勢からパスしてトライをとられた（前半12分）けど、こういう試合は無理なパスをしてでも仕掛けていかないと、勝てないですよ」

その堀越は、ジンバブエ戦のあとで言った。

「最後にひとつでも勝てたのはよかったけれど、決勝トーナメントに進めなかったっていう口惜しさの方が強い」

若いBKプレーヤー達には「ラグビー先進国」に対する気後れがない。「善戦」という言葉に安住しようという考えは、カケラもない。

悲願のW杯初勝利達成。それはもちろん嬉しいことだ。だが、プール戦突破を狙える組合せと、対戦相手の油断という幸運に恵まれながら、それがならなかったという悔しさ――それこそが、これからの日本ラグビーを成長させる原動力になるに違いない。

宿沢監督、平尾主将という類稀な智将によるいる二人三脚が率いたこの2年半、ジャバンは確実に力をつけた。

平尾が言ったように、対等に戦えるだけの力はあったと思う。自信、そして勝つ意欲という、メンタル・フィットネスが勝利まで届かなかっただけだろう。だが、それもジンバブエに勝ったことで「根拠」ができた。ジャパンは、まだ伸びるのだ。

宿沢。平尾コンビの役目は終っていない。この口惜しさと自信を、次の戦いにつなげなければ、このチームのストーリーは完成しないのだ——。

（『ラグビーワールド』1991年12月号『悲願の1勝は圧勝 悔しさは成長の糧に！』を大幅改稿）

「届かぬ一歩」日本代表かく敗れたり

記者席の後方から、空き缶が飛んできた。

薄暗くなったスタジアムに残っているのは、いい加減できあがった酔っ払いと、朝刊の最終版に間に合わせようとしている日本の記者だけ。机に向かう誰も皆、背中が丸い。

何ごとか、背後から叫び声。2階席は協賛企業のパトロンズ・シート。ろれつの回らぬ巻き舌のアフリカーンス語。言葉はわからずとも、言ってることはおおよそ見当がつく。

「バカヤロー」

「金返せ」

「こんな試合、見にきたんじゃねえ」

酔っ払いの罵声など、洋の東西を問わない。

1995年5月27日、ブルームフォンテーン。フリーステート・スタジアム。ウェールズが日本を軽々と放り捨てておよそ1時間。夕闇の中で、ワープロを叩くカタカタという

RWC1995　POOL C

	NZL	IRE	WAL	JPN	得点(T)	失点(T)	勝ち点
NZL		○43-19	○34-9	○145-17	222(28)	45(5)	9
IRE	×19-43		○24-23	○50-28	93(13)	94(11)	7
WAL	×9-34	×23-24		○57-10	89(9)	68(8)	5
JPN	×17-145	×28-50	×10-57		55(8)	252(35)	3

NZL：ニュージーランド、IRE：アイルランド、WAL：ウェールズ、JPN：日本

日本代表スコア		1995/5/27 ブルームフォンテイン **JPN 10-57 WAL** (HT 0-36) 2T-7T5C4P		1995/5/31 ブルームフォンテイン **JPN 16-32 IRE** (HT6-19) 3T2C-4T2C4P		1995/6/4 ブルームフォンテイン **JPN 17-145 NZL** (HT　14-19) 2T2C1P-21T20C)	
メンバー	FW	太田治		太田治		太田治	
		薫田真広 C		薫田真広 C		薫田真広 C	
		高橋一彰		田倉政憲	1T	高橋一彰	
		桜庭吉彦		桜庭吉彦		桜庭吉彦	
		B.ファーガソン		B.ファーガソン		B.ファーガソン	
		梶原宏之		梶原宏之		梶原宏之	2T
		シナリ・ラトゥ		シナリ・ラトゥ	1T	井沢航	
		シオネ・ラトゥ		シオネ・ラトゥ		シナリ・ラトゥ	
	HB	堀越正己		堀越正己		村田亙	
		平尾誠二		平尾誠二	1T	広瀬佳司	2C1P
	TB	増保輝則		吉田義人	4C	吉田義人	
		元木由記雄		元木由記雄		元木由記雄	
		吉田明		吉田明		吉田明	
		L.オト	2T	L.オト		L.オト	
	FB	松田努		松田努		松田努	
	リザーブ	村田亙		村田亙		堀越正己	
		松尾勝博		広瀬佳司		松尾勝博	
		今泉清		今泉清		今泉清	
		弘津英司		弘津英司		弘津英司	
		田倉政憲		高橋一彰		浜辺和	
		井沢航		井沢航	→8 1T	赤塚隆	→8

音だけが機械的に響いていた。

第1戦　VSウェールズ　大敗

平尾誠二の代表復帰。5月3日、W杯を控えてのルーマニア撃破。回り道を経てきたジャパンは、直前になって上昇気流を掴まえ、南アフリカ入りしたように映った。4月に敢行した菅平での高地馴化合宿の成果もあってか、標高1400mの薄い空気の中でも、ジャパンの動きは鈍くなかった。

しかし、初戦を3日後に控えた24日、思わぬ発表があった。

吉田義人がメンバーを外され、ウェールズ戦は増保輝則が左WTBで出場するという。吉田は、ルーマニア戦まで27テストマッチ連続出場を果たしている日本の看板プレイヤーだ。前回W杯の活躍と、続く92年に世界選抜の一員としてNZオールブラックスから奪ったトライで、その名は本場にも届いている。その吉田が、初戦を外された。

「ディフェンス重視です」。小藪修監督の談話には、記者の誰もが首を傾げた。ジャパンがW杯直前になって上昇気流を得たのは、SO平尾の戦術眼を頼りに、どこからでも攻めていく「イケイケ・ラグビー」を選択したからではないのか。W杯で対戦する強豪国を相手に日本が上回れるとしたら、それは破滅的なまでにゲームのスピードを上げ、相手が予測しないところから、バクチまがいの攻撃を仕掛けることしかないと確認したからではないのか。

ほとんどの取材記者は、25日にケープタウンで行われた感動的なオープニング・セレモニーと、開幕戦の南ア対豪州、触れれば指が切れそうなほどに緊張を高めきった濃密なゲームを報じてから、ウェールズ戦前日の26日、ブルームフォンテーン入りした。

「ディフェンス重視やないですよ」

増保起用を進言したという平尾は、〝事実上の監督〟らしく、明瞭に説明を始めた。

「WTBの役目はトライをとることやなくて、展開で前へ運んだボールを継続させることなんです。その点では体のある増保がいいんじゃないか。どちらがいいかというのは、見方にもよるけれど」

同じ日、小藪監督は「でも、たぶん次は吉田を出すよ。一発ずつ試していくんだから」と発言。W杯に来てまで何を〝試す〟のか、と思っていると、他の記者が先に口を開いた。

「この試合で増保がすごく良くても、次は吉田ですか。」至極当然な疑問。しかし小藪監督は、この質問に声を荒げた。

「そんなことはどうでもいいだろ！　グダグダ言うようなことじゃないよ。こっちが総合的に判断して決めたことなんだから、しつこく訊く必要なんかないだろ」

もちろん吉田とて、いくら連続出場を続けていて世界に名を知られたWTBとはいえ、長所短所を併せ持つ一人の選手だ。ディフェンス、コンタクト、キープ力という課題は、常について回っている。それは本人も自覚している。実際、冴えぬプレーをみせた2月のトンガ戦や4月2日の三地域選抜戦の不振を理由に、5月3日のルーマニア戦で外すのならば、本人も納得したはずだ。

しかし実のところ、吉田の調子は4月中旬の菅平合宿を境に充実の一途をたどり、周囲を圧するほどになっていた。その充実ぶりは〝自己鍛錬の鬼〟梶原宏之を唸らせるほど。

「やっぱ、W杯を前にすると、勝手に力がみなぎってくる感じですね。ずっと、もう一度あの舞台で活躍したいと思って、目標にして体を作ってきましたから」。出発前にそのことを問うと、吉田は嬉しそうに話したものだ。

対して増保はどうだったか。

「出られるとは思ってなかったから、(メンバーに)名前を呼ばれたときはびっくりした」は正直なコメントだろう。だが、W杯初戦の3日前に、心の準備もできていない選手の起用を決めるとは、どうにも合点がいかない。

増保を責めるつもりは毛頭ない。ウェールズ戦ではイージーなキックを外したとはいえ、彼はそもそもゴールキックのスペシャリストではない。責任は彼を起用した首脳陣と、計算していないはずのPGをプレッシャーかのかかる場面で狙わせたゲームリーダーにある。

前半15分、右中間30mという「入れ頃外し頃」のPGは、同時に〝新生ジャパン〟の意志を世界に向けて発表できる「攻めどころ」にも思えた。ここで不慣れなキッカーに賽を預けた時点で、試合の興味は薄れたと言ったら言い過ぎか。

この日、スタジアムの中は、ひたすら胸を締めつけられる80分間。前半25分自陣ゴール前で相手がノックオンしたボールを、堀越正巳がデッドボールラインに蹴り出そうとしたところをSHムーアに抑えられて初トライを許すと、あとは悪い夢。28分、39分にWTBエバンス、ハーフタイム直前にはWTBトマスがトライ。CTBジェンキンスは、コンバージョンとペナルティー合わせて7本のキックを決めて36対0。後半に入ってジャパンは果敢に攻め、21分と終了直前にロペティ・オトが2トライを返すが、所詮は勝負が決まったあとのもの。むしろ、破れかぶれの日本の攻撃に対して執拗にタックルを決め、懸命に防戦していたウェールズの姿に感銘を覚えたほど。2年前のカーディフ、5対55の敗戦とあまりにも似すぎた展開に、ただただ小さくなるばかりの我々の頭上を、空き缶が飛んでいった。

日本の記者としてこういうことを書くのはとても気がひけるが、点数はともかく大敗は予想できた。その根拠はウェールズの練習を取材したときの感想だ。

印象的だったのはタックル練習。5m間隔で向き合った選手が、相撲の立ち合いよろしく猛然とダッシュしあい、一方がタックルして相手を抱えあげたまま前へ運ぶ。練習の間、笑い声や私語は皆無。ジョークとじゃれあいが飛び交う牧歌的な日本の練習を見慣れた目には、新鮮かつ厳粛に映った。サイズ、パワー、技術に劣る上に闘志まで上回られては、よほどの戦略があっても勝ち目は薄い。ましてや……。

同じことはアイルランドにも言えた。ノエル・マーフィー団長はジョークを交えて気さくに話したものの、練習が始まると日本のTVカメラに向かい「ここからは撮らないでくれ」と再三叫ぶなど、表情は一変した。選手たちも怖いほどに真剣で、まさしくアイルランドの〝魂のラグビー〟を思わせる集中力。仮にアイルランドが日本より小さなチームでも、この練習を見ればその勝利を予想したような気がする。

それでも5月30日、第2戦の前日練習は、ジャパンとしては締まった雰囲気の、何かを感じさせるものではあった。

常に周囲を締める存在である梶原宏之、桜庭義彦、太田治に加え、異常なまでに闘志のオーラを発散させる田倉政憲、吉田義人がメンバーに復帰したのが一因だ。初戦の前はどこか掴みどころのない印象のあった平尾も、代表最後の試合と心に決めているせいか、勝負への執念を漂わせていた。

あるいは、歴史的な勝利を掴めるのでは。

大会前に抱いた淡い期待が再び浮き上がってくる反面、これが5月3日のルーマニア戦のメンバーそのもの、いわば今回W杯の基本形であり、なぜこのラインアップを初戦から並べなかったのか、虚しさも消えなかった。

第2戦　VSアイルランド　力は出し切ったが……

明けて31日。試合はアイルランドが先制した。シオネ・ラトゥが治療退場で14人対15人になっていた11分に、ポールに当たって跳ね返ったPGを展開してFLコークリーがトライ。19分にはモールからNO・8ジョーンズが突進し、ロックのフランシスがトライ。25分には自陣でのパスミスでカウンターを浴び、WTBゲーガンにインゴールを奪われた。しかしこのゴールキックに、シオネとの交代で出場したばかりの井沢航が執拗に走ってプレッシャーをかけ、SOバークの失敗を誘う。そのひたむきさが流れを変えた。

33分。ほぼ中央のPKからファーガソンが速攻。素速い球出しから右ラインの展開を梶原がフォローして右スミにダイブ。惜しくもトライは認められなかったが、直後のスクラムで堀越が敵FBオシェイにチャージをかけ、ボールを取り返す。次のスクラムからオト、吉田明が連続突進し、34分、シナリ・ラトゥがついにインゴールをこじあけた。

さらに38分。中央のFKからスクリーンを作り、シナリが再び突破。マークが集まったところで井沢につなぐと、途中出場の背番号21はおよそ40mを走り切ってゴールポスト下に転がりこんだ。どちらも吉田義人が堅実にゴールを決め、14対19。

後半、アイルランドはなりふり構わずに勝利を掴みにきた。ボールを奪うと日本陣深くに蹴りこみ、ドロップアウトに。あとはパワーと高さでボールを支配し、力ずくのトライを狙う。後半2分と23分には、ゴール前スクラムを徹底的に押し込んで日本の反則を誘い、ともに認定トライを勝ち取る。どれほどブーイングを浴びようが、極東の島国なんぞに負けるわけにはいかない。日本が開けたパンドラの箱は、予想以上に凄味があった。

しかし、ジャパンの攻撃はフリーステート・スタジアムの観衆を熱狂させた。後半15分、エース吉田義人が左オープンで二人を抜き、トライ目前に迫ったときには絶叫の渦がスタンドに起こった。相手キックを懸命に戻って捕った松田努が、カウンターから蹴り返して吉田義人とともに相手SHホーガンを潰した17分には、スタンドのほとんどが立ち上がっていた。そして19分、元木由記雄との鮮やかなループから平尾が、テストマッチで初めてというトライを決めたときには、スタジアム中がジャパンの熱狂的サポーターと化していた。突き放されても追いすがるジャパンは33分、PKから薫田真広が突進し、ラックサイドに持ち出した田倉政憲が梶原に引きずられるようにしてトライ。吉田義人は4つのゴールすべてに成功。が、初戦を外された吉田と田倉、リザーブだった井沢の活躍には、喜んでばかりいられない意味がある。

一方、本気になったアイルランドは26分にモールからFLハーヴェーがトライ。35分には猛烈なブーイングの中でバークがPGを決め、36分にはキックオフからのカウンターでSHホーガンがとどめのトライ。最終的には50対28の大差が残った。

日本時間で23時半のノーサイド。朝刊締切りを睨み、各紙の記者がワープロを叩く背中に、この日はしきりと「ヘイ!」「ジャパン!」と好意的な声が飛ぶ。

「ジャパンはすごいぞ。このラグビーは最高だ!」。

2階席から酔っ払いが絡んでくる。一緒に酒でも酌みかわしたい心を抑え、「サンキュー」と叫んで机に向かう。少しばかりの晴れがましさ。でも50対28の大差。

「いろんな試行錯誤をしたけど、一回りして元のところへ帰った感じ。ここからがホンマの挑戦やと思いますよ」。汗を拭って平尾が話す。

「向こうはラクなゲームの作り方で、うらやましい(笑)。でも、今日はっきりしたことは、四つに組んだらアカンってことです。相手が思ってもいないところからどんどん攻めていくことを、これからはもっと徹底して、システマティックにやっていかんと」。

脳裏をよぎるのは、4年前のW杯。ダブリンでアイルランドに16対32と屈し、ジンバブエを52対8とやっつけてわずかに溜飲を下げたあと、平尾は同じことを言っていたのだ。

「自陣からはタッチを刻んで、なんてことを考えとったら日本は勝てん。どっちが先にパンクするのかというくらい走らんと、日本が勝つ可能性は出てこんのです」

4年前と同じことを確認するために費やした空虚な時間の重み。愚痴は言うまい。ただ前へ進むために、この過ちは繰り返すな、それだけを書き残したい。

第3戦 VS ニュージーランド

夕闇の迫りくるグラウンドを、試合に出場しなかったＮＺのメンバーが黙々と走る。その様は、日本の試合前日の練習よりも厳粛だったという事実。たった今、Ｗ杯史上に残るだろう１４５対17という記録的な試合が終わった。

梶原宏之の2トライ。最後まで諦めなかった松田努、吉田義人、吉田明、元木の懸命のタックル。どれも胸を打つものではあったが、だからといって救われるわけではない。

低い姿勢。集散のスピード。落としそうなボールを決して落とさない集中力。ＮＺが日本に示したものは、体の大きさやら重さやらといった先天的なものでは断じてない。

記者席に残る我々に、もはや注意を払う者もいない。何ごとを話しているのか、笑い声。

6月4日。ロッカールームの中で、選手たちはいったいどんな涙にくれたのだろう。

透き通った凶器 ——元木由記雄

獰猛な野獣は、もはや1個の凶器と化していた。強靭な意志を持ち、それでいながら一切の感情を封印した、純粋に澄み切った戦う存在。

1999年10月9日。7万2500のキャパシティいっぱいに観客を飲み込んだミレニアム・スタジアム。地元のワールドカップ開催に周到な準備を重ねてきたウエールズに、日本代表が挑んだ80分。

脳天から撃ち下ろすような『ランド・オブ・マイ・ファーザーズ』の大合唱で迎えられ、日本のSO広瀬佳司のキックオフで始まった戦いは、開始いきなりのターンオーバーで一気にボルテージが上がった。

キックオフのボールをウエールズががっちり確保。186cm、87kgのCTBマーク・テイラーが、ざっくりとディフェンス突破をはかる。その足首に突き刺さったのが、濃紺の背番号12だった。赤いジャージーは大きなストライドで振り払おうとする。だが、しがみ

RWC1999　POOL C

	WAL	SAM	ARG	JPN	得点(T)	失点(T)	勝ち点
WAL		×31-38	○23-18	○64-15	118(14)	71(7)	7
SAM	○38-31		×16-32	○43-9	97(11)	72(4)	7
ARG	×18-23	○32-16		○33-12	83(3)	51(3)	7
JPN	×15-64	×9-43	×12-33		36(2)	140(16)	3

WAL：ウェールズ、SAM：サモア、ARG：アルゼンチン、JPN：日本

日本代表スコア		1999/10/3 レクサム **JPN 9-43 SAM** (HT　6-18) 3P-5C3C4P		1999/10/9 カーディフ **JPN 15-64 WAL** (HT 6-18) 2T1C1P-9T8C1P		1999/10/16 カーディフ **JPN 12-33 ARG** (HT　9-17) 4P-2T1C7P	
出場メンバー	FW	長谷川慎		長谷川慎		中道紀和	
		薫田真広		薫田真広		薫田真広	
		小口耕平		中村直人		小口耕平	
		R.ゴードン		R.ゴードン		R.ゴードン	
		大久保直弥		渡邉泰憲		田沼広之	
		渡邉泰憲		大久保直弥		大久保直弥	
		G.スミス		G.スミス		G.スミス	
		J.ジョセフ		J.ジョセフ		J.ジョセフ	
	HB	G.バショップ		G.バショップ		G.バショップ	
		広瀬佳司	3P	広瀬佳司	1C1P	広瀬佳司	4P
	TB	増保輝則		P.ツイドラキ	1T	P.ツイドラキ	
		元木由記雄		元木由記雄		元木由記雄	
		A.マコーミック (C)		A.マコーミック (C)		A.マコーミック (C)	
		大畑大介		大畑大介	1T	大畑大介	
	FB	松田努		平尾剛史		松田努	
	リザーブ	P.ツイドラキ	→15	増保輝則		増保輝則	
		吉田明	→15*	吉田明		伊藤剛臣	→6
		村田亙		村田亙	→9	村田亙	
		伊藤剛臣	→6	伊藤剛臣	→6	桜庭吉彦	→5
		田沼広之	→4	桜庭吉彦	→4	中村直人	→3
		中道紀和		中道紀和	→1	長谷川慎	→1
		坂田正彰	→2	坂田正彰	→2	坂田正彰	→2

ついた12番は、地面に倒れながらも足首を離さない。僅かに体勢を崩したテイラーの手から楕円のボールがこぼれ落ちる。すかさず日本のNO・8ジョセフが、SHのバショップが、CTBのマコーミック主将が。ウエールズのゴールライン目がけて突撃を始める。

思ったよりやるじゃないか。

ミレニアム・スタジアムを埋めた観衆はそう思っていたかもしれない。やっぱりニュージーランダーが入ったジャパンは手ごわいな――。

だが、日本から駆けつけたサポーターたちは、そして深夜のテレビにかじりついていたファンは、カウンターの起点を作った男に、より熱い視線を送ったいたはずだ。

火ぶたを切った男は、起き上がると同時に次の目標目がけて走り、黒いジャージーのかわりに桜のエンブレムを選んだ男たちのクラッシュにいち早く走り寄ってはFW並みのオーバーをかけ、ボールをリサイクルする作業に打ち込んでいた。

背番号12・元木由記雄だった。

「ウェールズ戦は、冷静に臨めました」

ウエールズ戦は、91年のデビュー以来、45回目のテストマッチだった。そして元木は、これまでで最高とも思える壮絶なタックルを、驚異的なまでに反復した。

ウワ――!

7万観衆が、感嘆とも驚愕ともつかない叫びをあげたのは前半17分だ。スクラムからウエールズがサイドを突いたラックでこぼれたボールを、北半球最高のSHと謳われるハウリーが掴こうとしたところに、元木が豹のように襲いかかる。突き飛ばされながらハウリーがボールを投じた方向へ、濃紺の12番はよろけながらも走り続け、今度はパスを受けたガリン・ジェンキンスの胸元に、牙をむいて食らいつく。ダウンボールしようと体をひねる48キャップのHOに、東洋から来たミッドフィルダーは体を密着させて阻み、さらにはオーバーに殺到してきた真紅の山から楕円のボールを掘り出してみせるのだ。そしてそのままバショップにリップパスされたボールは2人飛ばしでフィニッシャー・大畑に送られ、日本にとって今大会最初のトライとなってミレニアムの芝に叩きつけられる――。

「ウエールズ戦は、自分では冷静な気持ちで臨めた試合だったんです」と元木は言った。

苦い記憶は、ほんの1週間前に刻まれていた。W杯初戦となったサモア戦。元木は何日も前から、得体のしれない精神状態にあったという。

「自分の中に異常な高ぶりがあったんですよ。何か、急にグッとこみ上げてくるような感じがしたり……。それが、試合で逆に空回りするような気がするんです」

元木が異常な興奮状態にあったのは、無理からぬところだ。

4年前の南アフリカでは全試合に出場したものの、世界の壁の高さと自分の未熟さを痛感させられた。

96年には、山本新監督の元で出直しをはかるキャプテンを拝命。主将として、次のW杯で名誉挽回をするための足取りが始まった。だが、山本氏からバトンを受け継いだ平尾監督は、就任2年目の98年、元木に代えてマコーミックを主将に選んだ。

なぜだ？　と湧き上がりそうになる感情を抑え、胸に巣くうもやもやを打ち消し、さらなる向上だけを自らに課して、元木はプレーを続けてきた。かつてのような突進一本槍ではなく、繊細な技術と瞬間の判断を伴う微妙なプレーにも、長足の進歩を見せていた。

「自分自身、プレーの幅が広がってきたと思う。試合の中でも、前よりいろんなことを考えられる。チームとしても、個人としても、最高の準備をしてきたという自信と誇りを持ってW杯にやってきたんです」

その待ち望んだ舞台が目前に迫ってきたとき、一体誰が平常心でいられるだろう。

しかし、サモア戦の結果は元木の心に変化を促した。いつだって集中してやってるんだ。練習も、試合と同じだけのテンションを保ってやっている。だったら、試合でも別に構えないで、いつも通りの気持ちで臨めばいいいじゃないか。

そんな、澄み切った気持ちで元木はミレニアムの芝に飛び出したのだった。町中で見かけたら逃げ出したくなるようなテロリストとして、しかしフィールドでは誰よりも頼もしい、鋼の肉体を持つ凶器として。

ウエールズ戦。元木の輝きはさらに続いた。27分には193㎝の巨漢、豪州協会との熾烈な綱引きの末にウエールズが獲得したWTBジョーンズヒューズに、FL大久保と二人がかりで突き刺さり、苦しまぎれのパスを受けたNO・8ルイスに食いつき、ノックオンさせるという連続タックルでターンオーバーを勝ち取る。43分にはスクラムから8↓9をかけたハウリーに襲いかかり、すぐに起きあがると交代で入ったばかりのWTBトーマスにグサリ。トーマスが犯したノットリリースボールは、ハーフタイム直前、広瀬のPGとなって日本に3点をもたらした。前半、日本が獲得した15点のうち10点は、すべて元木の超人的な働きが生み出したものだった。

そんな胸が締め付けられるような奮闘も、大きな喜びにはつながらなかった。

「満足感はありません」

11点差で抑えた後半も、開始早々に元木はターンオーバーを勝ち取るビッグタックルを連発する。ミレニアムの観衆はじれたように「ウエールズ！　ウエールズ！」の大合唱を始める。日本をついに敵と認めた証か。

3分、それまではイージーな位置でも3点を求めず、スクラムやラインアウトからの肉弾戦を選択してきたウエールズが、この試合で初めてPGを狙う。しかし、これを世界一のキッカー、ニール・ジェンキンスが外してしまう——試合は確かに日本の時間帯に入ったように見えた。

　ところが試合はここから暗転。力を一切ためることなく、全開で飛ばしてきたジャパン選手の脚に乳酸がたまり始める。さらにミレニアムの大歓声が誤算を招く。後半最初の失点となった6分のトライは、マコーミックがライン背後へのショートキックを指示したところ、聞き取れなかったSO広瀬が深いハイパントを蹴ってしまったことから発生。そしてジャパンは、大量失点の坂を転げ落ち始めた──。

「満足感はありません」

　試合後の元木は、唇を真一文字に結んで言った。

「みんな、100%の力は出したと思いますよ。でもそれが勝つという結果につながらなかった。向こうは、最初は80%くらいの力で流れを見ながら、後半に力を出してきた。僕らは後半はもう、脚が動かない感じで…。

　そりゃあ、僕のいいプレーも何本かあったと思うけど、ノックオンもあったし抜かれた場面もあった。全体で言ったら満足感はありません。

　でも、過ぎたことを考えてもしゃあないし、これから先のことだけを考えたい。W杯にきたからには前だけを見てやっていきたいんです」

　10月16日の最終戦。日本が勝つと、ウエールズはサモアにD組1位の座を奪われ、カーディフを離れてプレーオフに回らなければならない。逆にアルゼンチンが69点以上をあげて勝つと、総得点で下回るウエールズの観衆は、無難な程度のアルゼンチンの勝利を望んでいた。

そんな身勝手な空気に、ジャパンは風穴をあけることができなかった。

元木はこの日も野獣のようなタックルをシモーネ、アルビズのプーマスCTB陣に浴びせ続けた。攻勢に転じれば相手タックルの衝撃に耐え、敵を踏み越えながら1cmでも多くのゲインを勝ち取り、次のポイントの支柱となった。後半24分に広瀬のキックがチャージされたときには、誰よりも機敏に反応して戻り、ピンチの芽を摘んだ。だが結果は、W杯で2回目のノーライト負け。

「今日はウエールズのときほど疲れは感じなかった。それよりもっとディフェンスしたかった。そうしたらもっとチャンスが作れたかもしれない。向こうはFWの周りでばかり来てたから」と元木は唇を噛んだ。

試合が終わって2時間。深夜のホテルのロビーで記者団に囲まれた元木は、疲れているはずなのに、最後まで背筋を伸ばし、質問した記者にいちいち顔を向けて答えていた。

「結果が欲しかったから、悔しい。うまくやれば勝てた試合でしたから」

邪気のない声を聞いていたら、ふと「次のW杯こそ悔しさを晴らしてくれよ」と、心が叫びだしていた。

（初出：『ラグビーマガジン』1999年12月）

解放 ―箕内拓郎の戦い―

魂が揺さぶられた。

2003年10月12日のタウンズビル。奇跡を信じ、祈り、日本から直行便のない熱帯都市までかけつけた大勢のサポーターは、奇跡が目の前で起きるかもしれない興奮に浸った。11対32のスコアを見れば完敗に違いない。だが、脳裏に鮮やかに刻まれた桜の残像は、そんな安易な断定を拒む。

桜のエンブレムは、文字通り体を張ってスコットランドに当たり、刺さり、倒し続けた。激しく前に出てボールにからみ、再三のターンオーバーを勝ち取った。相手が10次攻撃まで継続すれば、10次攻撃まで止め続けて最後はノックオンを奪った。タックル総数は168回。成功数は136。成功率は81％に達した。「普通は75％がせいぜい。それに、今回は抜かれたときでもカバーディフェンスが機能して致命傷にならなかった（中島修二テクニカル）。

RWC2003　POOL B

	FRA	SCO	FIJ	USA	JPN	得点(T)	失点(T)	勝ち点
FRA		○51-9	○61-18	○41-14	○51-29	204(23)	70(6)	20
SCO	×9-51		○22-20	○39-15	○32-11	102(11)	97(8)	14
FIJ	×18-61	×20-22		○19-18	○41-13	98(10)	114(11)	14
USA	×14-41	×5-39	×18-19		○39-26	86(9)	125(9)	6
JPN	×29-51	×11-32	×13-41	×26-39		79(6)	163(21)	0

FRA：フランス、SCO：スコットランド、FIJ：フィジー、USA：アメリカ、JPN：日本

日本代表スコア		2003/10/12 タウンズビル **JPN 11-32 SCO** (HT　6-15) 1T2P -5T2C1P		2003/10/18 タウンズビル **JPN 29-51 FRA** (HT　16-20) 2T2C5P-6T6C3P		2003/10/23 タウンズビル **JPN 13-41 FIJ** (HT　16-20) 1T1C1P1D-5T2C4P		2003/10/27 ゴスフォード **JPN 26-39 USA** (HT10-20) 2T2C4P-5T4C1P	
出場メンバー	FW	長谷川慎		長谷川慎		山本正人		長谷川慎	
		網野正大		坂田正彰		坂田正彰		網野正大	
		豊山昌彦		山村亮		豊山昌彦		豊山昌彦	
		木曽一		田沼広之		木曽　一		木曽　一	
		アダム・ パーカー		アダム・ パーカー		アダム・ パーカー		アダム・ パーカー	
		大久保直弥		大久保直弥		大久保直弥		大久保直弥	
		箕内拓郎 C		箕内拓郎 C		箕内拓郎 C		箕内拓郎 C	
		伊藤剛臣		伊藤剛臣		伊藤剛臣		伊藤剛臣	
	HB	辻高志		苑田右二		辻　高志		苑田右二	
		広瀬佳司	2P	アンドリュー・ ミラー		アンドリュー・ ミラー	1T1C 1P1D	アンドリュー・ ミラー	
	TB	小野澤宏時	1T	小野澤宏時		小野澤宏時		栗原徹	1T2C 4P
		元木由記雄		難波英樹		元木由記雄		元木由記雄	
		ルーベン・ パーキンソン		ジョージ・コニア	1T	ルーベン・ パーキンソン		ジョージ・コニア	
		大畑大介		大畑大介	1T	大畑大介		大畑大介	1T
	FB	松田努		栗原徹	2C5P	松田努		松田努	
	リザーブ	山本正人		山本正人		長谷川慎	→1	山本正人	→1
		坂田正彰	→2	網野正大		網野正大	→2	坂田正彰	
		田沼広之		浅野良太	→6	久保晃一	→4	久保晃一	
		渡邉泰憲	→6	久保晃一	→4	浅野良太	→8	斉藤祐也	→8
		苑田右二	→9	辻高志		苑田右二	→9	辻高志	→9
		アンドリュー・ ミラー	→10	元木由記雄		ジョージ・コニア	→11	難波英樹	
		栗原徹	→15	吉田尚史		栗原徹	→15	小野澤宏時	→15

5月のスーパーパワーズ杯から、キャップ対象試合1勝6敗。酷評を浴び、前途を危ぶまれ続けたジャパンは、いかにして甦り、魂を揺さぶる試合を可能にしたのだろうか。

箕内は言った。「緊張よりも興奮しています」

ひょっとしたら面白くなるかもしれないな。

そう思ったのは、10月4日に行われた壮行会でのことだった。選手の表情が、戦場に赴く顔になっている。自分たちが弱いと見られていることを苦にもせず認め、それを覆そうと挑む顔だ。記者はそこに、僅かな可能性を感じた。チームが弱くても、オレ1人でも世界と戦ってやる――極端に言えば、そんな決意が会場のあちらこちらに充満していた。

4年前は、自信を持ってW杯を迎えられた反面、チームのベクトルが内向きになっているようにも思えた。巨大な敵に挑むチャレンジング・スピリットよりも、我々は勝つべき集団だという自負。だが戦場に挑む個々の意志はあまり感じなかった。

4年前の選手たちは、自らのモチベーションを敢えて確認するまでもなく、チームを信頼していた。だが実際に乗り込んだW杯は、スタッフの予想よりもタフな大会だった。チームのシナリオが崩れたとき、選手は立て直す術を持っていなかった。

その意味では、自信の源を持てないままW杯を迎えた今回のチームは、個人個人が「勝ちたい」という強い意志を自らに刻み込んで、決戦の地へ赴いたのかもしれない。

ひょっとしたら。

そんな思いをさらに強めたのは、スコットランド戦前日の会見だった。

箕内主将は言った。

「今は、緊張というより興奮してる感じです」

迫力のある言葉だった。そして思った。箕内は、キャプテンとしてどう戦うかということよりも、自分が強い相手と戦うことだけを考えて、ただ燃えているのではないか。そして、今のジャパンには、むしろその方がプラスなのではないか――記者にはそう思えた。主将としての仕事をこまごま考えるよりも、箕内はその希有なフィジカルポテンシャルを、ただ解放することこそがキャプテンシーなのではないか……。

スコットランド戦から2日後、ジャパンの宿舎で箕内の話を聞いた。

「下から這い上がるだけ。失うものは何もない」

「僕らはいつも日本の中でしか試合をしてないじゃないですか。でも今回は、世界中の国の人が見てる、見られてるんだな、と思うと、ラグビー選手として興奮してくるものがあったんですよ。武者震いみたいな。ゾクゾクしてくる感じで。だから早く試合をしたかったんです」

世界からの下馬評も、国内ファンからの期待値も低いのは承知していた。逆に言えば、これ以上マイナスの要素は増えない。これから始まることは、すべてプラスに働く――そう考えることもできる。

「春の間、結果を出せなかった理由には、確かに決め事が足りなかった面もあったかもしれない。でも実際は、決め事があってもそれを守る力が個々になかったと思うんです。なのに（敗因を）組織のせいに向けてたところがあった。

だけど、組織でどうこうより、まず自分が負けたくないというのが本当のチームワークの出発点だと思うんです。ジャパンはみんな大人だし、1人1人がプロみたいなもの。もしもチームが勝てなくても、自分個人の評価を落としたくないって気持ちがあると思う。自分だけでも勝ってやろうという気持ち。でも、それが一番チームのためになるんです。

例えば、WTBがトライを取りに行くのはチームのためになるんだし、PRがスクラムに勝とうとするのもプラスです。それを助けるために僕らがスクラムを一緒に押すのも、やっぱり自分が勝ちたいから。結局、個々が100％、120％の力を出すことで初めてチームが生きてくると思う」

緊張より興奮――箕内は5年前、満員のトゥイッケナムでバーシティマッチに出場。「ラグビーをやってて初めて緊張した」と話した。

「あのときは『ミスできない』という緊張がありました。外国人ばかりの中に日本人が1人だけ入って、僕がミスしたらイコール日本人のミスと取られる気がしたんです。それに、トゥイッケナムはスタンドが壁のようにそそり立っていて、6万何千人の声が高いところから響いてきて」

そもそもバーシティマッチは、100年以上の歴史を持つステイタスの高い試合であり、箕内はそこに入れてもらう立場だった。今回は違う。

「下から這い上がるだけですからね。失うものは何もないし、ベストを出せばそれだけ得るものは大きい。会場も日本の応援が多かったし、秩父宮で試合をしてるような感覚で、余計な緊張は全然なかった」

W杯を前に前回主将だったアンガスに聞くと、『W杯は特別の価値がある素晴らしい経験です』と話していた――そう問うと、

「ホントに、こんなに興奮できたことってない」と箕内は笑った。

「W杯は別だぞ、といろんな人から聞いてたんですが、真っ白になったり、試合がすぐ終わってしまうようなこともなかった。ある程度聞いてたからかもしれないし、もともと緊張しない方なんですけど……。

それに、キャプテンをやらせてもらえたことも特別の経験だと思います。日本でたった5人しかいないんですからね。前はアンガスで、その前は……誰だったんですか?」

逆に聞かれて、つい笑いそうになったが、これも大物の証明だろう。箕内にとって、過去の主将が誰だったかなど、関心の外にある。大切なのは自分が燃えること、自分が相手

に勝つこと。自分がそこに集中してすべてを出し切ることこそが、箕内のキャプテンシーなのだ。

スコットランド戦当日。箕内は、バスでホテルを出てからスタジアムのロッカールームに着くまで、ステレオのヘッドホンを耳にかけたまま過ごした。

「本当は何も聞いてなかったんです。ただ、音を耳に入れたくなかった。もし耳栓をもっていれば、それでも良かった」

外の情報を遮断して自分の世界に没入する。一見、キャプテンらしくない行動にも思えるが、箕内は意に介さない。

「ジャパンのキャプテンは意外とラクというか、みんな大人なんで、1から10まで言う必要はないと思うんです。もともと僕は喋るのを期待されてるわけじゃないし、自分のペースを乱すとおかしくなりますからね」

チームの構成も幸いしていた。FWにはサントリーとACTで豪州流システムを学び、言葉でもリードできる大久保直弥副将がいる。BKには副将の大畑大介に加え、肩書がなくても必要なとき必要な言葉を遠慮なく発する元木由記雄がいる。「元木さんは『元木さん』って役職ですよ。雰囲気を見て、気付いたことをすぐ言ってくれる」と箕内。バランスの取れたサポート体勢を得て、箕内は戦闘マシンと化し、己の闘争本能を解放することができた。

「だけどまだ1試合だけ。あのくらいのDFを、常にスタンダードとしてできるようにならなきゃいけないんです。それに、僕らはまだW杯で勝っていないわけですから」

そう言ってから4日後の18日。箕内率いるジャパンは、さらに格上のフランスに挑み、再び魂を揺さぶる激闘を演じた。後半、一時は1点差に肉薄。タックル総数は142発。成功率はまた80%に達した。

「負けてしまったことは残念です。ただ、世界のトップ4を相手に、日本が途中まででも競ったのは今までになかったこと。選手にとっても、日本のラグビーに携わっている人にとっても、プラスになったと思う」。箕内はそう言って胸を張った。

W杯はまだ2試合を終えただけ。いまだ勝利は掴んでいない。

だが箕内率いるジャパンは、フィジカル的にもメンタル的にも、日本ラグビーを新しい地平に引き上げた。それだけは断言してよさそうだ。

（『ラグビーマガジン』2003年12月）

世界と戦う意味。日本ラグビーの進化を示した箕内のコメント力

日本のラグビーも、やっと世界に追いついてきたな。

ピッチの上のパフォーマンスだけではない。記者がそう感じたのは、W杯期間中の箕内拓郎主将のインタビューについてだ。

10月23日。W杯1次リーグ3戦目のフィジー戦に13対41で敗れた試合後。遅れて会見場に到着した箕内は言った。

「ここまでの3試合、僕たちが頑張って来れたのも、ここタウンズビルの人たちの応援のおかげだと感謝しています」

沈痛な空気が漂っていた会見場に、何だか光が射してくるような言葉だった。

日本のスポーツ界全体に言えることだと思うのだが、対戦相手を讃えたり、観客やレフェリーに感謝する言葉はあまり聞けない。敗者は重い顔で反省を述べるか、悔しがるか。勝者は勝因や自軍の努力ぶりなどを朗々と語り、仲間を讃える。W杯や国際試合で、どんな結果であれまず対戦相手を讃え、観客や関係者に感謝する言葉で始まる外国チームの会見に接すると、彼我の差を痛切に感じてしまうのである。

そんな、記者が感じていた心の壁を、箕内は打ち破ってくれた。饒舌でなくても、適度なユーモアと誠意、さらに舞台の大きさが絡まりあい、キャプテン箕内は、このW杯で途轍もなく大きくなった気がする。

バックアップ要員の伊藤宏明が、一足先に帰国するときに言った言葉も印象深い。

「スコットランド戦で、みんなが体を張って頑張ってる姿を見て、僕もあの中に入って戦いたい、ジャパンになりたいと強く思った。だから、ここでじっとチャンスを待ってるより、自分がラグビーできる場所へ早く戻りたいと思った。自分自身、最初にイタリアへ向かったときよりも強い意志を感じています」組織が強くなって行く過程を見る思いがした。

もちろん、いかに善戦したとはいえ、4戦全敗の結果は真摯に受け止めねばならない。IRB旧理事国のみが優遇された不当な日程へはどこまでも抗議するべきだが、だから絶対に勝利を望めなかったわけではない。

「内容はともかく、ジャパンは結局弱かった。僕らは結果を出さなきゃいけない人間なので、4年後、同じコメントを出さないように、必ず結果を出せるような準備をしてきます」

米国戦の後で木曽一は言った。メンバー最年少24歳の認識が、未来への財産だと思った。

（初出：『Ｎｕｍｂｅｒ』２００３年11月）

「パーティーの主役」2007 大西将太郎 in フランス

仰向けに倒れ込んだ男は、そのまましばらく動かなかった。

ジャポン！　ジャポン！

スタンドからは、耳をつんざくような歓声がわき起こっている。やがて、白いジャージーの背番号9、フィジーのラウルニ主将が歩み寄り、抱きかかえるように男を引き起こす。

そして、立ち上がった男は、フィジーの選手たちと健闘を称え合うとバックスタンドに向かった。鳴りやまないカーテンコールに応えて歓声に応えて、ゴールポスト裏のスタンドにも向かった。

精も根も尽き果てた男は、カチカチに張ったふくらはぎからストッキングを降ろし、重い足を引きずりながらも、歓声に応えた。

いい光景だった。敗北は恥ではない。悔しくても、力を出し切ったのなら胸を張れるはずだ。85分11秒まで続いたこの日の死闘に観客が暖かい拍手を贈ったなら、それは背筋を

RWC2007 POOL B

	AUS	FIJ	WAL	JPN	CAN	得点(T)	失点(T)	勝ち点
AUS		○55-12	○32-20	○91-3	○37-6	215(30)	41(4)	20
FIJ	×12-55		○38-34	○35-31	○29-16	114(14)	136(16)	15
WAL	×20-32	×34-38		○72-18	○42-17	168(23)	105(13)	12
JPN	×3-91	×31-35	×18-72		△12-12	64(7)	210(30)	3
CAN	×6-37	×16-29	×17-42	△12-12		51(6)	120(17)	2

AUS：オーストラリア、FIJ：フィジー、WAL：ウェールズ、JPN：日本、CAN：カナダ

日本代表スコア		2007/9/8 リヨン **JPN 3-91 AUS** (HT 3-23) 1P-13T10C2P		2007/9/12 トゥールーズ **JPN 31-35 FIJ** (HT 9-10) 3T2C4P-4T3C3P		2007/9/20 カーディフ **JPN 18-72 WAL** (HT 11-29) 2T1C2P-11T7C1P		2007/9/25 ボルドー **JPN 12-12 CAN** (HT 5-0) 2T1C-2T1C	
出場メンバー	FW	山本正人		西浦達吉		西浦達吉		西浦達吉	
		猪口拓		松原裕司		松原裕司		松原裕司	
		山村亮		相馬朋和	1T	相馬朋和		相馬朋和	
		熊谷皇紀		大野均		大野均		大野均	
		ルアタンギ侍バツベイ		ルーク・トンプソン	2T	ルーク・トンプソン		ルーク・トンプソン	
		渡邉泰憲		ハレ・マキリ		渡邉泰憲		ハレ・マキリ	
		佐々木隆道 C		フィリップ・オライリー		ハレ・マキリ		フィリップ・オライリー	
		木曽一		箕内拓郎 C		箕内拓郎 C		箕内拓郎 C	
	HB	矢富勇毅		吉田朋生		吉田朋生		吉田朋生	
		小野晃征	1P	ブライス・ロビンス		ブライス・ロビンス	1C	ブライス・ロビンス	
	TB	小野澤宏時		遠藤幸佑		小野澤宏時	1T	クリスチャン・ロアマヌ	
		ナタニエラ・オト		大西将太郎	2C4P	大西将太郎	2P	大西将太郎	
		平浩二		今村雄太		今村雄太		今村雄太	
		北川智規		クリスチャン・ロアマヌ		遠藤幸佑	1T	遠藤幸佑	1T
	FB	久住辰也		有賀剛		クリスチャン・ロアマヌ		有賀剛	
	リザーブ	松原裕司		猪口拓		猪口拓	→2	猪口拓	
		相馬朋和		山村亮	→3	山村亮	→1	山村亮	→3
		大野均		熊谷皇紀		木曽一	→5	ルアタンギ侍バツベイ	→4
		ハレ・マキリ	→7	浅野良太		浅野良太	→7	木曽一	→8
		吉田朋生		矢富勇毅	→9	金喆元	→9	金喆元	→9
		ブライス・ロビンス		平浩二	→20	平浩二	→13	平浩二	→13 1T
		遠藤幸佑		小野澤宏時	→15	久住辰也	→12	小野澤宏時	→14

伸ばして受け取ればいい。

そう。大西将太郎は、この日のスタジアム・トゥールーズで戦い抜いた30人の中で、最もすべてを出し切った男の一人だったのだから。

「ジャパン・パーティだ！ オレたちの汗がビールだ！」

「初めてのW杯ですから、自分でもどんな気持ちになるのか見当もつかなかった。夕べは朝6時くらいまで眠れなくて、自分でもナーバスになっているのが分かった。でも試合場へ向かうバスの中で、何だかスーッと落ち着いてきて、試合を楽しめる感じになってきたんです」

開始13分にはフィジーの突破役、英国レスターで活躍するCTBランベニに頭から突き刺さる爆弾タックルを炸裂させ、ノックオンを勝ち取る。18分にはスタジアム中の手拍子の中、W杯初キックとなる正面15mのPGを確実に蹴りこむ。

「最初のオーストラリア戦を見て、ゴールキックを蹴るときに拍手が起きるな、ということは予想できました。だから、あのリズムに合わせて蹴ろうと思ったんです。今日は選手みんなで『6時から爆発しよう！ ジャパン・パーティだ、オレたちの汗がビールだ！』と話してたんだけど、うまくリズムに乗って、パーティに入れましたね」

キッカーに指名されたのは、W杯開幕の僅か1週間前。『チーム・フィジー』のSOだった安藤が膝の靭帯を傷めて帰国。ロビンスがSOにあがり、『チーム豪州』から移った有賀がFBに入り、キックのスペシャリストが不在となったことで大役が回ってきた。JKからは、常に周りを見て落ち着いている。プレッシャーにも動じないから、と理由を告げられたという。

「そんなことないのに、と思いながら聞いてました（笑）。でもW杯で得点できるなんてそうないし、自分にとってもチャンスだと思った。実際、試合ではゴールポストが近く見えた。陸上トラックがない分、スタンドが近く感じるんです。前日練習のときから、キッカーには蹴りやすいスタジアムだと感じてましたし。

あとは今まで積み重ねてきた自分の経験を信じて、絶対入ると信じて」

その「経験」とは。

「日本代表に入れない時期が長かったですからね。最初に代表に入った（同大4年）のは同期でも早いほうだったと思うけど、前のW杯はテレビで見て悔しい思いをした。高校代表候補で同期のクリ（栗原徹）や木曽（一）が活躍してたし、そのときから、自分がその舞台に立ったときには絶対に結果を残そう、というシナリオを描いてたんです。

でも、あと26点取らないとクリに追いつけない（笑）。アイツ、一度のW杯で40点も取ってるんですよ……同期だし、日本代表のデビューも一緒。そのクリが前回のW杯で活躍してたのを僕はテレビで見ていた。自分にとってはそれが一番刺激になっています」

練習会場からバスが出るときは、見学していたファンばかりか報道陣にも大きく手を振る。ミックスゾーンでも丁寧に、最後まで受け答えをする。そしてピッチの上では猛タックルを反復。本職ではないキッカーまでこなすフルパフォーマンス……日本代表の選手の中で、最もW杯をエンジョイしきっているように見えるのには、そんな理由があったのだ。

「W杯は他のテストマッチとは全然別。ワケが違いますね。何よりも、相手の顔つきがPNCとは違ってたし、最後まで集中を切らなかった」

あなた自身もそうだったことは、試合を見た人はみな、知っている。

（『ラグビーマガジン』2007年11月）

「一生でこれより大きなものはない。まだラグビーやれる体だし」

右足から放たれた楕円のボールは、Hポストの真ん中へ、まっしぐらに飛んでいった。飛球の行方を確かめ、小さく拳を握った瞬間、背番号12は濃紺の波に呑み込まれた。体をぶつけあい、抱きつき、頭を叩き、たちまち塊は小山のように膨れあがった。ノーサイドの笛はいつ鳴ったのか。3万3810人の観衆は、ロスタイムに入ってからずっと立ちっぱなしのまま、声を限りに叫んでいる。

ジャポン！　ジャポン！　ジャポン！

熱い視線と歓声と、仲間からの荒々しい祝福を一身に受けていたのは、W杯開幕1週間前に突然指名された急造キッカーだった。

「自信はありました。前半に一度簡単なキックを外した責任もあったし、『絶対に決めてやる。入れればオレがヒーローや』と思った。それに、僕を選んでくれたJKの信頼に応えたかったんです」

試合終了から約1時間後、ミックスゾーンで大西将太郎は言った。W杯のキッカーに指名されたのは開幕の僅か1週間前だった。ポルトガルとのウォームアップ戦でSO安藤栄次が膝の靭帯を損傷、チームの命運を握るゴールキッカーを失う緊急事態に、指揮官のJKことジョン・カーワンは大西をキッカーに指名した。

「お前は常に回りを見て、プレッシャーにも動じないからな」。カーワンはそう告げた。

「そうでもない……と思ったけど（笑）、W杯で点を取るチャンスなんてそうないし、名誉に感じました」

だから「外したらどうしよう」という重圧とは無縁だった。任せとけ。決めてやる。オレがヒーローになる――。

カーワンには人間のバイオリズムを嗅ぎ取る能力があるのだろう。そう思わせるほど、このW杯を通じて大西の充実は際だっていた。初登場となったフィジー戦では前半12分、相手の核弾頭CTBランベニに爆弾タックルを見舞い、絵に描いたようなノックオンを勝ち取ったのを手始めに、激しく前に出るタックルを反復。アタックでも相手防御の圧力に一歩も引かず、体を張り続けた。試合だけではない。練習でも大きな声と身振りでチームを鼓舞し続けた。

その大西を、アクシデントが襲った。ウェールズ戦の後半11分、タックルに行った際に密集の下敷きになり、相手に膝を落とされ担架で退場。翌日のレントゲン検査では右肋軟骨の損傷、全治3~4週間と診断された。大西のW杯は終わった、と誰もが思った。

だが大西は諦めなかった。カナダ戦の行われるボルドーへの移動日、大西はカーワンに「出してくれ」と告げた。指揮官は「その言葉を待っていたぞ」と返した。

「今までケガに泣いてきたJKを、最後にまたケガで泣かせたくなかったんです」

出場を直訴した理由を問うと、大西はそう答えた。エース大畑大介をはじめ、SOのジェームズ・アレジと安藤、FB立川剛士……W杯に向け中核に据えていた選手が次々と消え、チーム構想は大きく狂っていた。だから、これ以上指揮官を悩ませたくなかった。

「リスクは確実にあるし、それなりの痛みはつきまとうでしょう。でもW杯に出るのはこれが最後かもしれない、一生でこれより大きなものはないし、それを考えれば耐えられる」

試合を前に、大西はそう言うと、「大介さんやジェームズよりは痛くないし、まだラグビーできる体ですから」と笑みさえ浮かべてみせた。

カナダ戦、背番号12のプレーは、故障を押して出場した者とはとても思えなかった。向かってくる相手と最前線で渡り合い、タックルを見舞い、ボールを追い続けた。

「最初は胸にプロテクターをしてたけど、前半にキックを外したとき、ジャマな感じがしたんでハーフタイムに外したんです」

なぜ、そこまで体を張れるのだろう。

「4年前のW杯では、同期のクリ（栗原徹＝当時サントリー・FB）が活躍してるのをテレビで見ていて、羨ましかったし悔しかった。次は絶対自分が出てやると誓ったんです」

代表デビューは同大4年だった2000年。99年W杯を終え、若返りを図った平尾誠二監督に、同学年の慶大・栗原とともに抜擢された。だが結果は出ず、そのシーズンを最後に平尾監督は退陣。新たに向井昭吾監督が着任すると、間もなく代表から大西の名は消えた。感情溢れる激しいプレーが持ち味の大西は、一方で出来不出来の波もまた激しかったのだ。

代表最年少だった大学生はやがて社会人になり、プロ契約と解雇を経験したのち、28歳の円熟したプレーヤーとなって、フランスでは日本を救うキックを蹴りこんだ……。

「でも、まだW杯で勝ってない。カナダ戦は、最初のキックを僕が決めていれば勝っていた。フィジー戦も、僕がもう1本ゴールを決めてさえいれば、最後にPGを狙って勝てたんですよ」

ドロー劇から一夜明け、大西は言った。

この物語を、まだ終わらせるわけにはいかない——。

（『Number』2007年10月）

裏目に出た賭け
―カーワン・ジャパン、NZに散る―

「すいません」

9月27日、W杯最後の試合となったカナダ戦が引き分けで終わった後の記者会見。司会が「ラストクエスチョン」と言った矢先、菊谷崇主将は自分からマイクを持った。

「今回、結果はついてこなかったけれど、JKのチームはホント素敵なチームでした。結果を出せなかったことについては選手もスタッフも、みんな受け止めなきゃいけないけど、この監督は最高の監督ですから。皆さん、それだけはどうか忘れないで下さい」

同時通訳でそれを聞いたJKの顔が少しほころぶ。会見場には柔らかい空気が流れた。おそらく、その場にいた多くの人が、菊谷主将の人柄を好きになったのではないか。

しかし、勝負の世界は残酷だ。菊谷が率いた「素敵なチーム」は、このW杯で、1つの勝利もあげることはできなかったのだ。

スポーツは結果がすべてだとは思わない。特にラグビーは、直接肉体をぶつけあう格闘

RWC2011　POOL A

	NZL	FRA	TGA	CAN	JPN	得点(T)	失点(T)	勝ち点
NZL		○37-17	○41-0	○79-15	○83-7	240(36)	49(6)	20
FRA	×17-37		×14-19	○46-19	○47-21	124(13)	96(9)	11
TGA	×0-41	○19-14		×20-25	○31-18	80(7)	98(13)	9
CAN	×15-79	×19-46	○25-20		△23-23	82(9)	168(20)	6
JPN	×7-83	×21-47	×18-31	△23-23		69(8)	184(25)	2

NZL：ニュージーランド、FRA：フランス、TGA：トンガ、CAN：カナダ、JPN：日本

日本代表スコア		2011/9/9 ノースハーバー **JPN 21-47 FRA** (HT 11-25) 2T1C3P-6T4C3P		2011/9/16 ハミルトン **JPN 7-83 NZL** (HT 0-38) 1T1C-13T9C		2011/9/21 ファンガレイ **JPN 18-31 TGA** (HT13-18) 3T1P-3T2C4P		2011/9/27 ネイピア **JPN 23-23 CAN** (HT 17-7) 2T2C3P-3T1C2P	
出場メンバー	FW	平島久照		川俣直樹		平島久照		平島久照	
		堀江翔太		青木佑輔		堀江翔太		堀江翔太	1T
		畠山健介		藤田望		畠山健介	1T	藤田望	
		トンプソンルーク		大野均		トンプソンルーク		トンプソンルーク	
		北川俊澄		北川俊澄		北川俊澄		北川俊澄	
		菊谷崇 C		谷口到		谷口到		バツベイシオネ	
		マイケル・リーチ		マイケル・リーチ		マイケル・リーチ	1T	マイケル・リーチ	
		ホラニ龍 コリニアシ		菊谷崇 C		菊谷崇 C		菊谷崇 C	
	HB	田中史朗		日和佐篤		田中史朗		田中史朗	
		ジェームズ・ アレジ	2T1C 3P	マリー・ ウィリアムス	1C	ジェームズ・ アレジ		ジェームズ・ アレジ	2C3P
	TB	小野澤宏時		小野澤宏時	1T	小野澤宏時		小野澤宏時	
		ニコラスライアン		今村雄太		ニコラスライアン		ニコラスライアン	
		平浩二		平浩二		アリシ・ トゥプアイレイ	1T	アリシ・ トゥプアイレイ	
		遠藤幸佑		宇薄岳央		遠藤幸佑		遠藤幸佑	1T
	FB	ウェブ将武		上田泰平		ウェブ将武	1P	ウェブ将武	
	リザーブ	青木佑輔		湯原祐希	→2	青木佑輔		青木佑輔	
		藤田望	→3	畠山健介	→3	藤田望	→3	畠山健介	→3
		大野均		北川勇次	→5	大野均	→5	大野均	→5
		谷口到	→8	バツベイシオネ	→8	バツベイシオネ	→6	タウファ統悦	→6
		日和佐篤	→9	吉田朋生	→12	日和佐篤	→9	日和佐篤	→9
		マリー・ ウィリアムス	→15	ウェブ将武	→15	宇薄岳央		マリー・ ウィリアムス	→15
		アリシ・ トゥプアイレイ	→13	アリシ・ トゥプアイレイ	→13	マリー・ ウィリアムス		ブライス・ ロビンス	→13

技ながら体重別の階級がなく、プロ選手で固めた世界トップの強豪国も、やっとW杯にたどり着いた弱小国も、同じ土俵で、80分間の長きに渡って戦う。それゆえ僅かな実力差であっても大差の試合が生まれやすい。逆に言えば、スコアボードの数字と、パフォーマンスの価値は必ずしもイコールではない。

だが、そういうラグビーのコモンセンスに背を向け「結果がすべて」と言い続けてきたのは、ほかならぬＪＫ、日本代表ヘッドコーチのジョン・カーワンだったのだ。

VSフランス――スタジアムはジャパンの応援団と化した

「ジャパン！　ジャパン！」

9月10日。W杯初戦の日本対フランス。ノースハーバースタジアムは燃えていた。序盤、日本は2つのイージーなトライを献上。前半28分には17点差をつけられたが、そこから反撃した。前半30分にＳＯジェームズ・アレジがラッキーな初トライを決めると、後半の立ち上がりには、強引に攻め込んできたフランスの巨漢ＦＷに対し、2分に途中出場のＮＯ・8谷口到が、4分にＦＬマイケル・リーチが、相手と地面の間に身体をねじ込んでトライを阻止するスーパーセーブ。相手の落球を拾ったＷＴＢ小野澤宏時が、相手ディフェンダーに囲まれながら擦り抜けるカウンターアタックで流れを変えると、9分にアレジが2本目のトライ。16分にアレジのＰＧで4点差に肉薄したときには、スタジアム全体がジャパンの応援団と化していた。

現実は甘くなかった。4点差で食いついたまま迎えた残り15分から、最後の時間帯に日本は3トライを献上し、最終スコアは21対47まで開いた。それでも試合後、JKは「この結果はポジティブに受け止めています」と上機嫌だった。

「コーチの私がNZ人だからというのは関係ない。NZのファンは、日本代表がいいラグビーを見せたから応援してくれたのです」

だが、NZで日本代表が輝いたのは、この夜が最初で最後だった。

2戦目のオールブラックス戦。NZラグビーのハートランド、ワイカトで行われた世界最強軍団との対決に、JKはSOアレジ、CTBニコラスライアン、FBウェブ将武ら、攻守の中軸を担ってきたメンバーを外した。JKが目指したのは、次回W杯の出場権を得られる3位以内を確保するための「プール2勝」であり、NZ戦から中4日で行われるトンガ戦を睨んだ用兵だった。オールブラックスも試合前日になってFLリッチー・マコウ主将とFBミルス・ムリアイナが、ともに軽度の負傷で欠場すると発表した。主力を外した日本に合わせた処置に見えた。

「ニュージーランドに申し訳ないことをした」

試合自体に、見せ場はほとんどなかった。

3分、NZのNO・8ヴィクター・ヴィトがあっさり日本防御を突破して、CTBコンラッド・スミスが先制トライを決めると、黒いジャージーは機械のように得点を重ね続けた。日本は59対0と大差をつけられたところで、小野澤が若い相手SOコリン・スレードのパスをインタセプトしてトライを返したのみ。80分が終わると、スコアボードには7対83の無惨な数字が残っていた。

――あなたがNZ戦のテーマにしていた「日本の成長を世界に示すこと」はできたと思うか？ そう聞かれたJKは答えた。

「私たちへの評価は、最後の2試合が終わったところで決まると思っている。これから、私たちのW杯はスタートします」

もしかしたら、最大の見せ場は試合前だったのかもしれない。半年前、相次いで大地震に見舞われ、多くの犠牲者を出した2つの国が、W杯という最高の舞台で対決する。試合前の国歌吹奏にはNZのジョン・キー首相、日本ラグビー協会会長の森喜朗元首相が選手とともに整列し、震災犠牲者へ黙祷を捧げた。それは確かに、荘厳な時間だった。

そして試合後、森会長は「情けない試合をしてしまったなあ」と顔をしかめた。

「勝ち負けは仕方ない。でもあれだけボールを出せたんだから、思い切り攻めてほしかったし、タックルも低く行ってほしかった。NZに申し訳ないことをしたなあ……」

そして中4日置いた9月21日、NZ最北端に近いファンガレイで行われたトンガ戦。必勝を期した戦い。だが日本代表は、魂をどこかに忘れてきたように見えた。

立ち上がりの失点。窮屈なBKのムーブと無造作なキック。高い姿勢。ブレイクダウンでは闘志を前面に出して挑んでくるトンガに圧倒された。前半にPR畠山健介とFLマイケル・リーチが、後半もCTBアリシ・トゥプアイレイがトライをあげたが、苦労して得点しても、直後のキックオフから無造作に失点する負の連鎖は繰り返された。18対31というスコア以上の完敗に、JKは「いい準備をして臨めたけれど、とにかくデキが悪かった。FWはセットプレーでナーバスになりすぎた」とうなだれた。

オールブラックス戦に主力を温存してまで求めた「結果」の2勝は、幻と消えた。

それでも、最後のカナダ戦で、カーワン・ジャパンは20年ぶりのW杯勝利を手に入れかけた。前半はHO堀江翔太とWTB遠藤幸佑がトライを決め、後半はSOアレジのPGで、ミスの多いカナダに対し、残り10分の時点で安全圏の8点リード。しかし、そこから試合は暗転した。この日も繰り返された高いタックルで防御を破られトライを許し、残り3分で同点PGを献上した。そして最後の攻防で、SOアレジは40mの位置からロングDGを狙った。楕円球の軌道は左にそれた。

「DGを狙ったのはプラン通り。距離には自信があったけれど、残り時間が少なくて、蹴るときに少し焦ってしまった」。イングランド2部ノッティンガムでプレーするSOは唇を噛んだ。振り返ればあまりにナイーブ。それは「日本人選手」ではなく、外国人選手も、

ＨＣも含めた日本代表チーム全体だった。

失うもののないチャレンジ。なのに自分たちに重圧をかけてしまった――

「勝ちにこだわりすぎた。本来は失うもののないチャレンジ。全てを出し切ればいいはずなのに、自分たちに重圧をかけてしまった」

カナダ戦翌日、オークランドで行われた総括会見で、ＪＫはこのＷ杯で初めて、自身の采配への後悔をにじませた。

Ｗ杯の価値は、結果がすべてではあるまい。弱小国が強国に挑む姿勢には、勝敗を超えた価値がある。だからこそラグビーＷ杯は五輪、サッカーＷ杯に次ぐ魅力的な巨大スポーツイベントとして成功している。

だが「結果がすべて」と言い続け、トップリーグや国際試合で実績のある日本人選手を外して外国人選手や実績のない大型選手を重用し、Ｗ杯に乗り込んだＪＫは、ＮＺ戦に主力を温存してまで「結果」にこだわり、その賭けに敗れた。

「結果としての勝敗に縛られる余り、目の前で起こっている現実を楽しめないのです」

以前、サントリーのエディ・ジョーンズ監督に聞いたオールブラックスへの評が、まるで今のジャパンを予言したような言葉として、今も耳にこびりついている。

（『Ｎｕｍｂｅｒ』２０１１年10月）

エディー・ジャパンの約束 ―日本代表戦記―

「日本はこのW杯に、ラグビーの世界でリスペクトを得るために来た。大会が終わったときに、世界中のラグビーファンから、日本はリスペクトに値するチームだと思われるような大会にしたい」

W杯初戦の南アフリカ（南ア）戦を2日後に控えた9月17日、初戦のメンバー発表の会見で、日本代表ヘッドコーチのエディー・ジョーンズはそう言って、続けた。

「選手たちは良い準備を重ねてきた。上手くいけば、勝ちます」

エディーのその言葉を現場で聞いていたのは、日本人メディアを除けばほんの数人だった。現地メディアの関心は、翌日にフィジーと初戦を戦うイングランド代表であり、南アの日本戦は関心の対象外だった。

この会見で、エディーはいくつかの興味深い言葉を発している。

ひとつは南アへのリスペクト。

RWC2015 POOL B

	SA	SCO	JPN	SAM	USA	得点(T)	失点(T)	勝ち点
SA		○34-16	×32-34	○46-6	○64-0	176(23)	56(4)	16
SCO	×16-34		○45-10	○36-33	○39-16	136(14)	93(9)	14
JPN	○34-32	×10-45		○26-5	○28-18	98(9)	100(12)	12
SAM	×6-46	×33-36	×5-26		○25-16	69(7)	124(13)	6
USA	×0-64	×16-39	×18-28	×16-25		50(5)	156(20)	0

SA：南アフリカ、SCO：スコットランド、JPN：日本、SAM：サモア、USA：アメリカ

日本代表スコア		2015/9/19 ブライトン **JPN 34-32 SA** (HT 10-12) 3T2C5P-4T3C2P		2015/9/23 グロスター **JPN 10-45 SCO** (HT 7-12) 1T1C1P-5T4C4P		2015/10/3 ミルトンキーンズ **JPN 26-5 SAM** (HT 20-0) ※日本:PT1 2T2C4P-1T		2015/10/11 グロスター **JPN 28-18 USA** (HT 17-8) 3T2C3P-2T1C2P	
出場メンバー	FW	三上正貴		稲垣啓太		稲垣啓太		稲垣啓太	
	FW	堀江翔太		堀江翔太		堀江翔太		堀江翔太	
	FW	畠山健介		山下裕史		畠山健介		山下裕史	
	FW	トンプソンルーク		トンプソンルーク		トンプソンルーク		トンプソンルーク	
	FW	大野均		アイブス ジャスティン		大野均		アイブス ジャスティン	
	FW	リーチ マイケル C	1T	リーチ マイケル C		リーチ マイケル C		リーチ マイケル C	
	FW	マイケル・ブロードハースト		マイケル・ブロードハースト		マイケル・ブロードハースト		マイケル・ブロードハースト	
	FW	ツイヘンドリック		アマナキ・レレイ・マフィ		ホラニ龍コリニアシ		ホラニ龍コリニアシ	
	HB	田中史朗		田中史朗		田中史朗		田中史朗	
	HB	小野晃征		立川理道		小野晃征		小野晃征	
	TB	松島幸太朗		福岡堅樹		松島幸太朗		松島幸太朗	1T
	TB	立川理道		田村優		立川理道		クレイグ・ウィング	
	TB	マレ・サウ		マレ・サウ		マレ・サウ		立川理道	
	TB	山田章仁		松島幸太朗		山田章仁	1T	藤田慶和	1T
	FB	五郎丸歩	1T2C 5P	五郎丸歩		五郎丸歩	2C4P	五郎丸歩	2C3P
	リザーブ	木津武士	→2	木津武士	→2	木津武士	→13	木津武士	→2
	リザーブ	稲垣啓太	→1	三上正貴	→1	三上正貴		三上正貴	→1
	リザーブ	山下裕史	→3	畠山健介	→3	山下裕史	→3	畠山健介	→3
	リザーブ	真壁伸弥	→5	真壁伸弥	→5	アイブス ジャスティン	→5	真壁伸弥	→5
	リザーブ	アマナキ・レレイ・マフィ	→8	伊藤鐘史	→4	アマナキ・レレイ・マフィ	→8	アマナキ・レレイ・マフィ	→8 1T
	リザーブ	日和佐篤	→9	ツイヘンドリック	→8	ツイヘンドリック	→7	ツイヘンドリック	→7
	リザーブ	田村 優	→10	日和佐篤	→9	日和佐篤	→9	日和佐篤	→9
	リザーブ	カーン・ヘスケス	→14 1T	カーン・ヘスケス	→12	カーン・ヘスケス	→14	カーン・ヘスケス	→10

「我々はこの4年間、このW杯初戦を目標にして必死に頑張ってきた。ここで南アというリスペクトに値するチームと対戦できることを幸せに思う。南アはラグビーW杯の歴史において最も勝率が高く、最もフィジカル能力に優れ、もっとも経験値の高いチームだ。日本はすべて逆。勝率は最も低く、身体も最も小さい」

会見の冒頭で、エディーは対戦相手の南アを持ち上げた。だが会見が進むと、相手を牽制するエディー節が見え始める。

「南アの基本的な戦い方は、ラインアウトからFWが前進する、9番がハイパントをあげて、フィジカルに身体をぶつけてくる。皆さんご存じの通り、私にもそんな知識しかありません。ただ、今のチームはちょっとナーバスに見えますね」

そして、レフェリングにもあらかじめクギを刺す。試合前日練習後はこう言った。

「W杯ではこれまで、レフェリーが上位国を贔屓する傾向があったけれど、明日は世界で一番上手いフランス人のレフェリーが吹いてくれるので、心配ないと思う。南アは右PRのヤニー・デュプレッシーが、レフリーみたいな態度でスクラムの組み方に口出ししますが、彼にはそんな権限はない。仕切るのはレフェリーです。我々はルールに則ってスクラムを低く組んでいる。その我々に、もっと高く組めというような指示がないことを信じている」

リスペクトと牽制の絶妙なブレンド。南ア側がこのコメントを読めば、ほめられて悪い気はしないのに、何か落ち着かない感じがしたのではないか。日本はボクスにとって、一度も対戦したことのない未知の相手だった。負ける相手だとは思わないが、相手には智将エディーがついている……。

そんな不安定な感覚は、試合開始後もボクス選手の頭にへばりついていたはずだ。FWには世界一の巨漢を並べているのに、キックオフは飛んでこず、足元にゴロで転がってくる。タックル後のボール争奪戦に身体を張ろうとすれば、ボールはすでに次の選手にパスされている。FW対FWで勝負するはずのラインアウトモールにBKがグサグサ刺さって押してくる……。

「強い相手には、心地よい状態を作らせないこと。相手が何をしてくるか分からない、不安な状態にさせることが大事」

まさしくこの午後、ボクスの選手たちはそのエディーの持論の通りに80分間を過ごした。慣れない時間の流れ方に落ち着きを失い、自らの優位性の出し方を見失った。

歴史は動いた。9月19日、午後6時44分、日本時間の20日午前2時44分。スコアは34対32。日本代表が南アフリカ代表を破った。

1本だった会見のマイクは13本に増え、記者は100人を超えた

日本は続いて、中3日の強行日程でスコットランド戦に臨んだ。南ア戦の2日後に行われたメンバー発表会見では、初戦の前には1本だったマイクが13本に増え、記者は海外メ

ディアだけで60人以上、総勢100人を超え、会見室から人が溢れた。南アを破った日本とはいったいどんなチームなのか、この強行日程はどう影響するのか？　メディアの興味はそこに集中した。

「我々は3年前からこの日程を想定して準備してきた。2年前には土曜日にウェールズと、水曜にカナダと、日曜にアメリカと、8日間で3テストを戦う日程を組んだ。日本人は忍耐強い。その長所を活かして臨む」

だが、スコットランド戦は10対45の大敗に終わった。

「日程は関係ない。我々はそれを想定して準備してきた。今日はスコットランドが素晴らしいゲームをした」

試合後、エディーはそう言った。リーチはじめ、選手も誰も言い訳はしなかった。実際は、影響があったことは否めない。

「疲れもあって、試合中の言葉が減り、コミュニケーションが落ちる。取れるはずのところでトライが取れないから、ますます言葉が減る悪循環に陥った」と言ったのは田中だった。前半は互角でしのいだが、後半15分まで7点差だった試合は、最後の25分間で4トライを奪われた。南ア戦で股関節を痛めたSO小野ら、1週間の間隔があれば出場可能だった選手の欠場も響いた。

翌24日、合宿地のウォリックで会見したエディーは「ガッカリしたけれど、2試合を終えて1勝1敗、我々が目標にしてきた8強に向けて、良い位置にいる。あと2試合、サモアとアメリカに勝つだけだ」と言った。W杯ではトップリーグと同様のボーナスポイント（BP）つきの勝ち点制が採用されていて、実際はBPのない日本はスコットランド、南アに比べ不利な状況に追い込まれていた。だがエディーは「BP狙い」を即座に否定した。

「それは考えず、勝つことに集中する。プールで3勝すれば、通常は準々決勝に行ける。BPが足りなくて8強に残れないのならそれまで。それもラグビーだ」

無理にトライを取りに行き、戦い方の基盤が崩れることを戒めたのだろう。W杯の戦いを熟知した指揮官の姿勢は、以後、あらゆる選手の言葉に共通していく。

10月1日、サモア戦のメンバーが発表された。LO大野とSO小野、WTB山田が先発に戻り、南ア戦に近い編成となった。スコットランド戦で負傷退場したマフィもリザーブに戻った。エディーは言った。

「これはW杯で最も大切なゲームです。パワフルなサモアに対して、こちらも最も強いチームを編成した。多少のケガを抱えている選手もいるけれど、W杯も3戦目となればそれは当たり前のこと。他のチームでは、負傷で帰国した選手も出ている。日本は全員で練習して、全員が戦う準備をできている。目標は、最初の60分を互角に戦い、最後の20分に突き放す展開だ。ボーイズはいいチャレンジをしてくれると思う」

そして迎えたサモア戦。互いに1勝1敗の勝ち点4。8強進出に向け後のない戦いに、日本は勝った。26対5の完勝だった。前半、規律を失ったサモアが反則を連発。2枚のイエローカードを科され、数的優位を得た間にスクラムを押してペナルティトライを獲得し、PGを重ね、ハーフタイム直前には山田が鮮やかなトライ。20対0で折り返すと、後半も2PGを加え、終盤猛反撃に出たサモアを1トライに封じた。

「FWが素晴らしい仕事をした。世界で最も激しいサモアをシャットダウンした。アタックもディフェンスも一級品だった」

日本にとって初めての、W杯1大会での2勝目。ただしこの試合でも、日本はBPを挙げることはできなかった。日本の8強進出は、サモアのスコットランド戦の結果次第という他力本願の状況になった。

「それは我々にはコントロールできない。我々は最後のアメリカに勝つことに集中するだけだ。ただ、サモアはラグビーに誇りを持っている。最後はプライドをかけて戦うことでしょう」

エディーの言葉は現実となった。

サモアがスコットランドと戦ったのは、日本がアメリカとの最終戦に向けグロスターで試合前日練習を行っていた最中だった。エディーは練習後の会見でまた「我々は結果をコントロールできない」と話し「できるのはトゥシ・ピシだけだ」とサントリーの教え子であるサモアSOの名をあげた。

ちょうどその頃、グロスターから遠く離れたニューカッスルでは、まさしくピシの大活躍でサモアがスコットランドを追い詰めていた。立ち上がり11分までにピシが1トライを含む全得点をあげ10対3とリード。前半を26対23で折り返した。しかしスコットランドは粘り強く圧力をかけ、抜け目なく点を取り、サモアの闘志を寸断。36対33で際どく勝利を摑んだ。そしてこのとき、日本の準々決勝進出が消えた。

W杯で3勝して1次リーグ敗退。史上初のハードラック

10月11日、グロスター。日本は最後のアメリカ戦に臨んだ。勝っても負けても最後の試合。それはこのW杯でというだけでなく、このW杯を最後に日本を去るエディーの最後の試合を意味していた。試合前のウォームアップ、エディーはいつもと同じように、射抜く目で相手の練習を見詰め、自軍の練習に目を光らせていた。

アップを終えると、リザーブを含めた選手全員が互いの肩に手を乗せ、ひとつの塊になってロッカーへ引き上げた。そして10分後、両国国旗を先頭にピッチに入ってきたとき、選手たちの目は赤く腫れていた。

「試合前のロッカーで、エディーさんが涙を流しながら『プライドを持って戦おう』と言

ったんです。あんなに涙ぐむエディーさん、初めて見ました」。堀江翔太はそう明かす。「鬼の目にも涙ですかね（笑）。僕も試合前から泣きそうになりました」。

日本代表はひとつになった。4戦すべてフル出場の松島幸太朗と、この試合でW杯初先発の藤田慶和、22歳の両WTBがトライの競演をみせ、五郎丸はこの夜も5つのキックを成功させた。B組最下位の決まっているアメリカも、迷いのない直線的なアタックで日本を破壊しに挑んできたが、日本代表の一体感はそれをはね返した。スコアは28対18。日本は3勝目をあげた。

「今日は、バスで会場入りするとき、本当にたくさんの人が日本の旗を振って迎えてくれた。日本の人もそうでない人もいた。大会前は、そうではなかった。これはW杯を通じて選手たちが見せてくれた、質の高いパフォーマンスの成果です」

エディーの目が、心なしか潤んで見えた。

「サモア戦は日本で2500万人がテレビを見たそうです。今日はきっと3000万人が見てくれたでしょう。日本ではこれから、親が自分の子にラグビーをやらせたくなるでしょう。子ども達は鏡の前で五郎丸のポーズを取る。次代のリーチ、次代の五郎丸が、きっとそこから育ってくる」

世界のラグビー界でリスペクトを——大会前のエディーの公約は守られたか。

それはもはや、聞くまでもなさそうだ。

（『Number』臨時増刊　2015年11月）

五郎丸歩「ラグビーに奇跡なんてない」

アップセットの火ぶたを切ったのは背番号15だった。

開始4分、自陣22m線付近で組まれたファーストスクラムからの3次攻撃で、五郎丸歩はいきなりビッグゲイン。両手でボールを掴み、前傾姿勢で相手防御を切り裂いて前進し、直後に相手反則を得ると、正面32mの先制PGを鮮やかに蹴り込む。スタジアムが大歓声に包まれる。

そこから80分間、いや、W杯を通じて吹き荒れるジャパン旋風の始まりだった。

27分にはコンバージョン、後半も1分、7分、11分、18分と、着実にPGを成功させる。何度もリードを奪いながら突き放せないモスグリーンのジャージーに焦りの色がにじむ。

そして28分。左ラインアウトからサインプレーで抜けたWTB松島幸太朗からパスを受け、五郎丸が地響きを立てながら右中間インゴールへ飛び込んだ。

よっしゃあ!

右のコブシで芝を叩いて喜ぶ五郎丸に、WTB山田章仁が、松島が、立川が、リーチ主将が、次々と駆け寄り、身体をぶつけて喜びを爆発させる。スタジアムが絶叫に包まれる。五郎丸が難しいコンバージョンを蹴り込む。29対29の同点。

「トライなんて、トップリーグでも滅多に取らないんですがね」と五郎丸。普段とは違う、特別な何かが起きようとしていた。そして84分、相手ゴール前のPKで同点PGを狙わず、アタックを選択し、WTBカーン・ヘスケスがついに左隅インゴールをこじあけた！

スタジアムが揺れた。スタジアムを埋めた観衆が叫ぶ。いくつもの日の丸が舞う。

歴史が、動いた。

平常心を貫く男が、自分の緊張を吐露した

その2日前、メンバー発表会見に現れた五郎丸の顔は、緊張で青白く見えた。

「日本代表で50何試合に出てきたけれど、今までで一番緊張しています。普段通りの平常心で臨むのは無理（笑）。W杯は小さいころから本当に憧れていた舞台ですから」

その日のミーティングで、五郎丸は他のリーダーの前で「オレ、緊張してる」と明かした。リーチや畠山健介ら他のリーダーたちは前回のW杯を経験していたが、五郎丸は初めてだった。だが、常に平常心を貫く男が明かした弱さは、むしろチームの結束を高め、弱さと向き合う勇気を与えた。

その勇気は、観る者にも伝わった。

「エディーが試合前に言っていたんです。最初の20分にいい試合をすれば、観客は日本の味方になる。キツかったけど、最後の場面でもチームに迷いはなかった」

この勝利は奇跡か、必然かと質問が飛ぶ。五郎丸は「必然です」と即答した。

「ラグビーに奇跡なんてありません。南アが弱かったんじゃなく、日本が強かった」

そして、強い日本代表を支えた観客のパワーを呼び込んだのは、五郎丸が見せた、自分の弱さと向き合う勇気だったのだ。

神懸かり――そう呼びたくなる五郎丸の冴えは、続くスコットランド戦でも続いた。6点を先行された前半13分、ハーフウェー手前でPKを得ると、南ア戦と同じように、相手ゴール前5mにどんぴしゃでタッチキック。直後のNO・8アマナキ・レレイ・マフィのトライをお膳立てした。

「タッチキックも、攻めなきゃダメでしょ。W杯なんだから」

五郎丸は、笑みをうかべて言った。どこか吹っ切れたような口調だった。勝負にギリギリまでこだわる一方で、どこか勝敗を超越している。ゴールキッカーであり、攻撃のキーマンである五郎丸は、当然のように相手の集中タックルにさらされる。ハイパントの標的にされる。だがそれを聞かれても「楽しいですよ」と笑う。

「開幕の前は緊張していましたけど、そのあとは肩の荷が下りたというか、楽しんでラグビーをやれていますね」

激しいプレーも、痛いプレーも、すべてはエンジョイの対象だ。スコットランド戦前半最後のプレーはその極致だろう。自陣ゴール前でスコットランドに連続攻撃を浴びながら、トライ体勢に入った相手右WTBシーモアを、体ごとタッチラインの彼方へと弾き飛ばす猛タックル。キングスホルム競技場を埋めた観衆がどよめきをあげる。

「その前に、ひとつPGを外して、ちょっと嫌な雰囲気になってたし、リーダーの一人として、悪い流れは止めなきゃいけない」

しかし後半、試合は暗転した。4分に攻撃の核弾頭を担ったNO・8アマナキ・レレイ・マフィが負傷退場したのを手始めに、中3日の強行スケジュールによる疲労が徐々に日本選手を襲う。僅かなハンドリングエラーを突いてボールを奪ったスコットランドが、一気に日本ゴールを陥れる。最終スコアは10対45まで開いた。

日本にとっては予想外の大敗。それでも五郎丸は、動揺を見せなかった。

「悔しいけど、仕方ない。顔をあげて、次に向けてやっていくだけです」

PGの失敗も引きずってはいなかった。

「僕も機械じゃないんで、外すときは外します。チームも生きものなので、いいときもあれば悪いときもある。南ア戦にはいいところがすべて出たし、スコットランド戦には悪いところがすべて出た。この波を小さくしていくことが、ティア1の強豪国に割って入るためのカギだと思います」

冷静な口調に、聞く者を落ち着かせる魔力のようなものが漂う。W杯は短期決戦だ。戦って行くには、ひとつの失敗を引きずってはいられない。当たり前といえば当たり前のことだが、大舞台なればこそ、これが難しい。それを、初めてW杯に乗り込んだ五郎丸は、当たり前の顔で遂行していた。人間が進化する瞬間、大きくなる過程が、そこに見えた。

そして3戦目のサモア戦。またも五郎丸が魅せた。前半は2G2PGの4度のキックを成功。後半13分には、カウンターアタックからのキックを追ってきたサモアの豪脚ポール・ペレスがハーフウェー付近でボールを掴もうとした瞬間、内側からカバーに走ってきた五郎丸が間一髪追いついてボールを奪い、タッチの外へ転がり出た。ボールを取られれば間違いなくトライ。そうなればサモアは一気に勢いづいたかもしれない。5点、7点を防いだだけではない、試合の流れを決める一撃に、五郎丸は「自分の責任を果たせて良かった」とシンプルに振り返った。サモア戦は26対5、予想以上の完勝だった。

大会を通じて、五郎丸の存在感は、急激に高まっていった。プレースキックを蹴るときの中腰の構え、指を立てるポーズは日本でも英国でも、子どもも大人もこぞって真似、その映像が次々にSNSに投稿された。ラグビーに無縁だったテレビの情報番組から女性誌にまで「五郎丸」の活字と写真が次々に躍り、女子高生は「五郎丸さんと結婚したら私の名前はどうなるかな？」と話して笑い転げた。

本人はこの事態をどう感じているのか。

「我々が求めたことが現実になった。今まで、ラグビー日本代表が、これほど高いものを求められることはなかった。期待を感じながら、グラウンドでプレーできるのは嬉しいこと。緊張はない。楽しんでいます」

五郎丸はW杯の前に「日本がW杯で結果を出したら、日本の社会に強いメッセージを発信できるんじゃないか」と話していた。

「フィジカルコンタクトのある、階級のないスポーツで、日本代表が結果を出す。これはすごいことだと思うんです」

五郎丸は、自分がラグビーに打ち込んでいる理由を「1人ではできない、仲間がいてのスポーツだから」と言う。

「足も速くない、器用でもない僕が日本代表でプレーできるのは、ラグビーが団体競技だから。ビデオで自分の出ていた試合を見ると、自分の知らないところで、味方のFWが献身的なプレーをして、僕を助けてくれていることがよくある。僕も、そういう仲間の頑張りに応えるプレーをしたい」

根底にはいつも、ラグビーを通じて恩返しをしたいという思いが垣間見える。

前年11月に初の著書『不動の魂』（実業之日本社）を出版した際も「ラグビーに恩返し

できるなら」という思いで受諾した。出版後は故郷・福岡市の小中学校の全ての図書館に224冊を寄贈。W杯への出発前には、日本代表の選手たちが東日本大震災の被災地支援のためにたちあげた「SAKURA基金」に著者印税を全額寄付した。

「ラグビーに生かされた人間の、けじめとしての行動です」と五郎丸は言う。自分が数多くのメディアに取り上げられることについても、「僕1人にフォーカスされるのは望みじゃないけれど、僕をきっかけにしてジャパンというチームを、ラグビーを注目してくれる人が増えたなら嬉しいことですから」と、ポジティブに捉えている。

「気持ちを整理できるのはまだ先になると思う。でも幸せな時間だった」

だが五郎丸と日本代表は、目標の準々決勝に進むことはできなかった。サモアがスコットランドに敗れ、最後のアメリカ戦を前に、B組3位が決まってしまったのだ。

10月11日、グロスターのアメリカ戦。五郎丸は、そんな喪失感などおくびにも出さず、頑健にプレーを続けた。背番号15はこの日も1秒も消えることなく、ピッチで日本代表を支え、鼓舞し続けた。そして電光表示板の数字が「80分」を示したところで、五郎丸はボールをタッチに蹴り出した。28対18。五郎丸はサモア戦に続いてマン・オブ・ザ・マッチ（MOM）に選ばれた。そのインタビュー。

「このMOMは、チームの……」

そこまで言うと、五郎丸は声を詰まらせた。言葉が出てこず、目頭を押さえる。インタビュアーが、次の言葉を促す。

「我々の目標は、ベスト8……」

そう言いかけて、止まってしまった。常にクールにピッチに聳え立っていた日本の砦が、昂ぶる感情を抑えられずにいた。

翌朝。帰国を前にした宿舎で、五郎丸に、改めてW杯に込めた思いを聞いた。

——悔しさと達成感、強いのはどちらですか。

「分かりません。整理できるのはまだ先になると思う。今日も、朝起きたときは、すぐ練習着に着替えて、ヘッドスタートかなと思ったくらい。それが日常でしたから」

——W杯に向けて、すべてのエネルギーを注いできた。切り替えるのは難しいですか。

「でも、すぐにトップリーグが開幕します。これまでもずっと休みなしで来ていたし、行けるところまで行こうと思ってます」

——この4年間、多くの犠牲を払って日本代表だけにエネルギーを注いできました。

「責任はずっと感じていたし、今回はいろんなものを背負ってW杯に臨んだけれど、今までで一番幸せな時間だった」

2015年秋。五郎丸歩と日本代表は、新しい時代の扉を開いた。それは途轍もなく長い、過酷な助走の末の到達点だった。

（初出：『Number』臨増 2015年11月）

第8回ワールドカップ【2015年❸】

リーチマイケル「勝ちに行くと決めていた」

耳には、監督室からの「ショット!」の声は届いていた。

だがピッチを預かるキャプテン、リーチマイケルは、その指示を無視した。

「戦ってるのはオレたちだ」

リーチは言った。「引き分けじゃつまらない」

9月19日、ブライトンのコミュニティスタジアム。W杯初戦の日本×南アフリカ、29対32で迎えた後半40分。日本が南アゴール前のスクラムを押し込み、PKを獲得した。スタジアムは総立ち、奇跡への期待で興奮のるつぼと化していた。

リーチは、レフェリーに「スクラム」と伝える。3万観衆が沸騰する中、仲間のFWの肩を叩き「行くぞ!」と叫ぶ。フィールドの中の1カ所、スクラムを組む南アゴール前が異様な熱量を発散する。

世界のラグビー史に刻まれる大活劇は完成へと向かっていった。日本がスクラムからボールを出す。リーチは自ら3度もボールを持ち、南ア防御網の中を、これでもかと突き進んだ。5次攻撃でリーチがゴール前右隅に持ち込む。南アのディフェンスが集まる。そこから日本は一転、左へ展開。SH日和佐篤からCTB立川理道、NO・8アマナキ・レレイマフィ、そして途中出場のWTBカーン・ヘスケスにボールが渡り左隅へ。ジャイアントキリングは完成した。

W杯で過去1勝の最弱国が、優勝2回の最強国を破る——。驚愕のニュースは、すぐさま世界を駆け巡った。

「オレたちは南アに勝つつもりで今日まで準備してきたんだから、引き分けじゃつまらない。勝ちに行くと決めていた」

試合後の会見で、リーチは言った。

実は、PGを狙わなかったとき、監督室でエディーは椅子を蹴り上げ、怒声を張り上げたという。南アの怖さを知らないのか。引き分けでも大事件なんだぞ！

だがピッチの上の選手は、あくまでも勝利を求めた。その決断は、そんな情緒的な要素だけで下されたわけではなかった。

「南アはシンビンが出て1人足りない状況で、スクラムは日本が完全に押せていたし、こっちがずっとプレッシャーをかけていた。相手の表情を見ても『やべえ』という感じだったし、足も止まっていた。HOの木津（武士）もヤンブー（PR山下裕史）も『スクラムで』と言ってたし、ナキ（NO・8マフィ）も『サイドでトライを取れる』と言っていた。チームが自信を持っていた」

「アンビリーバブルだ」

自らの指示を無視して結果を変えた選手たちをエディーHCは、そう称えた。

「素晴らしい結果だ。選手は勇敢に戦った。同点にして終わらせることもできたのに、そうせずに、逆転勝ちまで持っていった。すごいことだ。選手たちの決断を誇りに思う」

このとき、リーチと選手たちは『エディー離れ』したのかもしれない。

ベンチの指示を無視して、あくまで攻撃あるのみ――そんな強気な決断で世界を驚かせたリーチは、その2週間後には、まったく対照的な決断をした。スコットランドに敗れたあとのサモア戦。互いに8強入りのため負けられない一戦は、できるなら4トライ以上のボーナスポイント（BP）を取って勝ちたい試合だった。日本は前半を20対0とリードし、後半6分にもPGを加えて23点差。ラグビーでは、3チャンスで追いつけない21点差がセーフティーリードの目安とされる。この時点で日本のトライは2つ。残る30分あまりは、BPを求めトライを狙う時間では……そんな予想は裏切られた。17分、正面15mのPKでも、リーチはゴールポストを指さした。26対0。23分にはサモアに初トライを奪われ26対5となる。21点差に迫られ、28分には左中間25mのPKをまたショットするが、外れる。

そして試合はそのまま終わった。

ボーナス点を狙うのか？　「まず勝つことが重要」とリーチは言った

なぜＢＰを取りに行かなかったのか？　試合後の会見でそう問われたリーチは迷いなく答えた。

「日本はそれまでのアタックで疲労が足にたまっていた。サモアはどこからでもトライを取れる。一度火が付いたら、勢いで2本3本とトライを続けて取れるチームだし、12分で21点差は安全圏とは言えない。まず勝つことが重要と思ってショットしました」

リーチは、その場の勢いで攻撃を選択する主将ではなかった。

「キャプテンはあらゆることを考えて決断しないといけない。試合では、ピッチに出て身体をぶつけている人間だから分かる部分もある。そこは計算してやっている。エディーにも、自分で考えた通り決断しろと言われています」

それは、今回の日本代表の強みでもあったとリーチは考えている。

「今のジャパンの良さは主体性があること。コーチに言われた通りにするだけでなく、リーダーグループで常に、チームをどう運営するかを話し合っている。キャプテンは試合で最後の決断をするけれど、一番大事なのはリーダーグループです」

4月に今年の日本代表が始動してから約3カ月は、リーチやＳＨ田中史朗ら主力選手がスーパーラグビーのため不在だった。その間、主将代行に指名された畠山健介や五郎丸歩、堀江翔太の両副将、リーダーグループに指名された立川理道、ホラニ龍コリニアシらは、チームの規律、練習への取り組み方などを徹底して話し合った。エディーからの要求はハードルが高く、多岐に渡る。サントリーでもエディーの指導を受けた畠山は「ジャパンのときの方が、より自立を求めてきた」と証言する。

五郎丸は「中には理不尽な要求もありますよ」と苦笑した。ラグビーの試合には理不尽や不公平がいくらでも存在する。そこで動じない強い心を作らせるためだろう、エディーは解決不能な要求も、平気で選手に突きつける。その一方で、練習の中では、選手自身に修正点を見つけさせるよう促す。「今年に入ってからは、練習のグラウンドに入らず、ラインの外や観客席で見ていることが多くなった」と話すのはCTB立川理道だ。

リーダーグループからは外れているが、エディージャパン始動からの2シーズン、キャプテンを務めた廣瀬俊朗の存在も大きかった。廣瀬はW杯では一度もリザーブのジャージーすら与えられなかったが、練習では常に一番早くグラウンドに出て準備を整え、常に100%の力を出し切り、試合のメンバーを外れれば全力でメンバーのサポートに徹した。対戦相手の分析にエネルギーを費やし、サモア戦の前なら練習で相手のキーマンとなるトゥシ・ピシの動きを演じ、チームに貢献。チームメートは「トシ・ピシ」と呼んだ。リーチは言った。

「トシさんにはいろいろなことを相談したけれど、いつも僕を安心させてくれた。僕にとってはメンター。トシさんがグラウンドの外のことを全部やってくれたから、僕はグラウンドの中のことに集中できた」

W杯で3勝1敗の成績を残し、日本代表、エディー・ジャパンの旅は終わった。次の目標は8強か。リーチは首を振った。

「それが目標になると、その目標に縛られてしまう。今回も、正直言うと、8強に入れないとわかった時点で自分の中に少し動揺があった。もうそんなことに絶対左右されたくない。最初から最後まで、ベストを出す。1つの試合を大事に。それでいい」

仲間のサポートを得てチームを作り、自身は試合で全てを——激しさも判断力も含めた全てを——解放する。日本代表の闘将は、このW杯でさらに大きくなった。

（初出：『Number』臨時増刊　2015年11月）

CHAPTER

2

ラグビー日本代表
まるわかり

ラグビー日本代表全史【1930―2019】

日本代表のはじまり

ラグビー日本代表が初めて結成されたのは1930（昭和5）年のカナダ遠征だった。日本ラグビー協会（当初は『日本ラグビー蹴球協会』）は1930（大正15）年、先行して成立していた関東、西部（のちの関西、九州を含む）の地域協会を統括する機関として設立された。日本のラグビー界では大正末期から昭和初期にかけて次々とチームが生まれ、1929（大正14）年には慶大が上海に遠征、1927（昭和2）年には早大がオーストラリアへ、明大が上海に遠征するなど、海外との交流が始まり、日本ラグビー全体の代表チームの結成、海外との力試しをしたいという機運が高まっていた。当初、設立間もない日本協会はラグビーの母国・英国からのチーム招聘、国内各地での国際試合実施を目指したが、英国側の事情で断念していた。

そこへ届いたのが、カナダ・ラグビー協会から早大への招待状だった。早大がオーストラリアへ遠征した際に迎えた徳川家正在豪日本総領事がのちにカナダ公使として赴任し、カナダのラグビー関係者と話をした際、早大チームの遠征中の評判が高かったことを紹介したところ、カナダ協会は早大を招聘したのだった。しかし早大は、オーストラリア遠征から日が浅いことなどからこの遠征を辞退、かわりに日本協会が代表チームを派遣するという経緯で遠征が実現。1930年5月に神宮と花園で2度の選抜試合を行った上で学生19人、OB6人、総勢25人による「全日本選抜」チームが結成され、8月17日に横浜からハワイ丸で出帆。9月1日、全バンクーバーとの初戦を皮切りに7試合を行い、6勝1分という無敗の好成績を残した。唯一の引き分けとなった第6戦、ブリティッシュコロンビア選抜との一戦（3対3）は、のちに日本協会によるキャップ対象試合第1号として認定された。日本代表唯一の得点はWTB北野孟郎（慶大）のトライだった。

遠征チームは1カ月にわたってカナダに滞在し、10月15日未明に横浜入港のマニラ丸で帰国。遠征チームのハードスケジュールは帰国後も続き、帰国翌日の10月16日に神宮競技場で秩父宮両殿下、李王殿下（旧朝鮮王族）台覧のもとで紅白に分かれて歓迎試合を、19日には関西に転じて花園で全関西選抜チームと歓迎試合を実施。花園の試合では6000人の観衆がメーンスタンドを埋めたという盛況ぶりだった（『日本ラグビー史』日本ラグビーフットボール協会編・1964年より）。

1932年にはカナダが来征。神宮と花園で7試合を行い、全日本は2戦して2勝。花園で行われた『第1テストマッチ』9対8の勝利は、日本代表キャップ対象試合の初勝利となった。続く神宮での『第2テストマッチ』は38対5の大勝だった。

その後、戦争による中断を経て、1952（昭和27）年から日本代表は活動を再開する。復活最初のキャップ対象試合となったオックスフォード大学の来日試合は0対35、0対52の完敗だった。

日本代表の強化が本格化するのは、1967年、大西鐵之祐監督が就任してからだ。早大の監督として実践した「展開・接近・連続」という理論を柱に、フルバックを攻撃ラインに投入するムーブ（サインプレー）、身長差を補うショートラインアウトなど、日本人の特性を活かした独創的な戦術を、海外の指導書を熟読しながら考案。1968（昭和43）年のニュージーランド（NZ）遠征では、ラグビー王国の準代表にあたるオールブラックスジュニアを相手に、WTB坂田好弘（近鉄）の4トライなど6トライを奪い、23対19で歴史的な金星をあげた。

日本ラグビー世界への挑戦

このニュースは世界に衝撃を与え、1971（昭和46）年にはイングランドが協会創立100周年を記念する遠征先に日本を選択。テストマッチ2試合は19対27、3対6と日本が食い下がった。特に秩父宮での第2戦は、チケットが売り切れても観客が押し寄せ、タッチライン外のピッチ上に入れる臨時措置をとったほどの熱気の中、双方ノートライという激戦だった。

評価を高めた日本代表は1973年に初の欧州ツアーとなる英仏遠征を敢行。このときウェールズとイングランドは日本戦を正式なテストマッチと扱わなかったが、フランスは認定した。

イングランドは1979（昭和54）年にも来日し、花園での第1テストマッチでは日本が終了直前までリード。ラストワンプレーでトライとゴールを奪われ19対21と逆転負けしたが、世界トップの強豪国に互角の勝負をみせた。1983年にはウェールズに遠征した日本代表が24対29という大激戦を演じた。これらの活躍が、80年代のラグビー人気につながっていく。国内では早明戦が毎年60000人の観客を集め、大学選手権では同志社大が平尾誠二を擁して3連覇を達成。日本選手権では天才司令塔・松尾雄治率いる新日鐵釜石が前人未踏の7連覇という金字塔を打ち立てた。

ラグビーの国際交流は、1987（昭和62）年の第1回ワールドカップ開催から急激に拡大していく。日本は1989年に秩父宮でスコットランドを破る金星をあげた宿澤広朗監督・平尾誠二主将の体制で臨んだ1991（平成3）年第2回大会、プール戦最終戦でジンバブエを52対8で破り、記念すべきワールドカップ初勝利をあげる。対戦相手も、それまでニュージーランド、オーストラリア、欧州勢という先進国ばかり見ていたのが、フィジーやトンガなど南太平洋諸国の台頭を受け、実力的にも近いそれらの国とも真剣勝負を重ねるようになった。

しかし、世界の強豪国がラグビーのプロ化を進めるのに対し、乗り遅れた形となった日本はその後、不振に陥り、1995（平成7）年の第3回ワールドカップではオールブラックスに17対145という歴史的な大敗を喫してしまう。日本でも外国人選手の流入が進むなど選手のプロ化・フルタイム化は進んだ。だが海外では、選手だけでなくコーチングの進化が急激に進んだのに対し、日本では指導陣については実力・実績よりも学閥・年功序列が横行。指導者も一定期間が過ぎると社業に戻っていくのが多数派で、そこには自助努力を促す構造はなかった。

それでも日本代表は散発的には好成績を残した。平尾誠二監督時代の1998年には強豪アルゼンチンを秩父宮で44対29と撃破。1999（平成11）年にはパシフィックリム選手権（環太平洋6カ国による大会）に初優勝を飾った。しかしワールドカップでは1995年に続き、平尾監督が率いた1999年、向井昭吾監督が率いた2003年とも、すべて全敗に終わる。2007年と2011年大会は、元NZ代表WTBの世界的英雄、ジョン・カーワンをヘッドコーチに据えて臨み、ともに最終戦でカナダと引き分けた。だがワールドカップ本番での勝利はかなわなかった。

エディー・ジャパンの躍進

そんな苦戦の歴史は、2012年のエディー・ジョーンズ・ヘッドコーチ（HC）の就任から、劇的に書き換えられてゆく。

ACTブランビーズの監督としてスーパーラグビーに優勝、オーストラリアの監督としてワールドカップ準優勝、南アフリカのテクニカルアドバイザーとしてワールドカップ優勝を果たしたエディーHCは、1996年、山本巌監督時代に日本代表のアシスタントコーチを務め、1997年からはサントリーのアドバイザーとして継続的に指導。2010～11年にはサントリーの監督として率い、2年連続日本選手権優勝を飾るなど、世界と日本のラグビーを熟知していた。

エディーHCは就任すると、コミュニケーション能力に優れたWTB廣瀬俊朗を主将に据え、目標を「世界のトップテン入り」と掲げ、合宿初日に早くも早朝からの3部練習、4部練習を導入するなどハードトレーニングを導入した。特に、ウエイトトレーニングとアジリティトレーニングを組み合わせたS&C（ストレングス&コンディショニング）メニューを徹底し、選手の体重を増やしながらスピードを高めることに成功。さらに格闘家の高阪剛さんをスポットコーチに招いて低いタックルの姿勢と起き上がるための動きを徹底反復。「世界中でこんなに練習しているチームはない」と選手が断言するハードワークで、戦闘能力を急成長させた。

戦術面では「日本は、世界の強豪国を相手にフィジカル面で圧倒することはできない」という冷徹な認識に基づき、キックを減らし、ボールを保持し続けながら相手ディフェンスを絞らせないためのアタック・シェイプを追求。就任1年目の2012年11月には敵地でルーマニアとグルジアに連勝。これは、日本代表が1973年に初めて英仏遠征を敢行して以降、欧州でのアウェー試合（テストマッチ）における初勝利だった。

さらにエディー・ジャパンは日本代表の歴史を塗り替えていく。2013年6月、来征したウェールズ代表との第1テストマッチで18対22と肉薄。第2テストマッチでは23対8で完勝した。日本代表は1989年に秩父宮でスコットランドを破っているが、その試合は相手側が正式テストマッチとしてカウントしていない、いわば巡業試合。2013年のウェールズ戦は、相手側も正式なテストマッチとして認定した試合で、IRB（国際ラグビー評議会、現ワールドラグビー）設立メンバー8カ国から奪った初めての勝利だった。しかもウェールズ代表はこの年、欧州6カ国対抗に優勝を飾っていたから（日本遠征には主力は参加していなかったが）、価値は大きかった。

この躍進を支えたのが、セットプレーの強化だ。エディーHCは、ボール獲得の起点を作るため、元フランス代表フッカーのマルク・ダルマゾをスクラム専任コーチに、元イングランド代表主将のスティーブ・ボースウィックをラインアウト専任コーチに招聘。スクラム練習では8人対8人で組み合ったまま前後左右に動くことを繰り返し、時に30分近くも組み続け、さらには組み合ったスクラムの上に体重100kg超のFW選手が乗って重圧をかけるなど過酷かつ斬新なハードトレーニングを重ねて徹底的に強化した。それはウェールズ戦の勝利だけでなく、11月に来日した世界王者・オールブラックス戦でもスクラムは互角に組み、スコットランドとのアウェー戦では敗れたものの、スクラムでの相手ボール奪取からWTB福岡堅樹が2つのトライをあげるなど、着実な成果をあげた。2014年には、スクラムに関しては欧州最強と評されるイタリア代表が来日したが、日本はこの相手にもスクラムで押し勝ち、26対23で前年のウェールズ戦に続く6カ国対抗勢からの勝利。IRB世界ランキングでも、史上最高の10位に上昇した（のち11位に後退）。

見逃せないのは選手の経験値の進歩だ。2003年にトップリーグが誕生し、国内の試合数が増加、世界のトップ選手が次々に来日して国内のレベルが向上したことに加え、2013年にはSH田中史朗がハイランダーズ、フッカー堀江翔太がレベルズで、日本人として初めてスーパーラグビーにデビュー。試合だけでなく、練習や日常生活から世界のトップレベルを経験し、日本代表にフィードバックしている。2014年に主将のバトンを受けたリーチマイケルも2013年、試合出場はならなかったがチーフスの一員としてスーパーラグビー生活を経験。ワールドカップイヤーとなる2015年はチーフスでNO・8のレギュラーを獲得して活躍した。

そんな積み重ねが、2015年ワールドカップに結実した。開幕戦で、過去ワールドカップ優勝2度を誇る世界最強国の一角・南アフリカを相手に堂々たる戦いを演じ、後半ロスタイムにWTBカーン・ヘスケスが劇的な逆転トライ。34対32というスコアで「世界スポーツ史最大の番狂わせ」と謳われる勝利をあげる。続く中3日のスコットランドには敗れたが、残る2試合はワールドカップ8強入り2度を数える南洋の強豪サモア、過去W杯で2戦2敗の天敵アメリカを危なげなく破り、史上最多の1大会3勝を挙げ、日本列島に一躍ラグビーブームを作り出した。

サモア戦は地上波生中継の国内での視聴者が2500万人に達した。3勝をあげながらボーナス点がなく、8強には進めなかったが、帰国した羽田空港には500人のファンが出迎え、帰国報告会見には300人のメディアが集結した。日本代表は明らかに、違う領域に足を踏み入れた。

日本代表を躍進に導いたエディー・ジョーンズは2015年ワールドカップを最後に退任。後任には、スーパーラグビーでハイランダーズを優勝に導いた経験があり、選手としてはオールブラックスで1995年、日本代表で1999年のワールドカップを経験しているジェイミー・ジョセフが就いた。

2019年に向け強敵との対戦を重ねたジェイミージャパン

2019年には自国開催のワールドカップが決まっていた。2015年大会での躍進という要素もあわせ、日本代表には膨大な強化資源が投下された。2016年から、スーパーラグビーに日本協会による特設チーム「サンウルブズ」が参戦。日本代表選手の多くが参加し、南半球のトップ選手と毎週のように体をぶつけ、世界トップクラスのスピードと激しさを体感した。6月と11月のテストマッチシーズンには、19年を前に日本の環境を体感しておきたい世界のトップ国が次々と来日した。16年から19年までの4年間に、ティア1とされる世界の上位10カ国のうち7カ国がフル代表で日本を訪れ、日本代表とテストマッチを戦った。この4年間で来日しなかったウェールズ、フランス、イングランドは自国に日本を迎え入れた。前回ワールドカップで初めて対戦した南アフリカとは、ワールドカップ日本大会開幕直前のウォームアップ試合として9月6日、熊谷で対戦する。日本代表はその時点で、前回ワールドカップ後、世界ランキング上位15カ国（2019年6月末日現在）すべてと対戦したことになる。ランキングで下位のジョージアやトンガ、アメリカなどとも対戦しているからだ。日本がこの4年間で対戦していないワールドカップ出場国はサモアとウルグアイ、ナミビアだけ。世界のラグビー史を見渡しても、短期間にこれほど多くの相手（しかも上位国はすべて！）と対戦したチームはないだろう。

成績も伴いつつある。２０１６年に来日したスコットランドとは2試合して13対26、16対21の接戦を演じた。チームとしての準備期間は少なかったが、同年秋の欧州遠征では敵地でジョージアを破り、ウェールズと3点差の激戦を演じた。２０１７年にはフランスと敵地で引き分け。最後の田村優のコンバージョンが決まれば勝っていた試合だった。

２０１８年にはオールブラックスが5年ぶりに来日。日本は敗れたが、前回は1つも取れなかったトライを5本も取り、31対69と、過去のオールブラックス戦で最多となる得点をあげた。続く欧州遠征では恩師・エディー率いるイングランドとワールドカップ以外では初対戦。最終スコアは15対35で敗れたが、前半はリーチ主将の豪快なトライなどで15対10とリードを奪った。世界のトップ国と戦っても力負けせず、果敢なアタックでトライを奪う。そんな戦いができるようになっているのだ。

そしてワールドカップイヤーの２０１９年。ジェイミー・ジョセフＨＣはさらに慎重なスタンスを選択した。日本代表の強化のため、選手に経験値を積ませるために設立されたスーパーラグビーのサンウルブズにほとんど日本代表選手を送らない。例年なら1月いっぱいかかるトップリーグを前年12月に終わらせ、１カ月の休養を選手に命じ、2月からの強化合宿でもオーバートレーニングに陥らないよう負荷を慎重にコントロール。スーパーラグビーチームの控えメンバーと強化試合を行っただけで、トップクラスの相手とは一切体を当てず、6月からは宮崎でひたすら合宿。ジェイミーは試合ではキックを多用し、統率されていない（アンストラクチャー）な状態を創出してチャンスを作る戦法を指向したが、ことスケジューリングにおいては試合で生じる不測の事態を排除し、計画的にチーム作りを進めた。

選手の経験値・ゲームフィットを高めるよりも、コンディションを整え、ゲームプランへの理解度を高めて本番に臨もうという割り切り。それは、選手の経験値は十分に高まったという判断なのか、それとも、試合経験を積むことによる進化を待っていられないという危機感の表れなのか。

いずれにせよ、過去最高と呼んで間違いない規模で強敵とのテストマッチを重ね、例を見ない長期の合宿という周到な準備を重ねて、日本代表は自国開催のワールドカップに臨む。ノルマは日本代表にとって初の、前回ワールドカップでも果たせなかったプールステージ突破、8強進出。だが、主将のリーチは首を振る。

「そこで終わるつもりはない。もっと上に行くつもり」

2019年、秋。歴史に刻まれる戦いが始まる。

（初出：2014年　日本代表対マオリオールブラックス公式プログラムに大幅加筆）

キャップ対象試合の監督に限る／勝率の引き分けは0.5勝0.5敗で計算

在任	出身、経歴
1930-34	東大－日本協会会長
1936,56	明大－明大監督
1952-53	京大－三菱商事－日本協会専務理事
1958	早大－早大監督
1959	明大－朝鮮鉄道局 C1
1959	明大－朝鮮鉄道局 C1
1963	九州協会会長
1967-71	郡山中－早大－東芝－早大教員早大監督
1972,75,85,86	天王寺中－同大－同大教員－同大監督
1973,76,78-79	大手前－早大－横河電機
1974,76-78,80-81	北海中－明大－大映 C4
1976,82-84,87-88	大泉－早大－東横百貨店－早大教員 C3
1978,84-87	四条畷-同大－東京三洋 C1
1979	報徳学園－中大－近鉄 C23
1980,82,96	新田－早大－リコー C1
1989-91	熊谷－早大－住友銀行 早大監督C3
1992-95	淀川工－同大－新日鉄釜石 C1
1997-2000	伏見工－同大－神戸製鋼 C35
2001-2003	新田－東海大－東芝府中－コカ・コーラ監督 C13
2004-2005	報徳学園－同大－神戸製鋼 C1
2005-2006	ラロシェル（フランス）
2006	秋田工－明大－NEC（2006WC予選のみ代行）
2007-2011	NZ代表C63、イタリア代表HC
2012-2015	オーストラリア代表HC、サントリー監督
2016	早大－ロンドン大－早大監督（2016アジア選手権のみ代行）
2016	NZ代表C29－サンウルブズHC（2016年3試合のみ代行）
2016-2018	NZ代表C20－サニックス－日本代表C9、ハイランダーズHC

官として就任したジャンピエール・エリサルド（このときから呼称が「ヘッドコーチ（HC）」となった）が二重契約の問題から解任されたのを受け、太田治HC代行のアドバイザーに就任。翌2007年から2007年と2011年、2度のワールドカップを率いたのも唯一だ。

複数年にわたって監督・HCで最多の勝利をあげたのは、カーワンの後任となったエディー・ジョーンズ。48試合で35勝をあげ、勝率は.729。55試合で31勝をあげ.582だったカーワンを上回る。現役のジェイミー・ジョセフHCは20試合で9勝。勝率では前任のエディー、カーワンを下回るが、これは前回ワールドカップの躍進と、日本開催のワールドカップを控えたことで上位国との対戦が増えたことの反映といえそうだ。

日本代表歴代監督

代	氏名	試合数	勝	分	敗	勝率
1	香山蕃	5	3	1	1	.750
2	北島忠治	5	0	1	4	1.000
3	奥村竹之介	4	0	0	4	.000
4	西野綱三	3	0	0	3	.000
5	知葉友雄	2	0	1	1	.250
6	和田政雄	2	0	0	2	.000
7	葛西泰二郎	1	1	0	0	1.000
8	大西鐵之祐	12	4	0	8	.333
9	岡仁詩	12	3	1	8	.292
10	横井久	7	0	0	7	.000
11	斉藤寮	14	3	1	10	.250
12	日比野弘	18	5	0	13	.278
13	宮地克実	11	3	1	7	.318
14	今里良三	1	0	0	1	.000
15	山本巌	9	4	0	5	.444
16	宿沢広朗	14	5	0	9	.357
17	小藪修	14	6	0	8	.428
18	平尾誠二	33	13	0	20	.394
19	向井昭吾	24	9	0	15	.375
20	萩本光威	15	5	1	9	.367
21	JPエリサルド	9	4		5	.444
22	太田治	2	2			1.000
23	ジョン・カーワン	55	31	2	22	.582
24	エディー・ジョーンズ	48	35		13	.729
25	中竹竜二	4	4			1.000
26	マーク・ハメット	3	1		2	.333
27	ジェイミー・ジョセフ	20	9	1	10	.475

日本代表の初代監督は、1930（昭和5）年のカナダ遠征を率いた香山蕃（かやま・しげる）。1921（大正10）年に東大ラグビー部を設立し、英国留学後に京大ラグビー部のコーチを務め、のち日本協会の第4代会長となった。

日本代表は長い間、大会や遠征の際に結成され、指揮官もその都度選任されるもので、海外チームが来日したときには東西で異なる監督が指揮をとることもあった。複数年、継続して指揮を執ったのは1967年から71年まで日本代表を率いた大西鐵之祐監督が初めて。大西監督はオールブラックスジュニアを破り、イングランドと双方ノートライの激闘など数々の名勝負を演じた。

監督・HCとして最も多くの試合を率いたのはジョン・カーワンの55試合。2006年、史上初の外国人指揮

勝率の引き分けは0.5勝0.5敗で計算／2019.6.30現在

就任時年齢	Caps	ポジション	出身、経歴
26歳9カ月	1	LO	慶大
27歳8カ月	1	WTB	京大
23歳4カ月	2	SH	京大
23歳3カ月	4	CTB	早大－満州鉄道局
21歳9カ月	4	SO	早大
23歳	2	LO	明大
28歳4カ月	1	FL	東大－エーコン
25歳11カ月	4	PR,HO	明大－大映
26歳9カ月	4	LO	早大
30歳0カ月	1	SO	早大
27歳0カ月	2	No.8	早大－日本鋼管
24歳1カ月	12	FL	明大－八幡製鉄
26歳11カ月	6	LO	早大
26歳8カ月	6	CTB	慶大－横河電機
27歳9カ月	1	No.8	慶大－東洋製罐
26歳11カ月	5	CTB	法大－トヨタ自動車
28歳6カ月	2	LO	明大－八幡製鉄
28歳2カ月	19	WTB	法大－リコー
28歳10カ月	17	CTB	早大－三菱自工京都
27歳2カ月	23	SH	中大－近鉄
25歳11カ月	6	HO	早大－住友金属
32歳11カ月	24	LO	弘前実－近鉄
27歳3カ月	18	PR,HO	明大－トヨタ自動車
26歳6カ月	20	FB	早大－横河電機
27歳11カ月	18	CTB	法大－近鉄
27歳6カ月	27	CTB,SO	明大－新日鉄釜石
29歳8カ月	28	FL	早大－リコー
29歳8カ月	24	SO	明大－新日鉄釜石
31歳5カ月	24	PR	釜石工－新日鉄釜石
26歳3カ月	38	LO,PR	同大－神戸製鋼
30歳4カ月	11	PR	明大－リコー

日本代表キャップ対象試合の歴代主将

代	氏名	試合	勝	分	敗	勝率	主将在任期間	
1	宮地秀雄	1		1		.500	1930	
2	馬場武夫	1	1			1.000	1932	
3	足立卓夫	1	1			1.000	1932	
4	柯子彰	1			1	.000	1934	
5	野上一郎	2	1		1	.500	1934-1936	
6	山口和夫	1		1		.500	1936	
7	高橋勇作	1			1	.000	1952	
8	斉藤寮	2			2	.000	1952-1953	
9	橋本晋一	1			1	.000	1953	
10	堀博俊	1			1	.000	1956	
11	藤井厚	1			1	.000	1956	
12	土屋俊明	1			1	.000	1956	
13	梅井良治	3			3	.000	1958	
14	青井達也	4	1	1	2	.375	1959-1963	
15	堤和久	1			1	.000	1959	
16	尾崎真義	4	2		2	.500	1967-1969	
17	岡部英二	1			1	.000	1967	
18	伊藤忠幸	2	1		1	.500	1970-1971	
19	横井章	12	3	1	8	.292	1970-1974	
20	今里良三	6	1		5	.167	1974-1975	
21	大東和美	2	2			1.000	1974	
22	小笠原博	1			1	.000	1976	
23	高田司	9	1		8	.111	1976-1978	
24	植山信幸	1			1	.000	1978	
25	吉田正雄	1	1			1.000	1978	
26	森重隆	8	2	1	5	.313	1979-1981	
27	石塚武生	8	4		4	.500	1982	
28	松尾雄治	5	1		4	.200	1983-1984	
29	洞口孝治	5			5	.000	1985	
30	林敏之	11	1	1	9	.136	1986-1987	
31	相沢雅晴	2			2	.000	1988	

就任時年齢	Caps	ポジション	出身、経歴
26歳4カ月	35	CTB,SO	同大 ー 神戸製鋼
29歳2カ月	32	HO	明大 ー 日新製鋼
29歳9カ月	30	CTB	日体大 ートヨタ自動車
26歳7カ月	44	HO	筑波大 ー 東芝府中
31歳1カ月	23	SO	同大 ー ワールド
24歳8カ月	79	CTB	明大 ー 神戸製鋼
31歳2カ月	25	CTB	NZ ー 東芝府中 ー 釜石シーウェイブス
27歳8カ月	62	№8	法大 ー 神戸製鋼
28歳3カ月	47	WTB	早大 ー 神戸製鋼
29歳4カ月	6	SH	大体大- ートヨタ自動車
27歳11カ月	42	LO	日体大 ー リコー
28歳6カ月	33	HO	法大 ー サントリー
26歳5カ月	48	FL	関東学院大 ー NEC
25歳10カ月	24	CTB	帝京大 ートヨタ自動車
27歳6カ月	58	WTB	京産大 ー 神鋼-モンフェラン
29歳11カ月	14	SH	流経大 ー NTT東北 ー 三洋-リコー
26歳7カ月	22	FL	法大 ー NEC
28歳1カ月	98	LO	日大工学部 ー 東芝
23歳7カ月	13	FL	早大-サントリー ー 日野
30歳11カ月	24	PR	帝京大 ー 三洋電機
28歳8カ月	68	FL、No8	大体大 ートヨタ自動車 ー キヤノン
25歳9カ月	78	PR	早大 ー サントリー
30歳6カ月	28	SO、WTB	慶大 ー 東芝
25歳6カ月	59	FL、No8	東海大 ー 東芝
24歳2カ月	22	SH	筑波大 ー パナソニック
26歳6カ月	55	SO、CTB	天理大 ー クボタ
30歳4カ月	58	HO	帝京大 ー 三洋電機・パナソニック
24歳7カ月	15	SH	帝京大 ー サントリー

プでは勝利こそなかったが、勇気あふれる戦いぶりは現地メディアから「ブレイブブロッサムズ」という称号を贈られた。

主将としてのテストマッチ勝利数は、箕内に次いで主将を務めた菊谷崇が最多。35試合を戦い21勝をあげている（箕内は17勝）。

その2人を追うのが現役のリーチマイケルだ。主将としての試合数は27試合と箕内、菊谷には及ばないが、勝利数は2018年現在で19勝。すでに箕内を抜き、最多の菊谷に2差と迫っている。ワールドカップ前のウォームアップ試合、そしてワールドカップ本番の試合で「キャプテン最多勝利」の記録は塗り替えられるかもしれない。

代	氏名	試合	勝	分	敗	勝率	主将在任期間
32	平尾誠二	12	5		7	.417	1989-1991
33	藤田剛	2			2	.000	1990-1991
34	朽木英次	1	1			1.000	1992
35	薫田真広	15	6		9	.400	1993-1995、1998
36	松尾勝博	1			1	.000	1995
37	元木由記雄	13	4		9	.308	1996-1997
38	アンドリュー・マコーミック	16	10		6	.625	1998-1999
39	伊藤剛臣	1			1	.000	1998
40	増保輝則	6	1		5	.167	2000
41	大原勝治	1			1	.000	2000
42	田沼広之	2	2			1.000	2001
43	坂田正彰	4	1		3	.250	2001
44	箕内拓郎	45	17	1	27	.389	2002-2008
45	難波英樹	2	1		1	.500	2002
46	大畑大介	5	3	1	1	.700	2003-2006
47	池田渉	1	1			1.000	2005
48	浅野良太	4	2		2	.500	2006
49	大野均	7	3		4	.429	2006-2007、2011
50	佐々木隆道	2			2	.000	2007
51	相馬朋和	2	1		1	.500	2008
52	菊谷崇	35	21	1	13	.614	2008-2011、2013
53	畠山健介	6	4		2	.667	2011、2014-2015
54	廣瀬俊朗	18	13		5	.722	2012-2013
55	リーチマイケル	27	19	1	7	.722	2014-2015、2017-
56	内田啓介	4	4		0	1.000	2016
57	立川理道	2	2		0	1.000	2016-2017
58	堀江翔太	8	2		6	.250	2016-2017
59	流大	3	3		0	1.000	2017

日本代表のキャップ対象試合で主将を務めた選手は、1930年の日本代表初結成時の宮地秀雄初代主将から数えて、2017年のアジア選手権で主将を務めた流大が59人目だ。660人いる日本代表キャップ保持者の中で60人。中にはチームキャプテンが欠場したために数試合でゲームキャプテンを務めた選手もいるが、さすがに伝説的なビッグネームが並ぶ。

主将として最も多くの試合を率いたのは2003年、2007年と2度のワールドカップで主将を務めた箕内拓郎（NEC-NTTドコモ）の45試合。なにしろ2002年の日本代表デビュー戦でキャプテンを務めたほど。関東学院大とNECで、ともに主将としてチームを初優勝に導いたキャプテンシーは日本代表でも発揮され、2003年ワールドカッ

日本代表キャップ対象試合 最多出場ランキング

※現役

順位	氏名	キャップ数	ポジション	出場期間	勝	分	負
1	大野均※	98	LO	2004-2016	60	3	35
2	小野澤宏時※	81	WTB、FB	2001-2013	41	3	37
3	元木由記雄	79	CTB	1991-2005	31	1	47
4	畠山健介※	78	PR	2008-2016	50	1	27
5	田中史朗※	69	SH	2008-2018	41	2	26
6	菊谷崇	68	No8、FL	2005-2014	41	1	26
7	トンプソン ルーク※	64	LO	2007-2017	39	2	23
8	伊藤剛臣	62	No8、FL	1996-2005	25	1	36
9	リーチ マイケル※	59	No8、FL	2008-2018	39	2	18
10	大畑大介	58	WTB、CTB	1996-2006	27	1	30
	堀江翔太※	58	HO	2009-2018	36	2	20
12	五郎丸歩※	57	FB	2005-2015	40		17
13	立川理道※	55	CTB、SO	2012-2018	35	2	18
14	田村優※	54	SO、CTB	2012-2018	34	1	19
15	日和佐篤※	51	SH	2011-2015	34	1	16
	山下裕史※	51	PR	2009-2018	36		15
17	箕内拓郎	48	No8、FL	2002-2008	20	1	27
18	増保輝則	47	WTB	1991-2001	20		27
19	ホラニ龍コリニアシ※	45	No8	2008-2016	31		14
20	薫田真広	44	HO	1990-1999	18		26
	木津武士※	44	HO	2009-2016	32		12
22	桜庭吉彦	43	LO	1986-1999	17		26
	松田努	43	FB、WTB	1992-2003	20		23
	北川俊澄※	43	LO	2005-2013	23	1	19
	ツイ ヘンドリック※	43	FL	2012-2018	27		15
26	田沼広之	42	LO	1996-2003	16		26
	平島久照※	42	PR	2008-2015	29	1	12
28	村田亙	41	SH	1991-2005	15		26
	遠藤幸佑	41	WTB	2004-2011	19	2	20
30	長谷川慎	40	PR	1997-2003	14		26
	廣瀬佳司	40	SO	1994-2005	18		22

ラグビーでは正式な国代表チーム同士による試合をテストマッチと呼ぶ。この試合に出場した選手には記念のキャップが贈られ、出場した試合数を「キャップ数」と呼ぶ。試合中、常に状況が変化し、瞬時の対応が迫られるラグビーではとりわけ経験値の高さが重視される。前日本代表HCのエディー・ジョーンズは「ワールドカップで勝つにはフィールドに立つ15人の合計で600キャップが必要だ」と話していた。1人平均40キャップの経験ということだ。

日本代表の歴代最多キャップは大野均（東芝）。高校までは野球部、ラグビーを始めたのは大学入学後だったが、東芝入社後にハードトレーニングで力を伸ばし、2004年に26歳で初キャップ。2007、2011、2015年と3度のワールドカップを含め、98キャップまで記録を伸ばした。

大野に次ぐのは2001年に代表デビューしたウイングの小野澤宏時（サントリー -キヤノン）。ワールドカップには2003、2007、2011年とやはり3度出場した。

3位は元木由記雄（明大-神戸製鋼）。1991年に19歳で代表入りし、33歳の2005年まで15年間にわたって代表をつとめあげた。元木以前の最多キャップは、1980-1992年にロックで活躍した林敏之（同大-神戸製鋼）の38。元木は1999年、28歳のときに林の記録を更新し、以後記録を79まで伸ばした。

世界最多キャップはオールブラックスで2011、2015年と主将として2大会連続優勝を達成したリッチー・マコウの148だ。

日本代表キャップ対象試合 通算最多得点ランキング

※現役

順位	氏名	得点	ポジション	出場期間	試合数	T	C	P	D
1	五郎丸歩※	711	FB	2005-2015	57	18	162	99	
2	廣瀬佳司	422	SO	1994-2005	40	5	77	79	2
3	栗原徹	347	WTB、FB	2000-2003	27	20	71	35	
4	大畑大介	345	WTB、CTB	1996-2006	58	69			
5	ジェームズ・アレジ	302	SO	2007-2011	32	8	80	32	2
6	小野澤宏時※	275	WTB、FB	2001-2013	81	55			
7	ウェブ将武	198	SO、FB	2008-2011	35	18	45	6	
8	田村優※	179	SO、CTB	2012-2018	54	5	32	30	
9	ニコラス ライアン	177	CTB	2008-2012	38	9	51	10	
10	菊谷崇	160	No8、FL	2005-2014	68	32			
11	増保輝則	147	WTB	1991-2001	47	29	1	1	
12	藤田慶和※	130	WTB、FB	2012-2017	31	26			
13	細川隆弘	115	FB	1990-1993	10	3	14	24	1
14	アリシ・トゥプアイレイ	105	WTB、CTB	2009-2011	20	21			
	ホラニ龍コリニアシ※	105	No8	2008-2016	45	21			
16	植山信幸	104	FB	1973-1980	20	5	15	17	1
17	吉田義人	97	WTB	1988-1996	30	19	7	1	
18	山口良治	96	FL	1967-1973	13	2	18	18	
19	山田章仁※	95	WTB	2013-2018	25	19			
20	遠藤幸佑	90	WTB	2004-2011	41	18			
	ツイ ヘンドリック※	90	FL	2012-2018	43	18			
	福岡堅樹※	90	WTB	2013-2018	30	18			
23	リーチ マイケル※	85	No8、FL	2008-2018	59	17			
24	村田亙	84	SH	1991-2005	41	5	13	11	
25	森田恭平	80	SO	2004-2005	8	1	12	12	5
	今村雄太※	80	CTB、WTB	2006-2013	39	16			
27	松尾雄治	77	SO	1974-1983	24	4	5	14	3
28	ロビンス ブライス※	72	CTB、WTB	2007-2010	22	14	1		
29	大西将太郎	71	SO、CTB	2000-2008	33	2	17	9	
30	アンドリュー・ミラー	70	SO	2002-2003	10	6	17	1	1

キャップ対象試合で最も多くの得点をあげてきたのは、2015年の前回ワールドカップで一躍スターダムにのしあがった五郎丸歩（早大-ヤマハ発動機）。早大2年になったばかりの2005年4月、南米遠征のウルグアイ戦に19歳1カ月で初キャップ。その後、なかなか代表に定着できなかったが、2012年にエディー・ジョーンズHC着任後は不動のFBとして君臨。正確なゴールキッカーとして得点を積み重ねた。ワールドカップ出場は2015年の1大会のみだが、その1大会で日本代表のワールドカップ最多得点となる58点を積み上げた。

五郎丸に次ぐのは1990年代にスーパーブーツと謳われた廣瀬佳司の422点。ワールドカップには1995年から3大会連続出場。1999年のトンガ戦で記録した9PGは世界記録だ。

3位の栗原徹は2003年ワールドカップで40得点をあげた。これは五郎丸に破られるまでW杯における日本代表の最多記録だった。なお2002年、ワールドカップ予選として行われた台湾戦（台北）であげた1試合60得点（6T15C）は今も1試合個人最多得点の世界記録だ。

なお、五郎丸はトップリーグ（リーグ戦）の通算得点でも1216点で歴代トップに立っている。

日本代表キャップ対象試合 通算最多トライランキング

※現役

順位	氏名	トライ数	ポジション	出場期間	試合数
1	大畑大介	69	WTB、CTB	1996-2006	58
2	小野澤宏時※	55	WTB、FB	2001-2013	81
3	菊谷崇	32	No8、FL	2005-2014	68
4	増保輝則	29	WTB	1991-2001	47
5	藤田慶和※	26	WTB、FB	2012-2017	31
6	アリシ・トゥプアイレイ	21	WTB、CTB	2009-2011	20
	ホラニ龍コリニアシ※	21	No8	2008-2016	45
8	栗原徹	20	WTB、FB	2000-2003	27
9	伊藤忠幸	19	WTB、CTB	1963-1974	19
	吉田義人	19	WTB	1988-1996	30
	山田章仁※	19	WTB	2013－2018	25
12	ウェブ将武	18	SO、FB	2008-2011	35
	遠藤幸佑	18	WTB	2004-2011	41
	五郎丸歩※	18	FB	2005-2015	57
	福岡堅樹※	18	WTB	2013-2018	30
	ツイ ヘンドリック※	18	FL	2012-2018	43
17	リーチ マイケル※	17	No8、FL	2008-2018	59
18	今村雄太※	16	CTB、WTB	2006-2013	39
19	ロビンス ブライス※	14	CTB、WTB	2007-2010	25
20	坂田好弘	13	WTB	1967-1973	16
	木津武士※	13	HO	2009-2016	44
	松島幸太朗※	13	WTB、FB	2014－2018	30
23	藤原優	12	WTB、CTB	1973-1982	22
	松田努	12	FB、WTB	1992-2003	43
	平浩二	12	CTB	2007-2011	32
	大野均※	12	LO	2004-2016	98
27	廣瀬俊朗	11	WTB、SO	2007-2015	28
28	パティリアイ・ツイドラキ	10	WTB	1997-1999	14
	畠山健介※	10	PR	2008-2016	78
	堀江翔太※	10	HO	2009-2018	58

日本代表のキャップ対象試合で最も多くのトライを決めてきたのは大畑大介（京産大-神戸製鋼、モンフェラン）だ。京産大3年の1996年アジア選手権、韓国戦で3トライをあげるハットトリック・デビューを飾ると、ハイピッチでトライを量産。2002年のワールドカップ予選台湾戦では1試合8トライの日本記録を樹立。2005年のグルジア（ジョージア）戦で、元オーストラリア代表デヴィッド・キャンピージの通算トライ世界記録の64を更新する通算65号トライをスコア。同年のワールドカップ予選・韓国戦までに記録を69まで伸ばした。ワールドカップには1999年と2003年の2大会に出場して3トライをあげた。このほかアジア選手権のプール戦など日本協会がキャップ対象としていないナショナルチームとの8試合であげた24トライがあり、それを加えると93トライというとてつもない記録になる。

2位の小野澤宏時（サントリー -キヤノン）の55トライは世界4位。ワールドカップに2003年、2007年、2011年と3大会に出場し、すべての大会でトライをあげた。ワールドカップ3大会連続トライは大畑も達成できなかった大記録だ。大畑が31歳0カ月で代表キャリアを追えたのに対し、小野澤は30歳以降にキャリアの過半にあたる31トライをあげた。小野澤は2016年度を最後にトップリーグのキヤノンを退団したが、本人は引退せず、2018年は福井県チームで国体（7人制）に出場、優勝を飾った。

3位の菊谷崇（トヨタ自動車-キヤノン）はFWながらトライを量産した。なおFWのトライの世界記録とされているのはウルグアイ代表で40歳までプレーしたオルマエチェア。菊谷はオルマエチェアの記録に「1」及ばなかった。

CHAPTER

3

ワールドカップ
頂点の戦い

【1987−2019】

●ワールドカップ 大会別トライ王

年	得点	氏名	国
1987	6	J・カーワン	NZ
	6	C・グリーン	NZ
1991	6	D・キャンピージ	AUS
	6	J・ラフォン	FRA
1995	7	J・ロムー	NZ
	7	M・エリス	NZ
1999	8	J・ロムー	NZ
2003	7	D・ハウレット	NZ
	7	M・ムリアイナ	NZ
2007	8	B・ハバナ	SA
2011	6	V・クレール	FRA
	6	C・アシュトン	ENG
2015	8	J・サヴェア	NZ

【注】太字は大会最多

1999	2003	2007	2011	2015	T	C	P	D
69	**113**	67	28	—	1	28	58	14
—	—	—	—	—	9	39	36	—
—	—	—	—	—	4	36	33	2
—	48	40	21	82	3	58	17	3
—	—	—	—	—		37	31	1
79	—	—	—	—	1	25	33	3
0	71	46	23	—	4	18	27	1
—	103	0	—	33	2	24	25	1
102	33	—	—	—		12	35	2
101	15	—	—	—	6	19	19	—
38	45	42	—	—		22	26	1
5	3	91	26	—	4	15	25	—
—	—	—	—	—	4	7	30	—
49	—	—	—	—		15	25	5
6	—	**105**	—	—	2	22	17	2
—	100	—	—	—	1	16	21	—
—	—	—	—	—	1	16	21	—
30	—	—	—	—	2	14	19	1
57	—	—	—	—		19	19	1
97	—	—	—	—		17	15	6
—	—	—	0	**97**	1	13	20	2
—	—	—	—	58	1	7	13	—
—	40	—	—	—	1	4	9	—
26	6	—	—	—		3	11	—
—	—	—	34	—	2	3	6	—

W杯記録

●ワールドカップ 大会別得点王

年	得点	氏名	国	T	C	PG	DG
1987	126	G・フォックス	NZ		30	21	1
1991	68	R・キーズ	IRE		7	16	2
1995	112	T・ラクロア	FRA	4	7	26	
1999	102	G・ケサダ	ARG		3	31	1
2003	113	J・ウィルキンソン	ENG		10	23	8
2007	105	P・モンゴメリ	SA	2	22	17	
2011	62	M・ステイン	SA	2	14	7	1
2015	97	N・サンチェス	ARG	1	13	20	2

●ワールドカップ 個人通算最多得点

順位	得点	氏名	国	1987	1991	1995
1	277	J・ウィルキンソン	ENG	—	—	—
2	227	G・ヘイスティングス	SCO	62	61	104
3	195	M・ライナー	AUS	82	66	47
4	191	D・カーター	NZ	—	—	—
5	170	G・フォックス	NZ	**126**	44	—
6	163	A・マーテンズ	NZ	—	—	84
7	140	C・パターソン	SCO	—	—	—
8	136	F・ミシャラク	FRA	—	—	—
9	135	G・ケサダ	ARG	—	—	—
10	125	M・バーク	ARG	—	—	9
	125	N・リトル	FIJ	—	—	—
	125	F・コンテポミ	ARG	—	—	—
13	124	T・ラクロア	FRA	—	12	**112**
14	120	G・リーズ	CAN	26	20	25
15	111	P・モンゴメリー	SA	—	—	—
16	100	E・フラッタリ	AUS	—	—	—
17	99	J・ウェブ	ENG	43	56	—
18	98	D・ドミンゲス	ITA	—	29	39
	98	N・ジェンキンス	WA	—	—	41
20	97	J・デビア	SA	—	—	—
	97	N・サンチェス	ARG	—	—	—
日本	58	五郎丸歩	日本	—	—	—
	40	栗原徹	日本	—	—	—
	39	廣瀬佳司	日本	—	—	7
	34	ジェームズ・アレジ	日本	—	—	—

●ワールドカップ 1試合個人最多トライ

順位	トライ	氏名	国	年	場所
1	6	M・エリス	NZ	1995	日本
2	5	C・レイサム	AUS	2003	ナミビア
	5	J・リューシー	ENG	2003	ウルグアイ
4	4	J・ギャラハー	NZ	1987	フィジー
	4	C・グリーン	NZ	1987	フィジー
	4	I・エバンス	WA	1987	カナダ
	4	B・ロビンソン	IRE	1991	ジンバブエ
	4	G・ヘイスティングス	SCO	1995	コートジボアール
	4	J・ロムー	NZ	1995	イングランド(QF)
	4	C・ウイリアムス	SA	1995	西サモア(QF)
	4	K・ウッド	IRE	1999	アメリカ
	4	M・ムリアイナ	NZ	2003	カナダ
	4	B・ハバナ	SA	2007	サモア
	4	Z・ギルフォード	NZ	2011	カナダ
日本	2	ノフォムリ・タウモエフォラウ	日本	1987	アメリカ
	2	朽木英次	日本	1987	オーストラリア
	2	吉田義人	日本	1991	ジンバブエ
	2	朽木英次	日本	1991	ジンバブエ
	2	増保輝則	日本	1991	ジンバブエ
	2	ロペティ・オト	日本	1995	ウェールズ
	2	梶原宏之	日本	1995	NZ
	2	ルーク・トンプソン	日本	2007	フィジー
	2	ジェームズ・アレジ	日本	2011	フランス

●ワールドカップ 年長出場

【注】ポジションのカッコは交替出場

順位	年齢/日	氏名	国	ポジション	年	相手	備考
1	40歳26日	D・オルマエチェア	URU	No8	1999	南アフリカ	
2	38歳172日	V・マットフィールド	SA	LO	2015	アルゼンチン	3決
3	38歳162日	M・カーディナル	CAN	HO	1999	ナミビア	
	38歳162日	V・グラチェフ	RUS	FL	2011	オーストラリア	
5	38歳145日	M・レデスマ	ARG	HO	2011	NZ	QF
6	38歳98日	M・ウィリアムズ	USA	SO	1999	アイルランド	
7	38歳37日	S・ショウ	ENG	(LO)	2011	フランス	QF
8	37歳249日	F・ハゲット	FRA	LO	1987	フィジー	QF
9	37歳232日	P・レンダル	ENG	(PR)	1991	イタリア	
10	37歳229日	A・パオリ	USA	PR	1991	イタリア	
11	37歳151日	E・ナイトゥヴァウ	FIJ	(PR)	1999	イングランド	QPO
	37歳151日	R・スノウ	CAN	PR	2007	オーストラリア	
13	37歳150日	大野　均	日本	LO	2015	サモア	
14	37歳144日	M・モエアキオラ	USA	(PR)	2015	南アフリカ	
15	37歳95日	A・ルトゥイ	TGA	(HO)	2015	アルゼンチン	

●ワールドカップ 年少出場

【注】ポジションのカッコは交替出場

順位	年齢/日	氏名	国	ポジション	年	相手
1	18歳340日	V・ロブジァニゼ	GEO	SH	2015	トンガ
2	19歳8日	T・パラモ	USA	(WTB)	2007	南アフリカ
3	19歳51日	U・ヴァエヌク	TGA	CTB	1995	フランス
4	19歳63日	F・メンデス	ARG	PR	1991	オーストラリア
5	19歳111日	C・ブラウン	ZIM	SO	1987	ルーマニア
6	19歳151日	G・ノース	WA	WTB	2011	南アフリカ
7	19歳201日	E・プレイトゥ	SAM	SO	1995	イングランド
8	19歳220日	G・スナイダー	ZIM	(PR)	1991	日本
9	19歳233日	C・ラドゥカヌー	ROM	No8	1987	ジンバブエ
10	19歳247日	G・ダーシー	IRE	(CTB)	1999	ルーマニア
11	19歳249日	増保輝則	日本	WTB	1991	スコットランド

●ワールドカップ 1試合個人最多得点

順位	得点	氏名	国	年	場所	T	C	PG	DG
1	45	S・カルハイン	NZ	1995	日本	1	20		
2	44	G・ヘイスティングス	SCO	1995	コートジボアール	4	9	2	
3	42	M・ロジャース	AUS	2003	ナミビア	2	16		
4	36	P・グレイソン	ENG	1999	トンガ	12	4		
	36	T・ブラウン	NZ	1999	イタリア	1	11	3	
6	34	J・デビア	SA	1999	イングランド(QF)	2	5	5	
7	33	N・エバンス	NZ	2007	ポルトガル	1	14		
8	32	J・ウィルキンソン	ENG	1999	イタリア	1	6	5	
9	31	G・ヘイスティングス	SCO	1995	トンガ	1	1	8	
10	30	D・カンベラベロ	FRA	1987	ジンバブエ	3	9		
	30	M・エリス	NZ	1995	日本	6			
	30	E・フラットリ	AUS	2003	ルーマニア	1	11	1	
日本	24	五郎丸歩	日本	2015	南アフリカ	1	2	5	
	21	栗原徹	日本	2003	アメリカ	1	2	4	
	21	ジェームズ・アレジ	日本	2011	フランス	2	1	3	

●ワールドカップ 個人通算最多トライ

【注】太字は大会最多

順位	トライ	氏名	国	1987	1991	1995	1999	2003	2007	2011	2015
1	15	J・ロムー	NZ	—	—	**7**	**8**	—	—	—	—
	15	B・ハバナ	SA	—	—	—	—	—	**8**	2	5
3	14	D・ミッチェル	AUS	—	—	—	—	—	7	3	4
4	13	D・ハウレット	NZ	—	—	—	—	**7**	6	—	—
5	11	R・アンダーウッド	ENG	2	4	5	—	—	—	—	—
	11	C・レイサム	AUS	—	—	—	1	5	5	—	—
	11	J・ロコゾコ	NZ	—	—	—	—	6	5	—	—
	11	V・クレール	FRA	—	—	—	—	—	5	**6**	—
	11	A・アシュリークーパー	AUS	—	—	—	—	—	2	5	4
10	10	D・キャンピージ	AUS	4	**6**	0	—	—	—	—	—
	10	B・リマ	SAM	—	2	2	3	3	0	—	—
	10	S・ウイリアムス	WA	—	—	—	—	1	6	3	—
13	9	G・ヘイスティングス	SCO	3	1	5	—	—	—	—	—
	9	J・ウィルソン	NZ	—	—	3	6	—	—	—	—
	9	M・ムリアイナ	NZ	—	—	—	—	**7**	1	1	—
	9	J・フーリー	SA	—	—	—	—	3	4	2	—
	9	JP・ピーターセン	SA	—	—	—	—	—	4	0	5
18	8	C・ドミニシ	FRA	—	—	—	2	4	2	—	—
	8	M・ギタウ	AUS	—	—	—	—	4	3	—	1
	8	K・アールズ	IRE	—	—	—	—	—	—	5	—
	8	J・サヴェア	NZ	—	—	—	—	—	—	—	**8**
日本	4	朽木　英次	日本	2	2	—	—	—	—	—	—
	3	吉田　義人	日本	—	3	0	—	—	—	—	—
	3	梶原　宏之	日本	—	1	2	—	—	—	—	—
	3	大畑　大介	日本	—	—	—	1	2	—	—	—
	3	小野澤宏時	日本	—	—	—	—	1	1	1	—
	3	遠藤　幸佑	日本	—	—	—	—	—	2	1	—

たときのSOサイモン・カルハイン。21度のゴールキックを狙い20本成功。この試合のキック成功率は95・2%という高率に達した上に1トライ。続くのが同じ大会のコートジボワール戦でスコットランドのガヴィン・ヘイスティングスがあげた44点。こちらは4T9G2PGと、縦横無尽に走って蹴ってあげた得点だった。

●通算最多トライ=伝説の怪物の最多記録に並んだのは?

通算トライは、伝説の怪物ランナー、ジョナ・ロムー(NZ)が1995、1999の2大会で連続トライ王、通算15トライの大記録を樹立。次いで南アフリカのブライアン・ハバナが2007、2011、2015年の3大会で15トライをあげロムーの記録に並んだが、2015年の決勝トーナメント3試合でまさかのトライなし。タイ記録止まりに終わった。サモアのブライアン・リマはワールドカップで個人最多となる5大会に出場し、うち4大会でトライ、合計で10トライをあげている。

●1試合最多トライ=
これも記録されたのは南アフリカ大会のあの試合……

1試合最多トライは、これも1995年のNZ対日本で生まれた記録、マーク・エリスの6トライが最多だ。エリスはこの大会、日本戦のほかにウェールズ戦で1トライを挙げ、ロムーと大会トライ王を分け合った。決勝トーナメントに限ると、1995年大会準々決勝でNZのロムーがイングランドを相手に(相手FBキャットを踏みつぶしてあげた「ザ・カーペット」と呼ばれた伝説のトライを含む)、同じく1995年大会準々決勝で南アフリカのチェスター・ウィリアムズが西サモアを相手に縦横無尽に走り回ってあげた、各4トライが最多だ。

●年長出場=40歳超でRWC本大会出場は過去1人だけ

年長出場では、1999年大会に初出場したウルグアイの主将だったNo8ディエゴ・オルマエチェアがワールドカップ史上唯一の40歳での出場を果たした。続くのは前回2015年大会のマットフィールド(南アフリカ)の38歳172日。日本では前回大会の大野均が37歳150日が最高でワールドカップ13位。なお今年のワールドカップ日本代表スコッドで最年長はトンプソンルークで、ロシアとの開幕戦の時点で38歳157日。出場すればその瞬間に日本歴代1位、ワールドカップ史上5位の年長出場記録が誕生する。

W杯記録について

ラグビーワールドカップではたくさんのヒーローが誕生し、たくさんの記録が生まれてきた。

ワールドカップの大会ごとの得点王とトライ王、そして得点・トライの通算&1試合最多記録、年長・年少出場記録を眺めてみる。

●得点王=最多輩出は南ア&アルゼンチンの各2回

大会得点王は、優勝チームから出たのは1987年のフォックス（NZ)、2003年のウィルキンソン（イングランド)、2007年のモンゴメリ（南ア）の3人だけ。1991年（キーズ=アイルランド)、1999年（ケサダ=アルゼンチン）は準々決勝で敗退したチームから得点王が出ている。試合数の少ない中で得点王になるのは立派だ。得点王最多輩出は南アフリカとアルゼンチンで各2回。意外だがNZからは第1回大会のフォックスだけだ。なお得点王は過去8大会で8人誕生している。複数回の獲得者はまだ出ていない。

●トライ王=オールブラックス勢が歴代トライ王の半数以上

大会トライ王は複数の選手で分け合うことが多く、8大会のうち半数を超える5大会で2名同数でトライ王が誕生している。もうひとつの特徴はNZの選手が多いこと。8年間のべ13人のトライ王のうちNZ勢は8人を占める。1987年はカーワンとグリーン、1995年はロムーとエリス、2003年はハウレットとムリアイナというNZの2人が分け合った。

●通算最多得点=ラグビーの母国を優勝に導いたアノ人が

通算記録では、得点部門の1位は2003年にイングランドを優勝に導いたウィルキンソンだ。優勝と113点で得点王となった2003年をはじめ4大会に出場、通算277得点を積み上げた。通算2位はガヴィン・ヘイスティングス（スコットランド)、マイケル・ライナー（オーストラリア）とワールドカップ黎明期のビッグネームが並ぶ。ダン・カーター（NZ）の4位は意外な気もするが、5位のフォックス、6位のマーテンズと3人並ぶと過去8大会のNZのメインキッカーを網羅することになる。

●1試合最多得点=成功率95.2%という驚異のキッカー

1試合最多得点は、1995年大会でオールブラックスが日本から145点を奪っ

伝説のトライゲッターたちの競演

初めて開かれたラグビーワールドカップ。それは世界ラグビーのスター選手が集い、競演する夢のステージだった。その魅力はおそらく、誰の想像をも超えていた。

世界中のラグビーファンが注目した開幕戦で輝いたのは、開催国NZの若き大型ウイングだった。

ジョン・カーワン。23歳。身長192cm、体重92kgという雄大な体躯を持つ若きスプリンターは、ワールドカップの歴史の幕開けを告げるイタリアとのオープニングマッチで、ラグビーの歴史に残る激走をみせた。相手のキックオフを捕球した味方スクラムハーフ、デヴィッド・カークからのパスを受けると、自陣ゴールラインを背にした深い位置から決然とカウンターアタック。次々と襲ってくるイタリアのタックラーたちをステップでかわし、ハンドオフで振り払い、猛加速で振り切り、あれよあれよと8人抜き90メートル独走の豪快トライを決めたのだ。

RWC1987第1回 NZ・オーストラリア大会

	日付	対戦カード(スコア)			場所
POOL A	5/23	オーストラリア	19-6	イングランド	シドニー
	5/24	アメリカ	21-18	日本	ブリスベン
	5/30	イングランド	60-7	日本	シドニー
	5/31	オーストラリア	47-12	アメリカ	ブリスベン
	6/3	イングランド	34-6	アメリカ	シドニー
	6/3	オーストラリア	42-23	日本	シドニー
POOL B	5/24	カナダ	37-4	トンガ	ネイピア
	5/25	ウェールズ	13-6	アイルランド	ウエリントン
	5/29	ウェールズ	29-16	トンガ	パーマストンノース
	5/30	アイルランド	46-19	カナダ	ダニーデン
	6/3	アイルランド	32-9	トンガ	ブリスベン
	6/3	ウェールズ	40-9	カナダ	インバーカーゴ
POOL C	5/22	NZ	70-6	イタリア	オークランド
	5/24	フィジー	28-9	アルゼンチン	ハミルトン
	5/27	NZ	74-13	フィジー	クライストチャーチ
	5/28	アルゼンチン	25-16	イタリア	クライストチャーチ
	5/31	イタリア	18-15	フィジー	ダニーデン
	6/1	NZ	46-15	アルゼンチン	ウエリントン
POOL D	5/23	フランス	20△20	スコットランド	クライストチャーチ
	5/23	ルーマニア	21-20	ジンバブエ	オークランド
	5/28	フランス	55-12	ルーマニア	ウエリントン
	5/30	スコットランド	60-21	ジンバブエ	ウエリントン
	6/2	フランス	70-12	ジンバブエ	オークランド
	6/2	スコットランド	55-28	ルーマニア	ダニーデン
準々決勝	6/6	NZ	30-3	スコットランド	クライストチャーチ
	6/7	フランス	31-16	フィジー	オークランド
	6/7	オーストラリア	33-15	アイルランド	シドニー
	6/8	ウェールズ	16-3	イングランド	ブリスベン
準決	6/13	フランス	30-24	オーストラリア	シドニー
	6/14	NZ	49-6	ウェールズ	ブリスベン
3決	6/18	ウェールズ	21-20	オーストラリア	ロトルア
決勝	6/20	NZ	29-9	フランス	オークランド

この日始まったワールドカップとはどんな大会なのか。

これから始まるワールドカップの1カ月とはどんな時間なのか。

そして、ワールドカップが始まってからの世界のラグビーはどんな時代を迎えていくのか……

そんなことまで想像させずにはおかない、世界ラグビーにワールドカップ時代の幕開けを告げる独走だった。

カーワンの激走からキャンピージの世界記録へ

世界記録はワールドカップで塗り替えられた。

ラグビーの世界では、特に日本では、個人記録はあまり紹介されてこなかった。そんな風潮に一石を投じたのが2006年、日本代表の大畑大介が、世界ラグビーの最多トライ記録に迫ったことだ。2006年5月14日、大畑は花園ラグビー場で行われたジョージア(当時の表記はグルジア)戦で3トライを挙げ、テストマッチ通算トライを65に伸ばし、世界記録を塗り替えた。

大畑に破られる世界記録を持っていたのは、オーストラリア代表で活躍したデヴィッド・キャンピージだった。1962年生まれのキャンピージは19歳でオーストラリア代表にデビューし、デビュー4戦目のアメリカ戦で4トライを固め打ちして通算6トライとするハイピッチでトライを量産。24歳で初めてのワールドカップを迎える時点で通算トライは21。当時の世界記録は、1920年代にスコットランド代表で活躍し「空飛ぶスコッツマン」と異名を取ったイアン・スミスの「24」だった。キャンピージはワールドカップのイングランド戦、アメリカ戦でそれぞれ1トライを奪い、世界記録にリーチをかけると、プール戦最後の日本戦で世界記録に並ぶ24号トライ。準々決勝のアイルランド戦はノートライに終わったが、歴史に残る名勝負となったフランスとの準決勝で、世界新記録となる25号トライを決める。そして、あとは一人旅だ。世界で初めて25個目のトライをあげたキャンピージは、その後もトライを決め続けた。1991年ワールドカップでは魔法のステップで6トライをあげトライ王となりオーストラリアを初戴冠へ導き「マジカル・キャンポ」と異名を取った。テストキャリアで最後のトライとなったのは1996年6月、カナダ戦であげた64号トライ。キャンピージはひとりで、世界記録を24から64まで、40も更新させたのだった。

ラグビーの王様が決めたラグビー史上最高のトライが後進を育てた

キャンピージが世界新記録を樹立した同じ試合では、ワールドカップのみならず、世界のラグビーの歴史でベストと謳われる伝説のスーパートライが生まれた。

1987年大会準決勝のフランスVオーストラリア。逆転また逆転のスリリングな激戦となった試合は、24対24で後半ロスタイムに入っていた。決勝トーナメントの試合が同点となった場合は10分ハーフの延長戦を行う——ワールドカップで新たに導入されたルールが適用されるのか？　多くの人が思ったときだ。自陣深くの密集で出したボールをフランスはフルバックのセルジュ・ブランコが外のスペースに動かし、ウイングのディディエ・カンベラベロが相手陣背後へキック。大活劇が始まった。必死に戻ったオーストラリアのゴールドのジャージーがボールを確保しようとする瞬間、長駆追いかけたフランスの青ジャージーが襲いかかり、腕をはたき、その捕球を阻む。不規則にはずんだこぼれ球は、手に吸盤がついているかのような青いジャージーの腕先にピッタリ収まる。魔法のようなパスが3本、4本と奇跡のようにつながり、最後にボールを持ったのは背番号15、このカウンターアタックを始めたブランコだった。南米ベネズエラで生まれ、スペインとの国境に近いリゾート地ビアリッツで育ち、「ラグビーの王様」「ラグビーのペレ」と異名を取った褐色の弾丸は、長袖の青いジャージーを着た肩を怒らせながら左コーナーへと一直線に走り飛び込んだ。この間、ボールに触れた選手は16人。青いジャージーはひとつのミスもなく魔法のようにボールを繋いだ……。

この試合が、ラグビーワールドカップ時代の夜明けだった。明け切っていない夜明けだった。

ラグビー史上最高のトライが生まれた、ラグビー史上最高の80分と語り継がれるこの試合を、現場で目撃した観衆は「17768人」に過ぎなかったのだ。

こんなにすごいプレーが見られるのか……

オレも見に行くんだった……

僕もここでプレーしたい……

世界中でたくさんのファンが、選手が、子供たちが、ブラウン管の前で夢想し、切歯扼腕し、決意した。

それが、第2回大会からのワールドカップをさらに彩ることになる。

そこからニュージーランドではジョナ・ロムーが現れ、フランスではクリストフ・ドミニシが現れ、日本では大畑大介が、ウェールズではシェーン・ウィリアムズが、南アフリカではブライアン・ハバナが現れ、檜舞台に登り、先達に負けないスリリングなトライを、5万人、6万人、時には8万人の詰めかけたスタジアムで披露することになる。

そのすべての始まりは1987年、ニュージーランドとオーストラリアを舞台に開かれた、史上初めてのワールドカップだったのだ。

駆け抜けていった世界のトライ王

〝マジカル・キャンポ〟デヴィッド・キャンピージ（オーストラリア）

「オレは関係ないよ」そんな声がきこえてきそうな光景だった。

グラウンド中央「ウォークライ」で気勢をあげるオールブラックスの15人。ワラビーズの選手達は、真向からそれを睨みつけている。その時、キャンピージは一人そこを離れ、自陣深くでボールと戯れていたのだ。蹴り上げては追い、を繰り返すその姿は、勝負を超越して、ボールとひと際仲の良い、ラグビーをひたすら愛する男に見えた。

そんな男だから「ここでトライして欲しい」というボールの気持ちをキャンピージは誰よりも早くキャッチするのだ。この準決勝でも、チャンスとみるや定位置の右サイドからいつのまにか逆サイドへ駆け込み、ボールをもらうやそのままコーナーフラッグへ一直線。タックルに来たカーワンを腰に巻きつけたまま先制トライを上げた。まったく、トライのニオイを嗅ぎつけたというしかない。前回のW杯、すでに世界のトップスターだったキャンピージだったが、大会の主役はブランコとカーワンに奪われた格好だった。しかし4年

RWC1991第2回 イングランドほか欧州5カ国大会

	日付	対戦カード(スコア)			場所
POOL A	10/3	NZ	18−12	イングランド	トゥイッケナム
	10/5	イタリア	30−9	アメリカ	オトリー
	10/8	NZ	46−6	イタリア	グロスター
	10/8	イングランド	36−6	イタリア	トゥイッケナム
	10/11	イングランド	37−9	アメリカ	トゥイッケナム
	10/13	NZ	31−21	イタリア	レスター
POOL B	10/5	スコットランド	47−9	日本	エディンバラ
	10/6	アイルランド	55−11	ジンバブエ	ダブリン
	10/9	スコットランド	51−12	ジンバブエ	エディンバラ
	10/9	アイルランド	32−16	日本	ダブリン
	10/12	スコットランド	24−15	アイルランド	エディンバラ
	10/14	日本	52−8	ジンバブエ	ベルファスト
POOL C	10/4	オーストラリア	32−19	アルゼンチン	スラネスリ
	10/6	西サモア	16−13	ウェールズ	カーディフ
	10/9	オーストラリア	9−3	西サモア	ポンティプール
	10/9	ウェールズ	16−7	アルゼンチン	カーディフ
	10/12	オーストラリア	38−3	ウェールズ	カーディフ
	10/13	西サモア	35−12	アルゼンチン	ポンティプリッズ
POOL D	10/4	フランス	30−3	ルーマニア	ベジェ
	10/5	カナダ	13−3	フィジー	バイヨンヌ
	10/8	フランス	33−9	フィジー	グルノーブル
	10/9	カナダ	19−11	ルーマニア	トゥールーズ
	10/12	ルーマニア	17−15	フィジー	ブリーヴ
	10/13	フランス	19−13	カナダ	アジャン
準々決勝	10/19	スコットランド	28−6	西サモア	エディンバラ
	10/19	イングランド	19−10	フランス	パリ
	10/20	オーストラリア	19−18	アイルランド	ダブリン
	10/20	NZ	29−13	カナダ	リール
準決	10/26	イングランド	9−6	スコットランド	エディンバラ
	10/27	オーストラリア	16−6	NZ	ダブリン
3決	10/30	NZ	13−6	スコットランド	カーディフ
決勝	11/2	オーストラリア	12−6	イングランド	トゥイッケナム

後、このトライは主役の交代を鮮やかに刻印してみせた。

輝いたのはアタックだけではない。準々決勝では、アイルランドのトライチャンスを2回続けてゴール前2mで止めたのだ。横から腕を相手の腕に巻きつけ、内へボールを繋がせない完璧なスマザータックル。ゴールを背にした瀬戸際でそんな仕事をしてみせる。かと思えば、アイルランドのSOキーズが自陣ゴール前でワラビーズのタックルを巧みにかいくぐってボールをタッチに蹴り出した時は、自軍のチャンスが潰れたというのに観衆とともに拍手を送りもする。

勝ち負けとか、優勝とかいうものを超越したところで、この男はラグビーを愛しているのだ。

〝閃光の男〟〝マジカル〟・キャンポー――この大会で、キャンピージに与えられた讃辞は枚挙にいとまがない。テストマッチ通算トライ数45。もはや、誰もその座を脅かさない世界最高のトライ王は、今大会で引退してしまう。〝閃光の男〟はその名の如く、91年W杯で輝き、一瞬にして駆け抜けていった。

【注】キャンピージは1991年大会後に引退を撤回。1996年までワラビーズでのプレーを続け、世界記録の通算トライを64まで伸ばした。

素顔の南アフリカ

新しい国作りに励む熱意が町中に溢れていた

雲ひとつなく晴れわたった南アフリカ最大の都市ヨハネスブルグ、ラグビースタジアムとしては世界最大のキャパシティを誇るエリスパーク。決勝のキックオフを30分後に控え、フィールドには閉会セレモニーの主役となる子供達が飛び出す。

突然、スタジアムの上空を巨大な影が覆う。一瞬おいて、金属的な轟音がスタンドに降る。

ジャンボジェットの超低空飛行。

30秒後には、その高度のまま旋回してきたジャンボの音が再びスタジアムを包み込む。高度はおよそ500mか。安全だの航空法規だのと言ってたらできっこない芸当だ。

〝そこまでやるか〟。心底驚いた反面、妙に納得している自分に気付く。

これが南ア、とは言わないが、これはまぎれもなく、南アの一部だ。

もうひとつの〝そこまでやるか〟は決勝の試合中に出た。選手が倒れ、試合が中断する。

RWC1995第3回 南アフリカ大会

	日付	対戦カード(スコア)			場所
POOL A	5/25	南アフリカ	27−18	オーストラリア	ケープタウン
	5/26	カナダ	34−9	ルーマニア	ポートエリザベス
	5/30	南アフリカ	21−8	ルーマニア	ケープタウン
	5/31	オーストラリア	27−11	カナダ	ポートエリザベス
	6/3	オーストラリア	42−3	ルーマニア	ステレンボシュ
	6/3	南アフリカ	20−0	カナダ	ポートエリザベス
POOL B	5/27	西サモア	42−18	イタリア	イーストロンドン
	5/27	イングランド	24−18	アルゼンチン	ダーバン
	5/30	西サモア	32−26	アルゼンチン	イーストロンドン
	5/31	イングランド	27−20	イタリア	ダーバン
	6/4	イタリア	31−25	アルゼンチン	イーストロンドン
	6/4	イングランド	44−22	西サモア	ダーバン
POOL C	5/27	ウェールズ	57−10	日本	ブルームフォンテイン
	5/27	NZ	43−19	アイルランド	ヨハネスブルク
	5/31	アイルランド	50−28	日本	ブルームフォンテイン
	5/31	NZ	34−9	ウェールズ	ヨハネスブルク
	6/4	NZ	145−17	日本	ブルームフォンテイン
	6/4	アイルランド	24−23	ウェールズ	ヨハネスブルク
POOL D	5/26	スコットランド	89−0	コートジボワール	ルステンブルク
	5/26	フランス	38−10	トンガ	プレトリア
	5/30	フランス	54−18	コートジボワール	ルステンブルク
	5/30	スコットランド	41−5	トンガ	プレトリア
	6/3	トンガ	29−11	コートジボワール	ルステンブルク
	6/3	フランス	22−19	スコットランド	プレトリア
準々決勝	6/10	フランス	36−12	アイルランド	ダーバン
	6/10	南アフリカ	42−14	西サモア	ヨハネスブルク
	6/11	イングランド	25−22	オーストラリア	ケープタウン
	6/11	NZ	48−30	スコットランド	プレトリア
準決	6/17	南アフリカ	19−15	フランス	ダーバン
	6/18	NZ	45−29	イングランド	ケープタウン
3決	6/22	フランス	19−9	イングランド	プレトリア
決勝	6/24	南アフリカ	15延長12	NZ	ヨハネスブルク

スタンドの一瞬の引き潮目がけ、南アの国民歌「ショショローザ」が大音量で流れる。通常のホーム&アウェーで行われるテストマッチならともかく、これはW杯の決勝だぜ、と思いながら、そこまで突き進んでしまう南アの国民性が、妙におかしい。

ともあれ、37日間の南アW杯取材は驚きの連続だった。

新国家・南アの息吹き。希望。興奮――

開会式は、オリンピックでもそうはないような感動的なセレモニー。先住民の黒人が白人によって鉱山労働の奴隷とされるさまや、その当事者である第1次移民団アフリカーナー（主にオランダ系）が英国系移民団に追われ、内陸部へ移住していく「グレート・トレック」の様子が1500人の老若男女によって演じられた。自らの国の恥部をも大胆にさらし、世界に「新生南ア」をアピールしてマンデラ大統領のスピーチへと進んだこの壮大なセレモニーは、スポーツイベント史上で最も感動的だったと断言できる。

こんなこともあった。ホテルでTV中継を見ていると、ひんぱんに音声がかわる。ついさっきまで英語の実況だったチャンネルが、何の前触れもなく巻き舌のアフリカーンスにかわる。実に落ちつかない。

しかし、我々取材陣だけでなく、観戦ツアーに参加したサポーターなど多くの日本人が南アの土を踏んだのはとても喜ばしいことだと思う。彼ら彼女らが家庭や職場で、見て触れた南アを伝えてくれるだろう。

記者自身、ある程度の身の危険は覚悟して出かけた。「南ア＝アパルトヘイト」という図式は法的には撤廃され、昨年マンデラ政権が樹立されたものの、長く続いた憎悪の歴史がそう簡単に氷解するとは思えない。治安の問題は深刻。まして我々は「名誉白人」という不名誉極まりない称号を得て、人種差別から生まれる甘い汁を吸い続けてきた国の人間だ。流れ弾が飛んでくるぐらい覚悟して当然だ。

しかし嬉しいことに、我々日本記者団の南ア滞在は概ね快適だったのだ。無論安全なホテルに宿泊し、移動もタクシーやレンタカーがほとんどだったけれど、夜の街でも、聞いたようなアブナい空気は感じなかった。もちろん「絶対危険」と警告された場所には近づかなかったし、中には強盗に逢った人もいた。でもそれは、例えばアメリカでも十分起きること。記者の個人的な感想でいえば、新しい国を建設するという意気込みが南アを健康にしていると思えた。

W杯期間中は国を挙げて警備を厳重にしていた面は確かにあるだろう。国の中には未解決の問題も多い。我々が感じた「南アは安全」という評価を過大にとらえないでほしいとも思う。しかし、十年一日の情報による先入観だけでこの国を敬遠してほしくはない。インフラの整備は西欧の国を思わせる。観光資源も豊富だ。街の中でも、黒人と白人は結構うまく融合している。互いに歩み寄り、新しい国を作り上げようという合意が、未来志向のエネルギーを産んでいる気がする。何しろマンデラ大統領が登場すると、白人中心のスタンドが熱狂するのだ。

しかし、南アが優勝を決めた夜の白人の騒ぎ方は凄まじかった。黒人の何割かはその夜、忌まわしい日々を思い出しただろう。南アのラグビーが国民の真の支持を得るには、もっともっと有色人種が参加し、国全体がサポートしたくなるようなチームの誕生が待たれる――。

（初出：『Ｎｕｍｂｅｒ』１９９５年６月）

ラグビーの聖地、真紅に燃ゆ

町中が赤く染まっていた。

重々しい石造りのビルが立ち並ぶ路地には、ビターを満たしたグラスを求める人々の行列。チケットを求む手書きの看板を掲げた若者は、当然のごとく真紅のジャージーを身に着け、これまた真紅のマフラーを首にまきつけて何事かを叫ぶ。人々は祭りの始まりを待ちきれず、すでにフライング気味にアルコールパーティーに突入していた。

ウェールズ。

日本からは「イギリス」あるいは「英国」とひとくくりに呼ばれる大ブリテン島の南西部一帯だが、訪ねてみれば独立した文化を持つ『くに』であることが実感できる。駅名には先住民ブリトン人のキムリ語が英語と並んで表記され、町のあちこちには、緑と白の地に赤い竜を染め抜いた『国旗』がはためく。行き交う人々の顔も、ロンドンなどのイングランドとは違う。最も多く見かけるのは、やや丸みを帯びた赤ら顔。生白い肌が目立つの

RWC1999第4回 ウェールズ大会

	日付	対戦カード(スコア)			場所
POOL A	10/2	ウルグアイ	27–15	スペイン	ガラシールズ
	10/3	南アフリカ	46–29	スコットランド	エディンバラ
	10/8	スコットランド	43–12	ウルグアイ	エディンバラ
	10/10	南アフリカ	47–3	スペイン	エディンバラ
	10/15	南アフリカ	39–3	ウルグアイ	グラスゴー
	10/16	スコットランド	48–0	スペイン	エディンバラ
POOL B	10/2	イングランド	67–7	イタリア	トゥイッケナム
	10/3	NZ	45–9	トンガ	ブリストル
	10/9	NZ	30–16	イングランド	トゥイッケナム
	10/10	トンガ	28–25	イタリア	レスター
	10/14	NZ	101–3	イタリア	ハダーズフィールド
	10/15	イングランド	101–10	トンガ	トゥイッケナム
POOL C	10/1	フィジー	67–18	ナミビア	ベジェ
	10/2	フランス	33–20	カナダ	ベジェ
	10/8	フランス	47–13	ナミビア	ボルドー
	10/9	フィジー	38–22	カナダ	ボルドー
	10/14	カナダ	72–11	ナミビア	トゥールーズ
	10/16	フランス	28–19	フィジー	トゥールーズ
POOL D	10/1	ウェールズ	23–18	アルゼンチン	カーディフ
	10/3	サモア	43–9	日本	レクサム
	10/9	ウェールズ	64–15	日本	カーディフ
	10/10	アルゼンチン	32–16	サモア	スラネスリ
	10/14	サモア	38–31	ウェールズ	カーディフ
	10/16	アルゼンチン	33–12	日本	カーディフ
POOL E	10/2	アイルランド	53–8	アメリカ	ダブリン
	10/3	オーストラリア	57–9	ルーマニア	ベルファスト
	10/9	ルーマニア	27–25	アメリカ	ダブリン
	10/10	オーストラリア	23–3	アイルランド	ダブリン
	10/14	オーストラリア	55–19	アメリカ	リマリック
	10/15	アイルランド	44–14	ルーマニア	ダブリン
準々決勝PO	10/20	イングランド	45–24	フィジー	トゥイッケナム
	10/20	スコットランド	35–20	サモア	エディンバラ
	10/20	アルゼンチン	28–24	アイルランド	ランス
準々決勝	10/23	オーストラリア	24–9	ウェールズ	カーディフ
	10/24	南アフリカ	44–21	イングランド	パリ
	10/24	フランス	47–26	アルゼンチン	ダブリン
	10/24	NZ	30–18	スコットランド	エディンバラ
準決	10/30	オーストラリア	27延長21	南アフリカ	トゥイッケナム
	10/31	フランス	43–31	NZ	トゥイッケナム
3決	11/4	南アフリカ	22–18	NZ	カーディフ
決勝	11/6	オーストラリア	35–12	フランス	カーディフ

は、太陽の光が届かない炭鉱の底で働いてきた、父祖の歴史を物語るのか。

楕円球を蹴り、走る15人の格闘球技は、この国の民の特別なスポーツだ。1970年代、真紅の衣に身を包んだ男たちは、世界最強の名をほしいままにしていた。祖国を侵略したイングランドなどの強豪国に比べて体格に劣りながら、即興詩のごとくフレアー（閃き）あふれる動きでボールをつなぎ、憎きイングランドをきりきり舞いさせる15人の輝きは、歌と詩をことのほか愛するウェルシュたちにとって、アイデンティティとさえ言える宝物だったのだ。

しかし、その栄光は揺らいでいた。

W杯では、91年、95年と2大会連続で1次リーグ敗退。かつては泉のように湧き出て栄光の時代を支えた才能たちも、時代の変化とともに、プレーによる失業を恐れて次々と13人制ラグビーリーグに転向。石炭産業の衰退と歩調を合わせるように、真紅のジャージーは輝きを失っていった。

だが、世紀末にウェールズで開催されるW杯に間に合わせたかのように、ラグビーを取り巻く環境は激変を始めた。

95年W杯後に、ラグビー界は厳守してきたアマチュアリズムを撤廃。プロを容認したことにより、ジョナサン・デイヴィスやスコット・ギブス、スコット・クイネルら、ユニオンラグビーと袂を分かった英雄たちが続々と15人制に復帰。さらに、5年間で2億500

0万円というラグビー界では破格の待遇で南半球随一と呼ばれる名監督、グラハム・ヘンリーをNZから招聘すると、99年6月には栄光の70年代にも果たせなかった南ア撃破を達成。巨大な敵に敗れることにも慣れてしまっていたウェールズの民たちは、勝利を夢見る権利を思い出して、このW杯を迎えたのだ。そこには、91年W杯のとき、黄金時代の豪州代表ワラビーズを迎えたアームズ・パークに漂っていた無力感は微塵もなかった。ウェールズは、勝利を夢ではなく、現実的な目標としてW杯本番を迎えていた。町を埋め尽くした真紅の洪水は、そんなウェルシュたちの心情を伝えていた。

耳をつんざく『ランド・オブ・マイ・ファーザーズ』の大合唱

ラグビーの聖地。カーディフ中央駅の目の前にそびえ立ち、幾多の名勝負の舞台となってきたアームズ・パーク競技場は、長い間そう呼ばれてきた。そのアームズ・パークは5年を最後に解体され、ラグビー場としては世界初の開閉式屋根を持つ最新式の競技場に生まれ変わった。

ミレニアム・スタジアム。

千年王国という壮大な名を与えられた競技場は、心ある人の間では「じきにまたアームズ・パークと呼ばれるさ」と囁かれていた。

しかし、案ずるまでもなかった。駅のホームから続々と吐き出される真紅の洪水を、底なし胃袋を持つ怪獣のように飲み込む巨大なスタジアムに入ると、そこは以前のアームズ・パークの面影がそっくり再現されている。気がつけば、手にしたチケットにも、はっきりと『ミレニアム・スタジアム。カーディフ・アームズ・パーク』と書かれていた。

そんな細部にさえ昂揚を抑えきれないウェルシュたちが、さらに叫びをあげたのが開会式だ。すでに神話の域に住むガレス・エドワーズを先頭に、バリー・ジョン、マーヴィン・デイヴィス、J・P・R・ウィリアムズら、栄光の場面が映し出され、7万2500人のキャパシティいっぱいに膨れ上がったスタンドは絶叫に包まれた。4年前の開会式は、黒人指導者ネルソン・マンデラのもとで生まれ変わった南アが積み重ねてきた国の歴史を再現して進んだ。今回の開会式は、楕円のボールを追い続けてきた歴史こそウェールズそのものであることを、国民自らが世界に向けて発信した。このとき、突貫に次ぐ突貫工事で完成したばかりの巨大はスタジアムは、無数の名勝負を生んだ旧アームズ・パークと連なる歴史を手に入れたのだ。

試合前の国歌吹奏。『ランド・オブ・マイ・ファーザーズ―我が父祖の大地―』の荘重な旋律が流れると、スタジアムは耳をつんざく大合唱に包まれた。このW杯のためにヘンリーがNZから連れてきたFBのシェーン・ハワースは、NO・8スコット・クイネルの胸に顔を押しつけ、涙を浮かべてそのメロディに身を浸している。このとき、過去と現在のレッド・ドラゴンは完全に一体となった。

興奮の覚める暇も与えらないまま、フィールドでは戦いの幕が切って落とされた。しかしスタジアムを包み込んだ興奮の渦は、至福の境地に身を浸したドラゴンたちの手足をも縛っていた。開始1分。スクラムを組み勝って得た先制PGのチャンスを、世界一のキッカーと謳われるニール・ジェンキンスが外してしまうのだ。膨れ上がったスタンドが「信じられない」とどよめきをあげる——。

アルゼンチンはみごとに仇役を演じきった

ウェールズに相対したアルゼンチンは、見事なまでに仇役を演じた。

看板だったはずのスクラムこそ苦戦を強いられたものの、ウェールズがボールを出した瞬間にBKとルースFWが、鉄砲玉のスピードで飛び出すプレスDFが、硬さの目立つウェールズの攻撃スペースをたちまち奪う。ウェールズBKの核弾頭、CTBギブスに突き刺さったCTBアルビス主将が脳震盪で倒れても、淡いブルーの戦闘着に身を包んだ戦士たちの勢いは衰えない。常に敵陣で試合を進めていた赤いジャージーは、やがて自分たちのプランに僅かな疑問を抱き始める。そんな迷いが、DFにかすかな綻びを生じさせた。

18分、アルゼンチンのPRジャルドのカウンターアタックが反則を誘い、SOケサダが正面45mの先制PGを蹴り込むのだ。ケサダは24分にもPGを成功。異常に長い間を取り、腰を屈めた変則的なフォームから助走に入るケサダには、ウェルシュたちから渾身のブーイングを浴びせられたが、アルゼンチンの背番号10はまったく動じることなく機械のようなキックを繰り出す。6対0。スタジアムに、不穏な空気が流れ出す。

しかしアルゼンチンは、自らその流れを断ち切ってしまう。26分、195㎝、95㎏の巨漢WTBバルトルッチがウェールズのパスを故意にはたき落とし、ジェンキンスがホスト国の大会初得点となるPGを蹴り込むのだ。そこまでしなければならない決定的な場面だったかどうかは微妙だが、この日のアルゼンチンの鬼気迫るDFに威圧感を覚えていたウェールズが、この得点で呪縛から解き放たれたのは間違いない。ジェンキンスは31分にもPGを決めて同点。38分にはケサダが51mのロングPGを放り込んで再び勝ち越すが、試合の流れを決める場面はハーフタイム直前に生まれた。

ウェールズ陣深くのラインアウトでアルゼンチンが相手ボールを奪う。しかし素早くボールを送られたWTBバルトルッチは、このチャンスに戸惑ったように覇気のない横流れでボールを失うのだ。このPKから反攻に転じたウェールズは、直後にFLチャービスが逆転のトライをポスト真下に決める。巨体を買われてピッチに立ったバルトルッチは、第2のロムーにはなれなかった。

逆転して折り返したウェールズは、後半8分にもカウンターからCTBテイラーがトライ。アルゼンチンも後半20分過ぎから反攻に転じるが、23対18の5点差まで追い上げた残り5分、逆転へ向け地域獲得を狙ったケサダのPKがノータッチとなる痛恨のミスで勝負はついた。世紀末のドラゴンたちは、至福のスタジアムで祖国の英雄に名を連ねたのだ。

4度目のW杯。プロ容認の時代を迎えて最初の世界選手権。過去3大会を制したNZ、豪州、南アの南半球3強は、プロフェッショナルな強化組織を作り上げ、いずれも2度目の頂点を目指す。遅れをとった北半球勢は、その牙城を崩して、晩秋の祖国に黄金のエリスカップを持ち帰ることができるだろうか。

トーナメントの行方を占う鍵が、開幕戦に隠されていた。NZのオブライエン主審は、過去5年間、国際試合でほぼ皆無だったラインアウトのリフティングを反則ととった。スクラムが崩れれば、どちらかにペナルティが科された。両チームがボールを殺しにいった場面でも、反則をとられるのはどちらか一方だ。南北でルール解釈の綱引きが絶えない現代ラグビーでは、笛ひとつで試合の流れは大きく変転する。すべてのレフェリーに対応する応用力に加え、ペナルティを確実に3点につなげられるキッカーの存在も、従来以上にクローズアップされるだろう。

とびきりエモーショナルな『祭り』で幕を開けた世紀末の戦いを制するのは、冷徹なまでの応用力を備えたチームになるはずだ。

（初出：『Number』1999年10月）

「退屈」の大合唱と濃密な100分間

―イングランド初の世界一―

「スイング・ロー…」の歌声がイングランド応援団から沸き起これば、間髪入れず豪州の国民歌「ワルツィング・マチルダ」の大合唱が迎え撃つ。8万2957人の大観衆が見守る中、優勝候補筆頭にしてラグビーの母国イングランドと、前回王者の地元・豪州が激突したW杯決勝。ピッチの上では選手同士が体をぶつけて、スタンドではサポーター同士が声を枯らす……その歌声に混じって「ボーリング、ボーリング…」という聞き慣れない声も聞こえてきた。

監督は開き直った。「我々が退屈にやろうとしたら……」

準々決勝のウェールズ戦はトライ数1対3、フランスとの準決勝は0対1。ほとんどキックの得点のみで勝ち上がったイングランドの戦いぶりに、豪州メディアは「退屈」を意味するboringの称号を与えた。しかもイングランドは、1次リーグのサモア戦では

RWC2003第5回 オーストラリア大会

	日付	対戦カード(スコア)			場所
POOL A	10/10	オーストラリア	24-8	アルゼンチン	シドニー
	10/11	アイルランド	45-17	ルーマニア	ゴスフォード
	10/14	アルゼンチン	67-14	ナミビア	ゴスフォード
	10/18	オーストラリア	90-8	ルーマニア	ブリスベン
	10/19	アイルランド	64-7	ナミビア	シドニー
	10/22	アルゼンチン	50-3	ルーマニア	シドニー
	10/25	オーストラリア	142-0	ナミビア	アデレード
	10/26	アルゼンチン	15-16	アイルランド	アデレード
	10/30	ナミビア	7-37	ルーマニア	ロセストン
	11/1	オーストラリア	17-16	アイルランド	メルボルン
POOL B	10/11	フランス	61-18	フィジー	ブリスベン
	10/12	スコットランド	32-11	日本	タウンズビル
	10/15	フィジー	19-18	アメリカ	ブリスベン
	10/18	フランス	51-29	日本	タウンズビル
	10/20	スコットランド	39-15	アメリカ	ブリスベン
	10/23	フィジー	41-13	日本	タウンズビル
	10/25	フランス	51-9	スコットランド	シドニー
	10/27	日本	26-39	アメリカ	ゴスフォード
	10/31	フランス	41-14	アメリカ	ウーロンゴン
	11/1	スコットランド	22-20	フィジー	シドニー
POOL C	10/11	南アフリカ	72-6	ウルグアイ	パース
	10/12	イングランド	84-6	グルジア	パース
	10/15	サモア	60-13	ウルグアイ	パース
	10/18	南アフリカ	6-25	イングランド	パース
	10/19	グルジア	9-46	サモア	パース
	10/24	南アフリカ	46-19	グルジア	シドニー
	10/26	イングランド	35-22	サモア	メルボルン
	10/28	グルジア	12-24	ウルグアイ	シドニー
	11/1	南アフリカ	60-10	サモア	ブリスベン
	11/2	イングランド	111-13	ウルグアイ	ブリスベン
POOL D	10/11	NZ	70-7	イタリア	メルボルン
	10/12	ウェールズ	41-10	カナダ	メルボルン
	10/15	イタリア	36-12	トンガ	キャンベラ
	10/17	NZ	68-6	カナダ	メルボルン
	10/19	ウェールズ	27-20	トンガ	キャンベラ
	10/21	イタリア	19-14	カナダ	キャンベラ
	10/24	NZ	91-7	トンガ	ブリスベン
	10/25	ウェールズ	27-15	イタリア	キャンベラ
	10/29	カナダ	24-7	トンガ	ウーロンゴン
	11/2	NZ	53-37	ウェールズ	シドニー
準々決勝	11/8	NZ	29-9	南アフリカ	メルボルン
	11/8	オーストラリア	33-16	スコットランド	ブリスベン
	11/9	フランス	43-21	アイルランド	メルボルン
	11/9	イングランド	28-17	ウェールズ	ブリスベン
準決	11/15	オーストラリア	22-10	NZ	シドニー
	11/16	イングランド	24-7	フランス	シドニー
3決	11/20	NZ	40-13	フランス	シドニー
決勝	11/22	イングランド	20延長17	オーストラリア	シドニー

選手交代のどさくさで、1分近くに渡って16人の選手がプレーしたり、準決勝で豪州とNZが対戦している最中にサポーターが「スイング・ロー」を歌い出したり。「退屈」との批判に業を煮やしたウッドワード監督は決勝を控え「我々が退屈にプレーしようとしたらホントに退屈にできるんだぞ」と開き直る一幕も。かくして「ボーリング…」の大合唱。

しかし、100分間に渡った試合は退屈どころか、誰もが引き込まれる熱戦だった。

降り続く雨でボールは滑る。しかし、ミスが出てもため息をつく暇はない。一方はセービングを、もう一方はカウンターを狙い、一瞬の隙もなく攻防は連続する。79分と98分、2度に渡って同点PGを沈めた豪州CTBフラットリの見事なメンタルタフネス。最後の場面でウィルキンソンを楽にさせるために、DG射程圏からサイドを突き、ラックの下敷きになっていたSHドーソンを脱出させたLOジョンソン主将の地味な大仕事。そして利き足の左足でなく、右足でサヨナラDGを決めて見せたウィルキンソンのスキル。

豪州はSOラーカムが顔面を切り、合計3度、30分に渡り治療のためにピッチを離れたのが響いたが、ウィルキンソンにしても右肩の古傷を打撲しながらのプレー。それが司令塔勝負なのだ……。

夜明け近く。シドニー最後のパブに入った。白いジャージーもゴールドのジャージーも、フレンドリーに飲み交わしていた。まさにノーサイド。素晴らしい試合の末にこんな光景を見られたことに、W杯の幸福を噛みしめた。

（『Number』2003年12月）

第6回ワールドカップ【2007年】

情熱の男が牽引したロス・プーマス世界3位への躍進

1999年6月。ブエノスアイレス。ウェールズとのテストマッチに向けた練習のあとだった。グラウンドに日本人記者を見つけた一人の選手が歩み寄ってきた。

「タケを知ってるか？　元気か？　手紙をくれと伝えてくれ」

タケとは、元早大監督の石塚武生氏のことだった。記者に話しかけてきたのは、その前年まで英国のリッチモンドクラブで石塚氏とチームメイトだった、後に世界のラグビーファンを虜にしてしまう情熱のSHだった。

それが、アグスティン・ピチョットとの出会いだった。

「僕らの目標はベスト8だ」

3カ月半後に開幕するW杯での目標を尋ねると、24歳のピチョットは言った。

優勝じゃないの？　そう聞き返すと、ピチョットはあっさり答えた。

RWC2007第6回 フランス大会

	日付	対戦カード（スコア）			場所
POOL A	9/8	イングランド	28–10	アメリカ	ランス
	9/9	南アフリカ	59–7	サモア	サンドニ
	9/12	トンガ	25–15	アメリカ	モンペリエ
	9/14	イングランド	0–36	南アフリカ	サンドニ
	9/16	サモア	15–19	トンガ	モンペリエ
	9/22	南アフリカ	30–25	トンガ	ランス
	9/22	イングランド	44–22	サモア	ナント
	9/26	サモア	25–21	アメリカ	サンテティエンヌ
	9/28	イングランド	36–20	トンガ	パリ
	9/30	南アフリカ	64–15	アメリカ	モンペリエ
POOL B	9/8	オーストラリア	91–3	日本	リヨン
	9/9	ウェールズ	42–17	カナダ	ナント
	9/12	フィジー	35–31	日本	トゥールーズ
	9/15	オーストラリア	32–20	ウェールズ	カーディフ
	9/16	フィジー	29–16	カナダ	カーディフ
	9/20	ウェールズ	72–18	日本	カーディフ
	9/23	オーストラリア	55–12	フィジー	モンペリエ
	9/25	カナダ	12△12	日本	ボルドー
	9/29	オーストラリア	37–6	カナダ	ボルドー
	9/29	ウェールズ	34–38	フィジー	ナント
POOL C	9/8	NZ	76–14	イタリア	マルセイユ
	9/9	スコットランド	56–10	ポルトガル	サンテティエンヌ
	9/12	イタリア	24–18	ルーマニア	マルセイユ
	9/15	NZ	108–13	ポルトガル	リヨン
	9/18	スコットランド	42–0	ルーマニア	エディンバラ
	9/19	イタリア	31–5	ポルトガル	パリ
	9/23	NZ	40–0	スコットランド	エディンバラ
	9/25	ルーマニア	14–10	ポルトガル	トゥールーズ
	9/29	NZ	85–8	ルーマニア	トゥールーズ
	9/29	スコットランド	18–16	イタリア	サンテティエンヌ
POOL D	9/7	フランス	12–17	アルゼンチン	サンドニ
	9/9	アイルランド	32–17	ナミビア	ボルドー
	9/11	アルゼンチン	33–3	グルジア	リヨン
	9/15	アイルランド	14–10	グルジア	ボルドー
	9/16	フランス	87–10	ナミビア	トゥールーズ
	9/21	フランス	25–3	アイルランド	サンドニ
	9/22	アルゼンチン	63–3	ナミビア	マルセイユ
	9/26	グルジア	30–0	ナミビア	ランス
	9/30	フランス	64–7	グルジア	マルセイユ
	9/30	アイルランド	15–30	アルゼンチン	パリ
準々決勝	10/6	オーストラリア	10–12	イングランド	マルセイユ
	10/6	NZ	18–20	フランス	カーディフ
	10/7	南アフリカ	37–20	フィジー	マルセイユ
	10/7	アルゼンチン	19–13	スコットランド	サンドニ
準決	10/13	イングランド	14–9	フランス	サンドニ
	10/14	南アフリカ	37–13	アルゼンチン	サンドニ
3決	10/19	アルゼンチン	34–10	フランス	パリ
決勝	10/20	南アフリカ	15–6	イングランド	サンドニ

「僕らは現実的に考えるんだ」

実際、そのときまでアルゼンチンがW杯で残してきた成績は3大会で1勝8敗、すべて1次リーグで敗退していた。イングランドやフランス、豪州など強豪国からもたびたび勝利を奪った過去を持つとはいえ、1987年に始まったW杯での勝敗に限れば、アルゼンチンは日本とまったく同じ成績だった。

そしてピチョットは、まだ一度もW杯の試合を経験していなかった。

1995年のW杯に20歳で選ばれたピチョットの役目は、1次リーグ3試合でリザーブ席に座ることだけだった。プーマスは3試合すべてで激戦を演じたが、そのすべてに敗れた。日本代表が145という決して消せない十字架を背負わされた南アの地は、南米に生まれた一人のSHにも重い記憶を伴う土地だった。

初の8強入り。そしてピチョットは号泣した

4カ月後のW杯で、アルゼンチンは初めての8強に進んだ。開幕戦でウェールズに敗れたものの、サモアを破り、日本にも勝ち、この大会のみ採用された「3位ベスト」のワイルドカードでプレーオフに進み、アイルランドを逆転で破ったのだ。

「僕たちは体が大きくないから、低いプレーをしないと勝てないんだ」

下馬評を覆したサモア戦の後で、ピチョットは言った。日本代表が「低くタックルして

も上で繋がれるから」と、ボールを殺すタックルへ方針転換していた時代に、日本よりだいぶ体の大きなアルゼンチンは「自分たちは大きくない」という自己認識で試合に臨んでいた。実際、日本の高いタックルを易々と跳ね飛ばしたサモアに対し、アルゼンチンは膝下への低いタックルを反復、パワー自慢のサモアンたちは明らかに苛立ち、無理なジャンプでかわそうとするなどペースを失い、倒れながらボールを繋ごうとしてミスを重ねた。

守りの武器が低いタックルなら、このW杯におけるプーマスの攻めの武器が、世界一と謳われた強力スクラムと、この大会で得点王に輝いたSOケサダのゴールキック。その2つの武器を滑らかに繋ぎ、チームに勢いを与えていたのがSHのピチョットだった。俊敏な動きと強気なデシジョンメーク。水色ジャージーの9番は、常に大声を張り上げてFWの闘志を焚きつけ、BKに自分の意志を伝え、日本戦では電光石火のサイドアタックで自らトライも決めた。そのプレーからは観る者を惹きつける強いオーラが放たれていた。長髪と濃い瞳のSHはW杯の注目選手のひとりとなり、南アのユースト・ファンテルヴェストハイゼンや豪州のグレーガンとともに、世界最高のSHのひとりとして比較される記事もウェールズの新聞に掲載された。

99年プーマスの進撃は、準々決勝で終わった。

プール最終戦から中3日のプレーオフでアイルランドを破ったプーマスは、次も中3日で準々決勝に臨んだ。相手は中1週間と休養十分なフランス。

その悪条件でも、アルゼンチンは食い下がった。ピチョットがサイドアタックでトライを決めるなど前半は20対27の接戦。しかしそれが限界だった。後半はチームが明らかに消耗した。ピチョットはこの大会で初めて途中でピッチを退いた。ボロボロに破れたジャージーが、試合の激しさと、肉体に与えられたダメージの重さを物語っていた。

26対47で試合が終わると、ピチョットは人目をはばからずに号泣した。

2003年の蹉跌。ピチョットは泣かず、声をあげた

99年W杯での8強入りは、アルゼンチンラグビーのジャンピングボードになった。ピチョットやCTBアルビズなど、すでに欧州のクラブに在籍していた選手たちに続き、選手たちが続々と大西洋を渡った。99年W杯の激闘で、アルゼンチン選手のポテンシャルが証明された結果だった。

プーマス自体にも変化はあった。99年W杯は、直前の1年間に3度も監督が変わるというドタバタの中で迎えた。指揮官不在の中で過去最高の成績を残したのだから、選手はテングになってもおかしくない。そんなチームに、W杯直後に着任したのがマルセロ・ロフレダ監督だった。

「マルセロは我々に謙虚さを与えてくれた」とピチョットは振り返る。情熱のままにプレーしていたプーマスは、強いときと弱いときがはっきりしているチームだった。地元ブエ

ノスアイレスでは手が着けられないほど強く、強豪国を何度も倒すのに、アウェーではからきし弱いことでも有名だった。ロフレダはそんなチームに規律をもたらした。欧州のクラブで揉まれ、フィジカルもメンタルもレベルを上げた選手たちが集うチームは、そうして水準を高めていった。2001年11月にはスコットランドとウェールズをアウェーで連破し、翌月には来征したNZに20対24まで肉薄。03年6月には南アフリカに対し、敵地ポートエリザベスで25対26と追いつめた。

だが03年W杯はプーマスにとって苦い大会となった。ウェールズ大会に続いて登場した開幕戦では地元豪州に完敗。そして決勝トーナメント進出をかけた4戦目のアイルランド戦は、前戦から中3日の悪条件で、しかも相手は中6日で3戦目だった。あまりにあからさまな、伝統国優遇のスケジューリング。そこへプーマスは挑んだ。キャプテンのピチョットは、リザーブを含めた22人全員で戦う気持ちを高めるために、入場のときも先頭ではなく、15人とリザーブ7人の真ん中に立った。

しかし結果は残酷だった。HOウッド主将とCTBオドリスコルの両雄を備えたアイルランドは4年前の雪辱に燃えていた。互いに低さを競うような膝下タックルの応酬。許したトライは1本だけだったが、15対16、80分が終わったとき、スコアボードには1点差が残った。

ピチョットは泣かなかった。会見では勝者を非難しないよう言葉を選びながら、不公平な日程に抗議した。

「ビッグユニオンはマイナー国のことも考えて欲しい。アルゼンチンだけじゃない。イタリアも日本もフィジーも同じ目にあってるんだ」

その夜、アデレードに一軒だけあったアルゼンチンレストランは、緑のジャージーを着込んだアイルランドサポーターに占拠された。

2007年、世界3位になってなお、ピチョットは原点を忘れなかった

だが、アルゼンチンはもはや誰も無視できない存在になっていた。IRBのシド・ミラー会長はW杯の中間総括会見で、世界ラグビーのファースト・ティア（第1グループ）として「欧州6カ国とトライネーションズの3カ国、そしてアルゼンチン」という認識を示した。W杯前の世界ランキング7位は、8強入りを逃しても下がることはなかった。

選手たちもポテンシャルを高めていった。ピチョットやフェリペ・コンテポーミを追うように、若い選手が次々と大西洋を渡った。03年のW杯では21歳、主力を休ませた2試合に出場しただけだったFBファンマルティン・エルナンデスは、次のW杯までの4年の間に、フランス最高のプレーヤーと評されるまで成長した。03年W杯では代表30人のうち16人だった欧州組は、07年には23人まで増加した。

欧州組の増加は、チームが集合できる時間の減少という側面も持つ。だがプーマスは、それをプラスに活用した。欧州組が合流できない試合は、若手が経験を積み、実力をアピールする場となった。フランスW杯の開幕戦にNO・8として金星に貢献したファンマヌエル・レギサモンは、05年4月ブエノスアイレスの日本戦で、21歳で代表デビューを果たした。そして、国内組と海外組が一緒になるとき、監督と主将はいつも「俺たちは家族だ」と呼びかけた。

「技術より何より、チームへの愛、ラグビーへの愛が僕らのパワーの源なんだ」。フランスW杯の準々決勝でスコットランドを破った試合後、ピチョットは言った。

プーマスの躍進とともに、母国でのラグビーへの認知も高まった。ブエノスアイレスの商店街では、多種多様なサッカーウエアに混じって、99年にはまるで見かけなかったプーマスのジャージーが必ず見つかるようになった。フランスW杯での準々決勝進出が決まると、放送時間が重ならないよう、サッカーの名門ボカ・ジュニオールズの試合時間が変更された。99年にはちらほらしかいなかったスタンドの水色ジャージーも激増。プール最終戦、因縁の相手アイルランドとの対戦では、4年前のアデレードでは圧倒された緑のサポーター軍団に、人数はともかく歌声では負けないほどのサポーターが母国から駆けつけ、声を枯らした。その声援を受けて、ピチョット率いるプーマスは世界4強の座に進んだ。

試合毎に、選手たちはスタンディングオベーションを浴びてグラウンドを一周した。優勝したわけでもないのに。だがそこには、彼らが愛する家族がいた。母国のクラブのチームメイト、恩師……国外でプレーする選手たちにとっての、離れて暮らす家族だった。

南アとの準決勝。初めて進んだ舞台で、プーマスは轟沈した。南アのブレイクダウンは重く厳しく、僅かな乱れを容赦なく突いた。ジェイク・ホワイト監督とスペシャルコーチのエディ・ジョーンズという最強タッグの分析は精緻を極め、ターンオーバーが生じれば世界最速WTBハバナが一瞬でトライラインを陥れた。

試合が終わると、ピチョットはレフリーと握手し、相手の全員と抱擁して健闘を称えた。選手を集めて円陣を組み、仲間に感謝を捧げた。キャプテンの責務をすべて果たした上で、ベンチに戻ると、ピチョットは泣き崩れた。座り込んでいたエルナンデスの肩を抱き、互いにしがみついて泣いた。

会見場にも、ピチョットは目を赤くしたまま現れた。

「世界チャンピオンになりたかった。僕にはこの1度しかチャンスはない。そのために多くの犠牲を払って、やれることはすべてやってきた。すべてにトライして、不可能なことを達成してきた。でも世界一になることはできなかった。本当に悔しい」

涙声でそう言うと、会見の最後にピチョットは言った。

「IRBはW杯の出場枠を20から16に減らそうとしているけれど、僕は反対だ。W杯は、世界中から集まった20の素晴らしいチームがベスト8を目指して戦うところに素晴らしさがある。チャンスは多くのチームに開かれているべきだ。W杯が6カ国や10カ国だけで勝敗を競うようになったらラグビーは終わりだ」

世界ランキング4位。W杯4強。そこまで登り詰めても、ピチョットは原点を忘れていなかった。

4年後のW杯の舞台に、ピチョットは立っていないだろう。だが熱いチャレンジ魂とキャプテンシーが次のリーダーに引き継がれる限り、プーマスは輝きを失わないはずだ。

（初出：『ラグビーマガジン』2007年12月）

健闘光るティア2

――だが日程問題の出口は見えず

勝敗の行方を気にせずに観戦できる開幕戦はいつ以来だろう？　初めてかも……そんな思いが頭をよぎった。1991年、イングランドが最強の敵・前回覇者オールブラックスを開幕の相手に迎えて以来、オープニングゲームはW杯という祝祭の始まりを告げる、スリリングで特別な時間だった。

95年はW杯の舞台に初めて立つ南アフリカが前回覇者ワラビーズを迎えた。99年ウェールズと03年オーストラリアはプール最強の敵（と目された）アルゼンチンを迎えて勝ち、07年のフランスはそのアルゼンチンに名をなさしめた。

もしかしたら、それに怯んだのかもしれない。2011年のホスト国NZは、開幕戦の相手に02年のテストマッチで102対0、03年W杯では91対7で一蹴したトンガを選んだ。まるで70対6とイタリアを蹴散らして世界の頂点へと駆け上がった1987年の開幕戦の再現を願うように。

RWC2011第7回 NZ大会

	日付	対戦カード(スコア)			場所
POOL A	9/9	NZ	41−0	トンガ	オークランド
	9/10	フランス	47−21	日本	ノースハーバー
	9/14	トンガ	20−25	カナダ	ファンガレイ
	9/16	NZ	83−7	日本	ハミルトン
	9/18	フランス	46−19	カナダ	ネイピア
	9/21	トンガ	31−18	日本	ファンガレイ
	9/24	NZ	37−17	フランス	オークランド
	9/27	日本	23△23	カナダ	ネイピア
	10/1	フランス	14−19	トンガ	ウエリントン
	10/2	NZ	79−15	カナダ	ウエリントン
POOL B	9/10	スコットランド	34−24	ルーマニア	インバーカーゴ
	9/10	イングランド	13−9	アルゼンチン	ダニーデン
	9/14	スコットランド	15−6	グルジア	インバーカーゴ
	9/17	アルゼンチン	43−8	ルーマニア	インバーカーゴ
	9/18	イングランド	41−10	グルジア	ダニーデン
	9/24	イングランド	67−3	ルーマニア	ダニーデン
	9/25	アルゼンチン	13−12	スコットランド	ウエリントン
	9/28	グルジア	25−9	ルーマニア	パーマストンノース
	10/1	イングランド	16−12	スコットランド	オークランド
	10/2	アルゼンチン	25−7	グルジア	パーマストンノース
POOL C	9/11	オーストラリア	32−6	イタリア	ノースハーバー
	9/11	アイルランド	22−10	アメリカ	ニュープリマス
	9/15	アメリカ	13−6	ロシア	ニュープリマス
	9/17	オーストラリア	6−15	アイルランド	オークランド
	9/20	イタリア	53−17	ロシア	ネルソン
	9/23	オーストラリア	67−5	アメリカ	ウエリントン
	9/25	アイルランド	62−12	ロシア	ロトルア
	9/27	イタリア	27−10	アメリカ	ネルソン
	10/1	オーストラリア	68−22	ロシア	ネルソン
	10/2	アイルランド	36−6	イタリア	ダニーデン
POOL D	9/10	フィジー	49−25	ナミビア	ロトルア
	9/11	南アフリカ	17−16	ウェールズ	ウエリントン
	9/14	サモア	49−12	ナミビア	ロトルア
	9/17	南アフリカ	49−3	フィジー	ウエリントン
	9/18	ウェールズ	17−10	サモア	ハミルトン
	9/22	南アフリカ	87−0	ナミビア	ノースハーバー
	9/25	フィジー	7−27	サモア	オークランド
	9/26	ウェールズ	81−7	ナミビア	ニュープリマス
	9/30	南アフリカ	13−5	サモア	ノースハーバー
	10/2	ウェールズ	66−0	フィジー	ハミルトン
準々決勝	10/8	アイルランド	10−22	ウェールズ	ウエリントン
	10/8	イングランド	12−19	フランス	オークランド
	10/9	南アフリカ	9−11	オーストラリア	ウエリントン
	10/9	NZ	33−10	アルゼンチン	オークランド
準決	10/15	フランス	9−8	ウェールズ	オークランド
	10/16	NZ	20−6	オーストラリア	オークランド
3決	10/21	オーストラリア	21−18	ウェールズ	オークランド
決勝	10/23	NZ	8−7	フランス	オークランド

絶対に負けない相手（それなら日本を指名してくれてもよかった気がするのだが）との開幕戦。しかし、生贄に選ばれたトンガはすさまじい抵抗をみせた。前半は、29対3とリードされたが、後半は迷いのない突進と激しいタックルで、ブレイクダウンの様相を一変させた。後半20分過ぎからはオールブラックスをゴール前に釘付けにしてスクラム、スクラム、相手コラプシングでPKを得てもまたスクラムを選択し、サイドアタックからピックゴーの連続。まるで自国の存在証明を懸けたような肉弾勝負は71分、交代出場のPRアリソナ・タウマロロのトライに結実した。トンガのフィナウ・マカ主将は言った。

「前半は我々のミスから上手くトライをされたけれど、後半はオールブラックスを相手に反撃できた。NZだけでなく、豪州や日本、アメリカ……世界中のトンガ人コミュニティで、みんなが僕らを応援してくれている。それに応えることができたと思う」

小国の抵抗は続いた。そして日本が牙を剥いた

小国の抵抗は翌日も続いた。

大会2日目。敗者復活最終予選で出場20カ国最後の1枠に滑り込んだルーマニアが、NZ最南端の町インバーカーギルでスコットランドを追い詰めた。残り10分で24対21と3点リード。最後は相手WTBダニエリに連続トライを奪われ金星こそ逃したが、24対34の堂々たる戦い。

さらにナミビア。W杯は4大会連続出場ながらいまだ未勝利、03年大会では豪州に142点を奪われたアフリカの小国だが、今回のパフォーマンスは一味違った。前回8強のフィジーを相手にSOクッツァのPGで先制。5分にフィジーが逆転すると、クッツァが今度は10分、12分、14分と、分刻みでDG3連発。15対32で折り返した後半は一転、トライの取り合いになったが、ラグビーでは世界に冠たる魔術師軍団・フィジーを向こうに回して果敢にチャレンジ。2つのトライを奪い、最後は25対49と開いたものの、残り6分まで14点差で食らいついた。

そして日本が、前回4強のフランスに牙を剥いた。11対25で迎えた後半、自陣インゴールにボールを持ち込まれながら、グラウンディングする相手の下に身体をねじ込み、トライを阻止するタックルを2度。後半16分にはSOアレジが2本目のトライを決め、シャンパン軍団に4点差まで肉薄。最後は21対47まで突き放されたが、日本の勇敢な戦いぶりに、ノースハーバースタジアムには「ジャパン！　ジャパン！」の声が響きわたった。

翌日のNZ紙『サンデー・スター・タイムズ』は「小国が輝いた日」と見出しを掲げ、日本とナミビア、ルーマニアの奮戦ぶりを紹介した。ラグビーW杯は1カ月半にも及ぶ長大な大会だ。優勝候補の強国、伝統国たちは、どうしてもトーナメント全体を見ながら戦ってしまう。そこに生じた僅かな間隙に、己の存在証明をかけ、一戦必勝の思いで弱小国が挑むことで、名勝負が生まれるのだ。

劣る側が、勇猛果敢な戦いで強者を苦しめる構図は、翌日以降も続いた。主力の引退と故障が重なり、今大会では苦戦を予想されたアルゼンチンが、優勝候補のイングランドに対し、後半26分までリードを奪い続けた。アメリカはアイルランドに対し、ハーフタイム直前まで0対3の激戦を演じた。ウェールズは前回覇者の南アフリカを低いタックルで苦しめ、最終スコアは16対17。ゴールポストのほぼ真上を通過したPGの判定次第で勝負が入れ替わる激戦だった。

しかし2週目から、W杯には違う要素が入り始める。1組5カ国でプール戦を行うため、どうしても日程に不均衡が生じる。すでに初戦を戦ったチームが中3～4日で、これが初戦の相手と戦う第2週のミッドウィーク・シリーズ。さらに、そこで初戦を戦った国は、そのウィークエンドには、こちらも中3～4日で、今度は休養十分の上位国との戦いを強いられるのだ。

今大会で、本来は伝統国の側にありながら、弱小国並のハードな日程を科されたのがスコットランドだ。前回大会ではオールブラックス戦を2軍で戦い、休養十分で挑んだイタリア戦に競り勝ち、しぶとく8強に進んだが、今大会では、前回大会ではなく『W杯3年前（2008年12月）時点の世界ランキングに基づいてシード順位を決める』というIRBの新たな方針で第2シードからはじき出されたのだ。

開幕戦でルーマニアに辛くも逆転勝ちしたあと、中3日の強行軍で、頑健なる欧州予選

1位通過国グルジアと対決したスコットランドは、SOパークスの4PG1DGという足技だけで、双方ノートライの白熱戦を15対6で制圧。イングランド出身で初めてスコットランド代表の指揮官となったアンディ・ロビンソン監督は試合後「我々に、なりふり構っている余裕はない。必要なのは『みっともない勝利』なのだ」と、ノートライで競り勝った自軍の戦いを称讃。相手が下位国でも、見下ろす気持ちはまったくなかったことを明かした。

カナダのリオダン主将は言った。「中3日は無理なんて、一体誰が言ったんだ？」

近年のW杯では「ティア1」「ティア2」という言葉が幅を利かせている。これは03年W杯の決勝を控え、シド・ミラーIRB会長（当時）が発した言葉で、同会長は「シックスネーションズの6カ国とトライネーションズの3カ国、そしてアルゼンチン」と定義。以後、この定義を変更したというアナウンスはなされていない。その前回、99年大会で8強入りしながら、プール戦4試合を僅か17日間に詰め込まれる不利な日程（しかも中3日の試合が2回。同組のアイルランドは同22日間、豪州は23日間あった）を科されたアルゼンチンのピチョット主将による強硬な抗議が、その後の国際交流日程において、アルゼンチンをIRBオリジナルメンバー8カ国と同等に遇するという譲歩を勝ち取ったわけだ

（スコットランドはそのあおりを食った形だが）、その結果、ラグビーの国際試合は同格ティア同士での戦いの整備が進む一方、上下ティア間の交流、下から見ればチャレンジの門は著しく狭まってしまった。

だからこそ、ティア2の国々は燃えた。

初戦のトンガ戦から中3日でフランスに挑み、激しいタックルの反復、迷いなくブレイクダウンに突き刺さり、足をかき、シャンパン軍団と後半24分まで6点差の戦いを演じたカナダのリオダン主将は言った。

「中3日で試合をするのは無理だなんて、一体誰が言ってるんだ？」

その一方で、中6日のウェールズと中3日での対戦を強いられ、10対17で敗れたサモアのCTBエリオタ・サポル（グロスター）が「この日程は奴隷制度やアパルトヘイトのようだ」とツイッターで非難し、物議を醸した。今大会ではグルジア、ナミビア、アメリカの3カ国には中3日の試合が3度も組まれ、サモアよりも過酷な日程となっている。

リオダンの潔さに惹かれる一方で、ラグビーのプロ化とW杯の巨大イベント化に伴い、W杯の結果は各国の強化予算、選手の移籍市場の材料にもなっている現状を思うと、サポルの苛立ちにも共感する。

5カ国でプール戦を行う難しさ。出場国数、大会期間の問題。03年大会から揉め続けている日程問題の出口は、まだ見えない。

（初出『ラグビーマガジン』2011年11月）

過去の失敗に学び過酷なチーム運営に
――オールブラックス勝利の秘訣――

ラグビー王国の名をほしいままにしながら、87年の第1回大会以降は頂点から見放され続けたオールブラックス。王座奪回へは、長い苦難の道のりがあった。

ラグビーを国技とするNZでは、オールブラックスが負けると国中が沈み、景気まで悪くなるといわれる。代表のスタッフはすべて一新され、次のW杯でも同じ失敗が繰り返されてきた。99年準決勝のフランス戦、2003年準決勝のオーストラリア戦、そして07年準々決勝のフランス戦。いずれも圧勝続きの1次リーグで慢心に陥り、決勝トーナメントで厳しい状況に遭うとあっさりと敗れた。

前回、初めて4強にすら進めないという史上最低の成績に終わったNZは、自国開催の次回W杯に向け、〝戦犯〟グレハム・ヘンリー監督（65）以下の指導陣を続投させた。同監督は、前回W杯で選手のローテーション制をとり、大会前に休養を与えたことなどを見直し、今回は主力選手をコンスタントに起用。W杯直前からは、14週で12テストマッチを戦うというW杯出場20カ国で最も過酷な日程を組んだ。負傷者も続出したが、緊張感のあるチーム運営は、FBダグやSOクルーデンら、若手に飛躍的な成長をもたらし、決勝では追加招集された〝4人目のSO〟ドナルドが決勝PGを決めてみせた。不測の事態にも動じずに対応するたくましさは、過去のオールブラックスには見られなかったものだ。ラグビー王国に24年ぶりの歓喜をもたらしたのは、過去の失敗と向き合う真摯《しんし》な姿勢だった。

堅固な組織防御VS華麗な個人技 ——大会を振り返って——

ワールドカップ（W杯）の決勝が両チーム1桁得点、1点差で決着したのは史上初。得点王（南アフリカSOスタインの62点）は史上最少と、全面的に防御面が攻撃面を上回った大会だった。

特に、防御のキーマンとなるフランカーに好選手が集まった。決勝を戦ったニュージーランド（NZ）のマコウ、フランスのデュソトワール、ウェールズ躍進を支えた23歳のウォーバートンと、4強のうち3カ国の主将がこのポジションに集中。オーストラリアのポーコックもタックルと球際の強さが光った。日本のリーチも国際級の強さとスピードをみせた。

発達した組織防御を打開するのは高度な個人技だ。3位決定戦でウェールズのWTBシェーン・ウィリアムズがドリブルで決めたトライは芸術品。トライ王に輝いたフランスのWTBクレール、神業プレースキックを見せたオーストラリアのWTBオコナー、稲妻ステップのゴンザレス（アルゼンチン）も強いインパクトを残した。日本のWTB小野沢も攻守とも世界トップに匹敵する働きだった。

SOでは、NZのカーターが1次リーグのフランス戦で世界最高水準のゲームメークを披露。ウェールズ躍進をリードしたプリストエンド、得点王になった南アフリカのスティンら魅力的な選手が多かったが、創造的なプレーでフランスを決勝に導いたパラの輝きは圧巻だった。

（『東京中日スポーツ』2011年10月）

これぞ死闘！　NZが連覇に王手
準決勝・NZ－南ア

死闘という言葉は、こういう試合のためにある。

そして、ライバルという言葉も。

互いを認めあい、何度も何度も対戦を重ね合ったライバルが、ワールドカップの準決勝という舞台で戦った。

準々決勝までの戦いを見れば、ニュージーランドの優位は圧倒的に見えた。

現在のパフォーマンス、チームの成熟度、怪我人の多さ少なさ……

すべて勝負に影響するファクターなのに、ライバル同士の対決では、その意味がいつの間にか小さくなる。

立ち上がり、攻撃力を見せつけたのはオールブラックスだった。

南アがPGで3点を先行した後の5分、相手ノータッチを捕ったカウンターからフェイ

RWC2015第8回 イングランド大会

	日付	対戦カード(スコア)			場所
POOL A	9/18	イングランド	35−11	フィジー	トゥイッケナム
	9/20	ウェールズ	54−9	ウルグアイ	カーディフ
	9/23	オーストラリア	28−13	フィジー	カーディフ
	9/26	イングランド	25−28	ウェールズ	トゥイッケナム
	9/27	オーストラリア	65−3	ウルグアイ	バーミンガム
	10/1	ウェールズ	23−13	フィジー	カーディフ
	10/3	イングランド	13−33	オーストラリア	トゥイッケナム
	10/6	フィジー	47−15	ウルグアイ	ミルトンキーンズ
	10/10	オーストラリア	15−6	ウェールズ	トゥイッケナム
	10/10	イングランド	60−3	ウルグアイ	マンチェスター
POOL B	9/19	南アフリカ	32−34	日本	ブライトン
	9/20	サモア	25−16	アメリカ	ブライトン
	9/23	スコットランド	45−10	日本	グロスター
	9/26	南アフリカ	46−6	サモア	バーミンガム
	9/27	スコットランド	39−16	アメリカ	リーズ
	10/3	サモア	5−26	日本	ミルトンキーンズ
	10/3	南アフリカ	34−16	スコットランド	ニューカッスル
	10/7	南アフリカ	64−0	アメリカ	ロンドンオリンピックS
	10/10	スコットランド	36−33	サモア	ニューカッスル
	10/11	日本	28−18	アメリカ	グロスター
POOL C	9/19	トンガ	10−17	ジョージア	グロスター
	9/20	NZ	26−16	アルゼンチン	ウェンブリー
	9/24	NZ	58−14	ナミビア	ロンドンオリンピックS
	9/25	アルゼンチン	54−9	ジョージア	グロスター
	9/29	トンガ	35−21	ナミビア	エクセター
	10/2	NZ	43−10	ジョージア	カーディフ
	10/4	アルゼンチン	45−16	トンガ	レスター
	10/7	ジョージア	17−16	ナミビア	エクセター
	10/9	NZ	47−9	トンガ	ニューカッスル
	10/11	アルゼンチン	64−19	ナミビア	レスター
POOL D	9/19	アイルランド	50−7	カナダ	カーディフ
	9/19	フランス	32−10	イタリア	トゥイッケナム
	9/23	フランス	38−11	ルーマニア	ロンドンオリンピックS
	9/26	イタリア	23−18	カナダ	リーズ
	9/27	アイルランド	44−10	ルーマニア	ウェンブリー
	10/1	フランス	41−18	カナダ	ミルトンキーンズ
	10/4	アイルランド	16−9	イタリア	ロンドンオリンピックS
	10/6	カナダ	15−17	ルーマニア	レスター
	10/11	イタリア	32−22	ルーマニア	エクセター
	10/11	フランス	9−24	アイルランド	カーディフ
準々決勝	10/17	南アフリカ	23−19	ウェールズ	トゥイッケナム
	10/17	NZ	62−13	フランス	カーディフ
	10/18	アイルランド	20−43	アルゼンチン	カーディフ
	10/18	オーストラリア	35−34	スコットランド	トゥイッケナム
準決	10/24	NZ	20−18	南アフリカ	トゥイッケナム
	10/25	オーストラリア	29−15	アルゼンチン	トゥイッケナム
3決	10/30	南アフリカ	24−13	アルゼンチン	ロンドンオリンピックS
決勝	10/31	NZ	34−17	オーストラリア	トゥイッケナム

ズを重ね、ＦＬマコウ主将のパスを受けたＦＬカイノが右隅タッチラインをかいくぐってトライ。右隅のコンバージョンをＳＯカーターが外すが、このとき南アＷＴＢハバナのプレッシャーが早すぎたと言うことで、ノープレッシャーアゲインに。この再キックをカーターが成功する。この2点が最終的に効くことになる……。

冷静なＮＺのアタック、武骨な南アのディフェンスの応酬

ともかく、ＮＺが7対3と逆転したところから、この試合は実質的に始まった。

ＮＺはボールを持ってから相手をしっかり見て前に出るので、少ないパス、ハーフスピードでもしっかりゲインを重ねる。南アは、身上の武骨で頑健なハードワークの連続でブレイクダウンに圧力をかけ、ＮＺのミスを誘う。ＮＺのアタックのプレッシャーと、南アのディフェンスのプレッシャーの応酬は見応えがあった。

準々決勝ではＮＺがフランス相手に圧勝して、南アはウェールズに辛勝だったから、ＮＺの優勢を予想する声が多かったが、やはりライバルの対決はそんなものではないのだ。南アはスクラムとブレイクダウンでＮＺのリズムを奪う。しかしラインアウトではＮＺが何度も相手ボールを奪い返し、南アにトライを許さない。前半39分、ＮＺはＦＬカイノがオフサイドの位置で相手に出たボールを蹴ってイエローカード。このＰＫで南アがＰＧを決め、12対7とリードしたが、互角の展開だった。

そして後半、試合開始から降り出した雨が次第に強くなる中、じわじわとNZが引き離す。

NZは1人足りない時間をしのぎ、46分にカーターのDGで12対10。続いて51分、南アのゴール前で相手ボールをターンオーバーしたNZがゴール前で5つのラックを連取し、最後は左展開したボールをCTBノヌーがギリギリまで我慢して左に余らせた交代出場WTBバレットがトライ。さらに、この直前の場面でプロフェッショナルファウルを犯したハバナがイエローカードを出される。

しかし、南アは1人少なくなりながら、7人のスクラムが8人のNZを押し返す。ブレイクダウンでNZの圧力を跳ね返す。NZが17対12とリードしたあと、互いにPGを決め合い20対15。

そして68分、南アは交代で入ったSOランビーが38mDGを決め20対18の2点差に迫る。

そこからラスト10分余りの戦いが、この試合のハイライトだった。

70分、南ア陣10m線付近のNZのノックオンから南アはSOランビーがNZ陣深くへキック。WTBJPピーターセンが追うが、NZは素早く戻ったSOカーターが自陣ゴール前でタッチへクリア。しかし、さして足が速く見えないカーターのこの戻りの速さは何なのだ！

そして、南アがこの日初めて得たＮＺ陣22ｍ線を超えて得たセットプレーのラインアウト、南アが捕って押そうとした瞬間、ＮＺのＦＷが一斉に押し返し、次のラックをターンオーバーするのだ！

さらに77分、南ア陣10ｍ線付近のラインアウトからボールを持ったＷＴＢサヴェアが南アの集中タックルに阻まれた瞬間、ＦＷが全員集まってバインドして押し込み、22ｍ線付近まで前進してマイボールスクラムを獲得。

しかし南アも負けてはいない。ここからＮＺはカーターにＤＧを蹴らせようとＦＷが次々に前進を図るが、南アは一斉にプレッシャーをかけ、カーターの自由を奪う。カーターは横に流れてＣＴＢソニービルウィリアムズに託す。ＳＢＷは頑健に前進するが、南アゴール前10ｍでノックオン。

このとき時計は79分11秒。

「どちらかが敗退するのは本当に残念だ」

そして始まった南アのアタック。しかしＮＺは耐えきった。９フェイズに及ぶアタックを横一線のタックルで耐えきり、ＬＯマットフィールドがノックオン。レフリーの手が上がった瞬間、オールブラックスの選手たちは一斉に両腕を突き上げた。

20対18。
死闘を繰り広げてきたライバル同士は、紙一重のタイムアップのあと、互いに何も迷うことなく歩み寄り、互いをたたえ合った。

最終スコアは20対18。

試合後のオールブラックス、ハンセン監督の言葉がすべてを表していた。
「まず南アフリカをたたえたい。このような試合をし、どちらかが敗退しなくてはならないのは非常に残念だ。どっちが勝ってもおかしくないゲーム。来週末に進めてホッとしている」
NZはW杯史上初の連覇に王手。南アは3位決定戦に進む。

（初出：『RUGBY JAPAN365』2015年10月）

NZ連覇 史上最強の領域へ
決勝・NZ―豪州

ひとつのプレーが途切れるたびに「ふう」と深く息を吐いてしまう。ひとつのスクラム、ひとつのキック、どの瞬間に勝負の分かれ目が潜んでいるか分からない。だから目が離せない。見る者ですら、そこまでの集中を強いられる。それがラグビーワールドカップ（W杯）のファイナル。ピッチからは、スタジアム中の空気を押し潰してしまうような圧力が発散されている。芝の上に立つ30人が、何の言い訳もなく、相手の突進の前に体を投げ出し、ボールを奪い合い、相手の腕の隙間に体をねじ込む。

2015年10月31日、ロンドン郊外トゥイッケナム競技場で行われた第8回ラグビーW杯決勝は、かくも上質な、世界の頂点を争うに相応しい80分間だった。

前評判は圧倒的にニュージーランド（NZ）だった。前回大会後の4年間のテストマッチ成績は40勝3敗1分。世界ランク1位を守り続けている。とはいえ、対するオーストラリアも油断ならない。今年7月の南半球4カ国対抗「ザ・ラグビーチャンピオンシップ」

では27対19でオールブラックスを破っている。W杯での対戦成績はオーストラリアの2勝1敗。過去2度開かれた英国開催のW杯では、2度ともオーストラリアが優勝を飾っているのだ。

決勝戦。準決勝とまったく同じメンバーを並べたNZに対し、オーストラリアのマイケル・チェイカ監督は左PRに、若手ながらスクラムの強いスコット・シオを抜擢した。試合が始まると、NZが3点を先行したあとの14分、そのシオがスクラムで組み勝って得たPKからオーストラリアSOフォーリーがPGを決める。日本代表を率いたエディー・ジョーンズにも通じると評される智将の策略が早くも効果を発揮。前半30分まで、試合は静かに進んだ。

ハーフタイム直前、試合は一気に様相を変えた

だが、ハーフタイム直前から、試合は一気に様相を変えた。38分、ハーフウェーのラインアウトからNZはHOコールズの突破でオーストラリアゴール前に攻め込み、9次攻撃まで継続すると、CTBコンラッド・スミスの目の前にぽっかりとスペースが。だが93キャップのベテランは、目の前の御馳走にがっつかない。穴を埋めようと相手ディフェンスが殺到するのを読み切って内側のSHアーロン・スミスへパス。慌ててそちらに意識を向けたオーストラリアディフェンスをあざ笑うように外に送られたボールは、FLリッチー・

マコウ主将からWTBミルナー・スカッダーへ絶妙のラストパスとなって送られた。相手防御をズタズタに切り裂いた、完璧な技ありトライ。

さらにハーフタイムをはさみ、後半キックオフから再び黒ジャージーが躍動する。自陣でオーストラリアボールを奪い取ると、後半から入ったばかりのCTBソニービル・ウィリアムズの鮮やかなオフロードパスからCTBマア・ノヌーが50mを独走。1分50秒を費やしてのノーホイッスルトライ。一方的になりかけた試合展開に、トゥイッケナムのスタンドの大勢を占めるイングランドのファンは、挑発気味に『スウィング・ロー……』の合唱を始める。

しかし、決勝というビッグマッチには必ず潮目が存在する。オーストラリアボールのスクラムをNZが押してボールを奪い、ミルナー・スカッダーが快走。これを奪った途中出場の豪州FBカートニー・ビールがさらに逆襲。互いにターンオーバーが連発する崩れた状況が続いたあとだった。NZのFBベン・スミスが豪州WTBドゥルー・ミッチェルにタックルした際に相手の足を持ち上げてしまい、イエローカードを課されるのだ。オーストラリアはすかさずラインアウトからNO・8デヴィッド・ポーコックがトライ。さらに10分後には、プレーが切れればスミスが戻れる時間ながら、地域獲得を焦ったNZのWTBミルナー・スカッダーのノータッチから切り返し、CTBテビタ・クリドラニがトライ。21対17の4点差まで追い上げるのだ。

だがここから、真の強さを見せたのはＮＺだった。主役は「世界最高の司令塔」と謳われ、正確なキックでテストマッチ歴代最多記録を更新し続けるダン・カーターだ。前回大会では左足付け根のケガで途中離脱、自国開催のＷ杯でカップを掲げる栄誉を逃したが、33歳で迎えた今大会はフル稼働。この日は確信犯的に激しく当たってくる相手タックラーの標的にされ、前半から何度もレイトチャージすれすれのタックルを浴びたが、そのたびに涼しい顔で立ち上がり、神業キックを反復。４点差に迫られた5分後には40ｍＤＧを蹴り込み、その5分後には50ｍのロングＰＧを成功。追い上げたはずのオーストラリアの反撃意欲を消し去り、そのまま勝負を決めてしまった。

マコウは言った。「前人未踏のことを成し遂げると決めていた——」

「4年前から、チームメートが僕を支えてくれた。このジャージーで試合に臨むのはいつも特別。仲間を誇りに思うよ」

ファイナルスコアは34対17。決勝では99年大会でオーストラリアがフランスを破った35対12の23点差、87年大会でＮＺがフランスを破った29対9の20点差に次ぐ圧勝だった。4年前は自国開催で、フランスに1点差で辛勝して摑んだ世界王座を、今回は気候も季節も真逆の異国イングランドに2カ月近く滞在して摑んだ勝利。

リッチー・マコウ主将は言った。

「4年前に優勝したときに言ったんだ。『次の旅の終着点はトゥイッケナムの決勝で、前人未踏のことを成し遂げることだ』とね。今日、この仲間と一緒に戦えたことを本当に誇りに思うよ」

スティーブ・ハンセン監督が称える。

「リッチーはオールブラックス史上最高の選手だ。FLとして148キャップなんて考えられない。そしてダン（カーター）も同じくらいに偉大だ」

4年前は、勝利への不安を、地元のサポーターが消してくれた中での優勝だった。

今回は、自ら確信を深めての優勝。

オールブラックスは、手のつけられない領域に足を踏み入れたのかもしれない。

（初出：『Number』2015年11月）

CHAPTER

4

世界ラグビーを読み解く

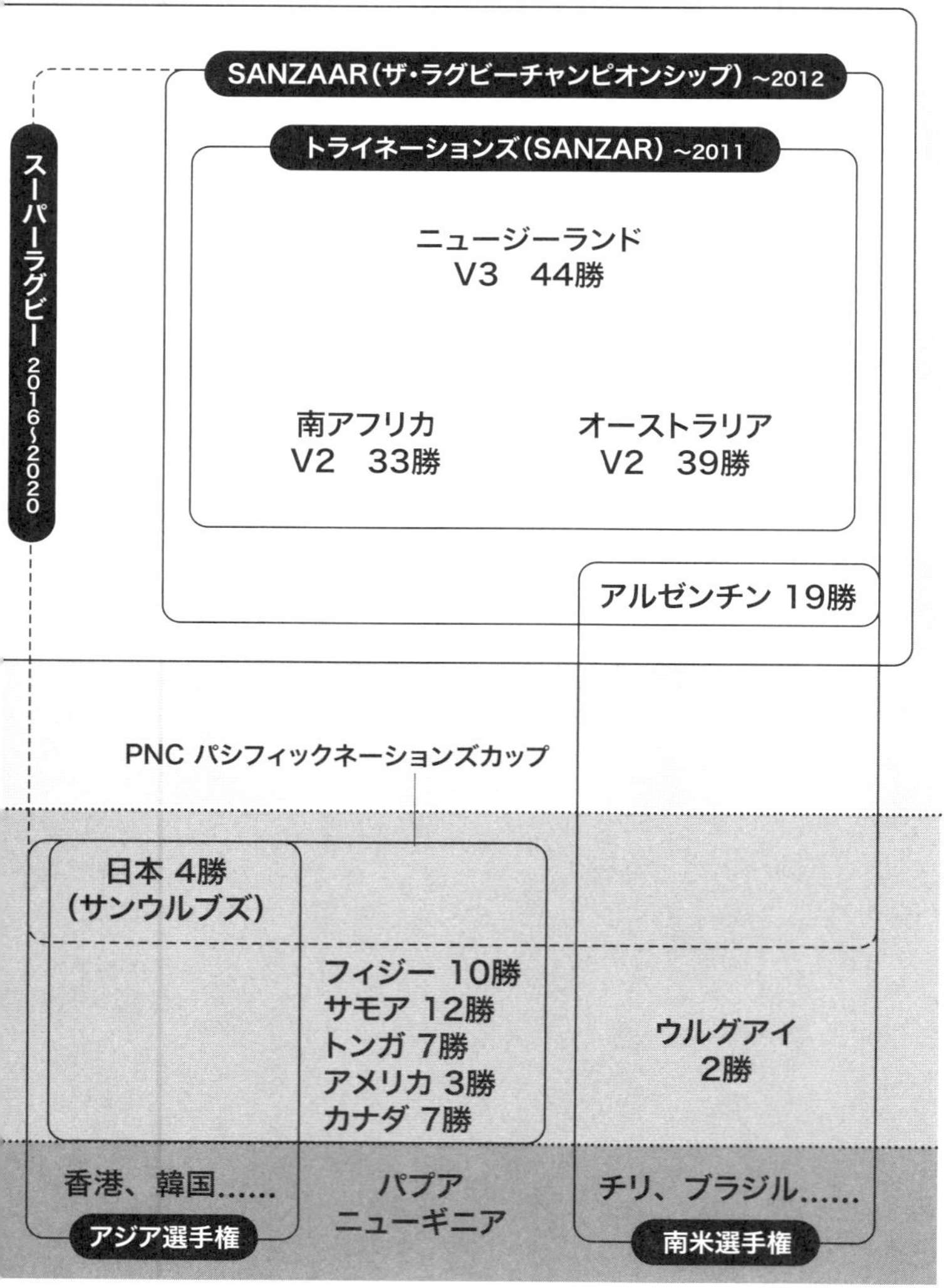
SANZAAR(ザ・ラグビーチャンピオンシップ) ~2012
トライネーションズ(SANZAR) ~2011
ニュージーランド
V3　44勝
南アフリカ
V2　33勝
オーストラリア
V2　39勝
アルゼンチン 19勝
スーパーラグビー 2016~2020
PNC パシフィックネーションズカップ
日本 4勝
(サンウルブズ)
フィジー 10勝
サモア 12勝
トンガ 7勝
アメリカ 3勝
カナダ 7勝
ウルグアイ
2勝
香港、韓国……
パプア
ニューギニア
チリ、ブラジル……
アジア選手権
南米選手権

図解 世界のラグビーはこうなっている

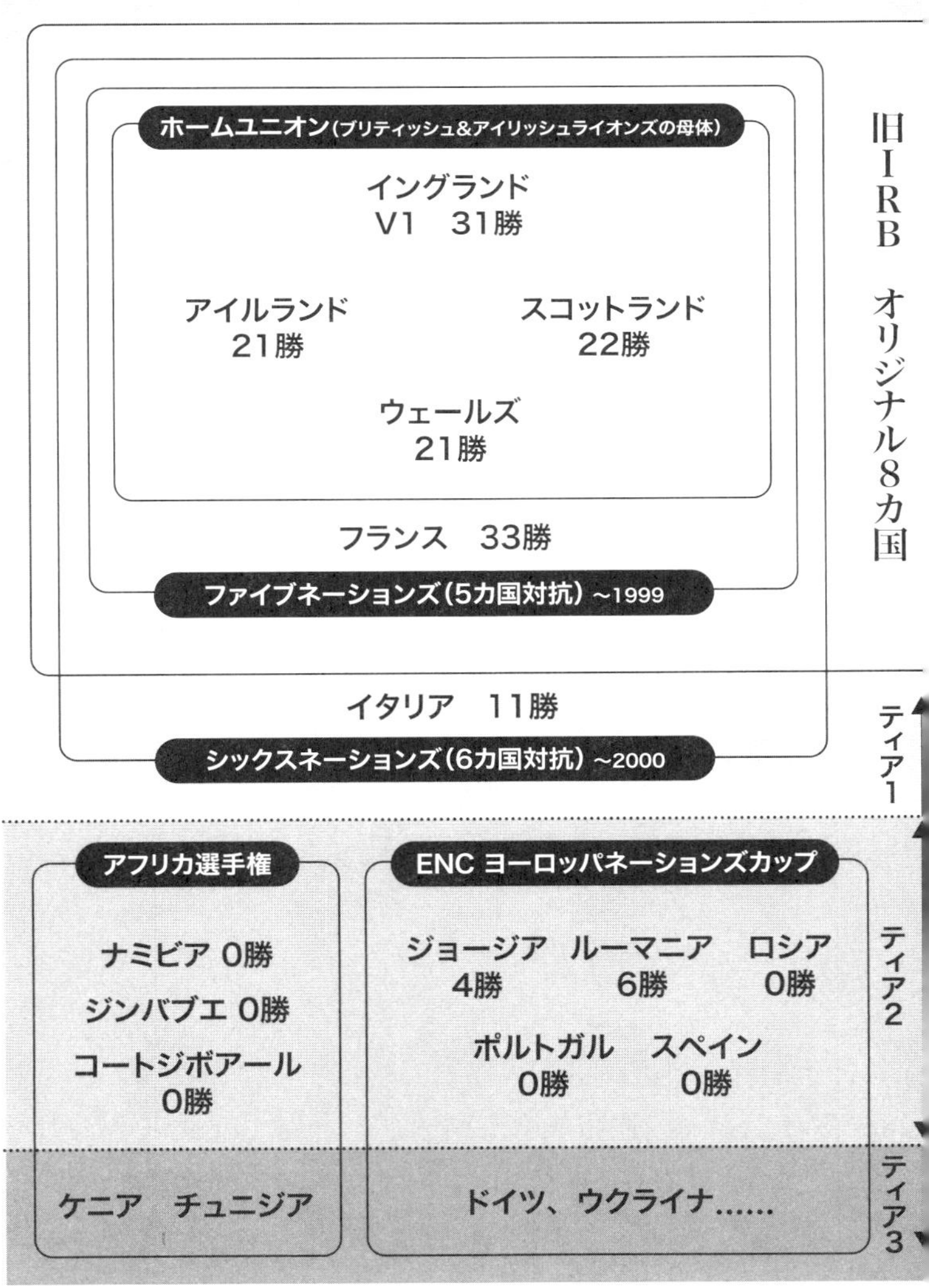

世界ラグビーはこうなっている

ラグビーワールドカップには世界の20カ国が（正確には「国と地域」が）出場する。20カ国が優勝を目指して戦うわけだが……実はラグビーは、強いところがある程度決まっている。他のスポーツもそうだろと言われそうだが、ラグビー（正確に言えば15人制ラグビー）は、実力がそのまま結果に出る、番狂わせがきわめて少ないスポーツなのだ。

実際、ラグビーワールドカップは過去8回開催されているが、優勝しているのはニュージーランドが3回、オーストラリアと南アフリカが2回、イングランドが1回と4カ国だけなのだ。2003年の第5回大会で4カ国目のイングランドが初優勝したあとは、3大会が行われたが、優勝クラブに加わった新顔はいない。付け加えると、決勝進出経験があるのもこの4カ国の他にフランスがあるだけ。第1回（NZ対フランス）、第2回（オーストラリア対イングランド）のあとは、第3回大会に初出場した南アが初の決勝に進出し、以後はずっと、この5カ国で決勝を回しているという寡占ぶり。4強まで範囲をひろげても、ウェールズ（87年、11年）、スコットランド（91年）、アルゼンチン（07年、15年）が増えるだけだ。8大会の4強、のべ32カ国は、以上の8カ国で独占されているのだ。

世界のラグビーには、北半球の6カ国対抗（シックスネーションズ）と、南半球の4カ国対抗（ザ・ラグビーチャンピオンシップ）という2つの大きな極が存在する。この2大グループに属する10カ国が「ティア1」と呼ばれる。「ティア」とは直訳すれば「階層」。世界ランキングなどの、そのときの実力で変化するものではなく、固定されたものであり、世界ラグビーのカレンダーは、この「ティア1」同士の対戦を中心に組まれている。

世界をリードする北の6カ国と南の4カ国＝ティア1

6カ国対抗は、「伝統の大会」の最たるものだ。ラグビー発祥の地・イングランドをはじめ、世界ラグビーの歴史を引っ張ってきた伝統国同士が、互いのホームスタジアムを隔年で訪問して戦う。試合会場はロンドン郊外のトゥイッケナム、パリ郊外サンドニのスタッド・フランセという8万人規模を筆頭に、すべてキャパ5万人を超える大型スタジアムで、驚きなのは毎年ほぼすべての試合、すべてのスタジアムが満員になることだ。1試合平均の観客数が6万人を超えるのは世界のスポーツイベントの中でも特筆される。

この大会の前身は、イングランド、ウェールズ、スコットランド、アイルランド、フランスによる「ファイブネーションズ（5カ国対抗）」。5カ国で対戦すれば毎回1チームが余る、というわけで、その週に空いていたチームと非公式試合で対戦を重ねていたイタリアが、2000年から正式な対戦相手として認められ、「シックスネーションズ」としてリニューアルされたわけだ。

南半球の4カ国対抗も同じ構図だ。1996年に始まったトライネーションズ（3カ国対抗）はNZ、オーストラリア、南アフリカがホーム&アウェーで対戦（ワールドカップイヤーはホームorアウェー、またシーズン同一カード3試合を行った時期もあった）する大会だったが、3チームで大会を行うと毎週1チームは空くことになる。2012年から、そこにアルゼンチンが加わる形で大会は4カ国対抗にリニューアル。大会名も「クアッドネーションズ（4カ国対抗）」になるかと思いきや、「ザ・ラグビーチャンピオンシップ」。「真・ラグビー選手権」と命名された。えらく大上段に来たなと感じるが、過去8度のワールドカップのうち7度の優勝、前回W杯では4強をこの大会参加勢で独占したのだから、看板に偽りなしというべきか。

実はこの「ティア1」よりも敷居が高いグループがある。「ファウンデーションユニオン」「ビッグエイト」などと呼ばれたIRBオリジナルメンバーの理事国8カ国だ。顔ぶれはイングランド、アイルランド、ウェールズ、スコットランド、フランス、そして南半球のニュージーランド、南アフリカ、オーストラリア。つまりティア1からアルゼンチンとイタリアを除いた8カ国だ（そもそも「テストマッチ」とはこの8カ国の間で行われるものを指していたのだ）。

「ティア2」も上位国の実力はティア1勢に匹敵

日本は、その下の「ティア2」つまり第2階層に位置づけられる。とはいえ、「ティア2」のすべてが実力的に「ティア1」に劣るかといえば、そんなことはない。そもそも、ティア1のイタリアはワールドカップ8強入り経験がなく、8強入り経験のあるフィジーやサモアはティア2に位置づけられている。世界ランキングでもイタリアは12～14位あたりをうろうろしており、フィジーや日本よりも下だ。もっとも、イタリアの世界ランクが低いのは、上位のティア1勢との対戦が多く、どうしても負けが多いという事情もある。世界ランキングは彼らの実力を反映していないという指摘もある。実際、イタリアは2016年には初めて南アフリカを破る金星もあげている。弱くはない。

ワールドラグビーは、ティア2勢にはティア2勢同士の大会を設定している。日本とフィジー、サモア、トンガの南太平洋3カ国（アイランダー諸国とも呼ばれる）はパシフィックネーションズカップ（PNC）というリーグ戦を組んでいる。

パシフィックネーションズは2006年「パシフィックファイブネーションズ」という大会名で発足。当初はNZから準代表のジュニアオールブラックスが参加していた。翌2007年はオーストラリアA（準代表）が加わって6カ国となり、大会名も現在の「パシフィックネーションズカップ」に変更。その後オーストラリア、NZの準代表勢が抜け、2010年からは日本と太平洋3カ国の総当たり戦方式が定着した。2013年から15年まではアメリカ、カナダも加わり、大会方式を微修正しながら実施。2016年以降は日本の日程過密化などもありフィジー、サモア、トンガの3カ国対抗戦に縮小していたが、ワールドカップイヤーの2019年は4年ぶりに日本と北米勢を加えて実施される。

大陸別の大会は他にも、ヨーロッパではジョージア、ルーマニア、ロシアなどがヨーロッパ・ネーションズカップ（ENC）、アフリカではアフリカ選手権、南米では南米選手権が行われるが、ティア1は、これら地域大会には正式な代表、フルメンバーの代表は送らず、南アフリカなら「エマージングボクス」（成長中のボクス　注＝ボクスとは南アフリカ代表の愛称スプリングボクスの略）など別の名前をつけたチームで活動、あるいは名前は正代表のままでも実質的には2軍、あるいは若手の編成で臨む。

日本も、前回のワールドカップで世界に注目され、世界のトップ国が続々来日するようになった2016年以降は、それまでトップ選手が出場していたアジア選手権に主力を送らなくなった。そこにはスーパーラグビーにサンウルブズで参戦したという事情もある。2018年から日本代表はアジア選手権に出場していない。

これらの地域大会には「ティア3」の国も参加する。これは過去一度もワールドカップ出場を果たしていないグループだ。アジアでは香港、韓国、フィリピン、スリランカなど。

アフリカではケニア、ウガンダ、チュニジアなど、南米ではチリ、ブラジルなどがこのグループに入るが、このグループは実力も、それに伴う世界ランキングも変動が激しく、ここにはティア1のような明確な定義はなさそうだ。なおワールドラグビーでは、オリンピック種目採用を目指した2000年代初頭の時期から、ラグビー競技の世界での存在意義をアピールするためにも加盟国の増加、ラグビーの盛んでなかった地域や国への普及に注力している。ワールドカップで生じる放映権料やスポンサー料などの利益は、これらの国の普及のためにも使われている。

また、ワールドラグビーの主導で、大陸の枠を超えた大会が組まれることもある。2013年に南アフリカで開かれた「クアッドランダー・トーナメント」には南アフリカ、スコットランド、スペインとサモアが参加。2014年にジョージアで開かれた「トビリシカップ」にはジョージアとスペインの他、アルゼンチンとイタリアの若手チーム「ジャガーズ」「エマージングイタリー」が参加した。

4年に一度結成される「ライオンズ」と対戦するチャンスは12年に一度!

そして、忘れちゃいけない世界ラグビーのビッグイベントが「ライオンズツアー」だ。これは「ホームユニオン」と呼ばれるイングランド・ウェールズ・スコットランド・アイルランドの4カ国連合軍で、4年に一度、ワールドカップの中間年に南半球へ遠征する。

2013年にはオーストラリア、2017年にはニュージーランドに遠征しており、次回は2021年に南アフリカに遠征する。

世界のラグビーは昔から、1カ月以上にわたる長期のツアーを行い、地域代表やクラブチームと試合を重ねながらチームを作り、地元と交流し、徐々にチームを仕上げていってツアー終盤にナショナルチーム同士のテストマッチを行っていた。近年はテストマッチのみの短期ツアーが世界的に増えているが、ライオンズツアーは例外的に長期ツアーの伝統を守っている。北半球のオールスターチームがワールドカップ優勝常連の南半球の強国と戦うことはファンの興味をかきたて、北半球から南半球へと大量のサポーターが随行するのが恒例だ。2017年のNZツアーでは、ワールドカップ2連覇の常勝軍団に対しライオンズは1勝1敗1分けと互角の戦いを演じた（なおこのチームは1997年のツアーまでは「ブリティッシュ・ライオンズ」と呼ばれていた。「ブリテン諸島」という表現はアイルランド島を含むという見解もあり、その立場でいえば間違いではないが、2001年のツアーからは「含まない」という見解を取り「ブリティッシュ&アイリッシュライオンズ」と名乗るようになった）

南半球の選手にとっても、相手はホームユニオン4カ国のオールスター、しかも自国にライオンズがやってくるのは12年に一度というドリームマッチ。ラグビーの世界ではきわめてステータスの高い試合なのだ。

テストマッチ世界記録各部門10傑 (2019年3月31日現在)

●テストマッチ出場ランキング

順位	氏名	国	試合数	出場期間	ポジション
1	リッチー・マコウ	NZ	148	2001-2015	FL
2	ブライアン・オドリスコル	IRE/Lions	141	1999-2014	CTB
3	ジョージ・グレーガン	AUS	139	1994-2007	SH
4	セルジオ・パリッセ	ITA	138	2002-2019	No8
5	ゲツィン・ジェンキンス	WAL/Lions	134	2002-2006	PR
5	アーウィン・ジョーンズ	WAL/Lions	134	2006-2019	LO
7	ケヴィン・メアラム	NZ	132	2002-2015	HO
8	ローナン・オガーラ	IRE/Lions	130	2000-2013	SO
9	スティーブン・ムーア	AUS	129	2005-2017	HO
10	ヴィクター・マットフィールド	SA	127	2001-2015	LO

●テストマッチ通算トライ世界ランキング

順位	氏名	国	トライ	出場期間	試合数
1	大畑大介	日本	69	1996-2006	58
2	B.ハバナ	SA	67	2004-2016	124
3	D.キャンピージ	AUS	64	1982-1996	101
4	S.ウィリアムス	WAL/Lions	60	2000-2011	91
5	小野澤宏時	日本	55	2001-2013	81
6	R.アンダーウッド	ENG/Lions	50	1984-1996	91
7	D.ハウレット	NZ	49	2000-2007	62
8	B.オドリスコル	IRE/Lions	47	1999-2014	140
9	C.カレン	NZ	46	1996-2002	58
	J.ロコゾコ	NZ	46	2003-2010	68
	J.サヴェア	NZ	46	2012-2017	54

●テストマッチ通算得点世界ランキング

順位	氏名	国	得点	出場期間	試合数	T	C	PG	DG
1	D.カーター	NZ	1598	2003-2015	112	29	293	281	8
2	J.ウィルキンソン	ENG/Lions	1246	1998-2011	97	7	169	255	36
3	N.ジェンキンス	WAL/Lions	1090	1991-2002	91	11	131	248	10
4	R.オガーラ	IRE/Lions	1083	2000-2013	130	16	176	202	15
5	D.ドミンゲス	ARG/ITA	1010	1989-2003	76	9	133	213	20
6	S.ジョーンズ	WAL/Lions	970	1998-2011	110	7	160	198	7
7	A.マーテンズ	NZ	967	1995-2004	70	7	169	188	10
8	F.ヴライク	ROM	922	2006-2019	118	11	164	178	4
9	M.ライナー	AUS	911	1984-1995	72	17	140	177	9
10	P.モンゴメリ	SA	893	1997-2008	102	25	153	148	6

ライが少ない」という指摘もある。だが、大畑の時代は上位国との対戦自体が極端に少なかった。IRBオリジナル8カ国との対戦に限ると大畑は8試合で5トライをあげておりトライ率は0.62。キャンピージは72試合で32トライ、トライ率は0.44だ。無論キャンピージ、ハバナ、ウィリアムズの記録にはそれぞれ価値がある。世界トップ国同士の試合で挙げられた伝説的なトライもたくさんあるが、大畑のトライには強敵を相手にワンチャンスを逃さず取りきったトライも数多い。正真正銘の世界記録だ。

●通算得点

テストマッチ通算得点の歴代ナンバーワンは、2018年のトップリーグで神戸製鋼を復活優勝に導いたダン・カーターだ。2003年のテストデビューから2015年ワールドカップを最後に代表を退くまで13シーズン、112試合で積み上げた得点は1598点。2003年ワールドカップでイングランドを北半球初の王座に導いたジョニー・ウィルキンソンの1246点を352点、その前の最多得点記録保持者だったウェールズのニール・ジェンキンスの1090点には500点以上引き離す断然の数字だ。

内訳を見ると、2位ウィルキンソン以下、上位10傑に入っている選手はほとんどがコンバージョンよりもPG数が多いのだが、カーターはコンバージョンの方が多い。これはそもそもオールブラックスが強く、トライ数を多くあげていることの反映といえそうだ。カーター自身、通算得点ランク10傑では最も多い29トライをあげている。トライ部門ではトップ5にNZ勢はゼロ。オールブラックスでは次々と若いフィニッシャーが現れ、若くして代表を退き欧州や日本へ流出する選手が多いが、カーターは13年という長きにわたって黒衣軍で活躍。経験を蓄積したことでオールブラックスの安定した強さに貢献し、ワールドカップ2連覇を実現させたといえそうだ。

なお現役勢で続くのはイングランドのオーエン・ファレルが816点で13位、アイルランドのジョナサン・セクストンが766点で15位、ウェールズのスティーブン。ハーフペニーが762点で16位、ロシアのユーリ・クシュナレフが758点で17位、アルゼンチンのニコラ・サンチェスが709点で21位。今回のワールドカップは通算得点・トライ記録が更新される可能性は低い。

テストマッチ世界記録について

●出場ランキング

世界ラグビーでこれまで最も多くのテストマッチに出場してきたのは前回ワールドカップでNZオールブラックスの主将を務めたリッチー・マコウだ。激しいタックルでそのまま相手ボールを奪い取る技術と運動量で、2001年に20歳で代表デビューを飾って以来、2015年ワールドカップまで15年間にわたって世界の頂点に君臨し続けた。特筆すべきはそのリーダーシップ。出場した148テストのうち111試合でキャプテンを務めた。100キャップすら大記録というのに、それをはるかに上回る数の試合で主将を務めたのだ。ワールドカップでは2007年大会から3大会連続で主将を務め、優勝カップも2度掲げた。正真正銘、世界最高のラグビープレーヤーだ。

マコウに次ぐ141テストに出場したのはアイルランドのCTBで活躍したブライアン・オドリスコル。頭文字を取って「BOD」と呼ばれたオドリスコルは、1999年に20歳で代表デビューを飾り、2014年に35歳で代表キャリアを終えるまで16シーズンにわたって活躍。スピードが要求されるバックスのCTBとしては驚異的な息の長さだった。

史上3位はオーストラリア代表SHで139キャップを獲得したジョージ・グレーガンだ。1994年のブレディスローカップ・オールブラックス戦でトライ体勢に入った相手WTBジェフ・ウィルソンを突き飛ばしてトライを阻止したタックルは「ザ・タックル」と謳われた。

現役で注目はイタリア代表の大黒柱、セルジオ・パリッセ。ウォームアップシリーズからフル出場し、ワールドカップでも決勝トーナメントに勝ち進めば、マコウの148キャップに迫る可能性もある。

●通算トライ

日本のトライゲッター、大畑大介の69トライが燦然と輝く。通算トライ69はもちろんのこと、驚異的なのはトライ率の高さだ。大畑は58試合で69トライをあげており、1試合あたりのトライ率は1.19に達する。2位のハバナが124試合で67トライ、トライ率は0.54、3位のキャンピージは101テストで67トライでトライ率0.66、4位のシェーン・ウィリアムズは91テスト60トライでキャンピージと同じ0.66。まさしく「ダントツ」だ。なお大畑のトライは韓国から11試合19トライ、香港から5試合9トライ、中華台北から2試合10トライなどアジア勢から多くのトライをあげていて「強い相手から取ったト

シックスネーションズ　順位表（1984〜）

年度	1位	2位	3位	4位	5位	6位
1984☆	スコットランド	フランス	ウェールズ	イングランド	アイルランド	
1985☆	アイルランド	フランス	ウェールズ	イングランド	スコットランド	
1986	スコットランド	フランス	イングランド	ウェールズ	アイルランド	
1987☆	フランス	スコットランド	アイルランド	ウェールズ	イングランド	
1988☆	フランス	ウェールズ	イングランド	アイルランド	スコットランド	
1989	フランス	イングランド	スコットランド	アイルランド	ウェールズ	
1990☆	スコットランド	イングランド	フランス	アイルランド	ウェールズ	
1991☆	イングランド	フランス	スコットランド	アイルランド	ウェールズ	
1992☆	イングランド	フランス	スコットランド	ウェールズ	アイルランド	
1993	フランス	スコットランド	イングランド	アイルランド	ウェールズ	
1994	ウェールズ	イングランド	フランス	アイルランド	スコットランド	
1995☆	イングランド					
1996	イングランド	スコットランド	フランス	ウェールズ	アイルランド	
1997☆	フランス	イングランド	ウェールズ	スコットランド	アイルランド	
1998☆	フランス	イングランド	ウェールズ	スコットランド	アイルランド	
1999	スコットランド	イングランド	ウェールズ	アイルランド	フランス	
2000	イングランド	フランス	アイルランド	ウェールズ	スコットランド	イタリア
2001	イングランド	アイルランド	スコットランド	ウェールズ	フランス	イタリア
2002☆	フランス	イングランド	アイルランド	スコットランド	ウェールズ	イタリア
2003☆	イングランド	アイルランド	フランス	スコットランド	イタリア	ウェールズ
2004☆	フランス	アイルランド	イングランド	ウェールズ	イタリア	スコットランド
2005☆	ウェールズ	フランス	アイルランド	イングランド	スコットランド	イタリア
2006	フランス	アイルランド	スコットランド	イングランド	ウェールズ	イタリア
2007	フランス	アイルランド	イングランド	イタリア	ウェールズ	スコットランド
2008☆	ウェールズ	イングランド	フランス	アイルランド	スコットランド	イタリア
2009☆	アイルランド	イングランド	フランス	ウェールズ	スコットランド	イタリア
2010☆	フランス	アイルランド	イングランド	ウェールズ	スコットランド	イタリア
2011	イングランド	フランス	アイルランド	ウェールズ	スコットランド	イタリア
2012☆	ウェールズ	イングランド	アイルランド	フランス	イタリア	スコットランド
2013	ウェールズ	イングランド	スコットランド	イタリア	アイルランド	フランス
2014	アイルランド	イングランド	ウェールズ	フランス	スコットランド	イタリア
2015	アイルランド	イングランド	ウェールズ	フランス	イタリア	スコットランド
2016☆	イングランド	ウェールズ	アイルランド	スコットランド	フランス	イタリア
2017	イングランド	アイルランド	フランス	スコットランド	ウェールズ	イタリア
2018☆	アイルランド	ウェールズ	スコットランド	フランス	イングランド	イタリア

【注】年度の☆はグランドスラム（全勝優勝）、枠囲みは同率同順位（1993年から廃止）
※1993年から同率同順位制を廃止。勝ち点＋得失点差を導入
※2000年から6カ国対抗に移行
※2017年から勝ち点にボーナス点を導入

トライネーションズ／ザ・ラグビーチャンピオンシップ 年度別優勝チーム

年	チーム数	優勝回数	優勝		2位	3位	4位
1996	3	初	ニュージーランド	4勝0敗	南アフリカ	オーストラリア	
1997	3	②	ニュージーランド	4勝0敗	南アフリカ	オーストラリア	
1998	3	初	南アフリカ	4勝0敗	オーストラリア	ニュージーランド	
1999	3	③	ニュージーランド	3勝1敗	オーストラリア	南アフリカ	
2000	3	初	オーストラリア	3勝1敗	ニュージーランド	南アフリカ	
2001	3	②	オーストラリア	2勝1敗1分	ニュージーランド	南アフリカ	
2002	3	④	ニュージーランド	3勝1敗	オーストラリア	南アフリカ	
2003	3	⑤	ニュージーランド	4勝0敗	オーストラリア	南アフリカ	
2004	3	②	南アフリカ	2勝2敗	オーストラリア	ニュージーランド	
2005	3	⑥	ニュージーランド	3勝1敗	南アフリカ	オーストラリア	
2006	3	⑦	ニュージーランド	5勝1敗	オーストラリア	南アフリカ	
2007	3	⑧	ニュージーランド	3勝1敗	オーストラリア	南アフリカ	
2008	3	⑨	ニュージーランド	4勝2敗	オーストラリア	南アフリカ	
2009	3	③	南アフリカ	5勝1敗	ニュージーランド	オーストラリア	
2010	3	⑩	ニュージーランド	6勝0敗	オーストラリア	南アフリカ	
2011	3	③	オーストラリア	3勝1敗	ニュージーランド	南アフリカ	
2012	4	⑪	ニュージーランド	6勝0敗	オーストラリア	南アフリカ	アルゼンチン
2013	4	⑫	ニュージーランド	6勝0敗	南アフリカ	オーストラリア	アルゼンチン
2014	4	⑬	ニュージーランド	4勝1敗1分	南アフリカ	オーストラリア	アルゼンチン
2015	4	④	オーストラリア	3勝0敗	ニュージーランド	アルゼンチン	南アフリカ
2016	4	⑭	ニュージーランド	6勝0敗	オーストラリア	南アフリカ	アルゼンチン
2017	4	⑮	ニュージーランド	6勝0敗	オーストラリア	南アフリカ	アルゼンチン
2018	4	⑯	ニュージーランド	5勝1敗	南アフリカ	オーストラリア	アルゼンチン
2019	4						

【注】2011年まではトライネーションズ(3カ国対抗)、2012年からザ・ラグビーチャンピオンシップ(4カ国対抗)

いろいろなラグビー

●女子15人制ワールドカップ

回	年	開催地	優勝	決勝スコア	準優勝	日本の成績	出場国数
1	1991	ウェールズ	アメリカ	19−6	イングランド	9位	12
2	1994	スコットランド	イングランド	38−23	アメリカ	8強	12
3	1998	オランダ	NZ	44−12	アメリカ	不出場	16
4	2002	スペイン	NZ	19−9	イングランド	14位	16
5	2006	カナダ	NZ	25−17	イングランド	予選敗退	12
6	2010	イングランド	NZ	13−10	イングランド	予選敗退	12
7	2014	フランス	イングランド	21−9	カナダ	予選敗退	12
8	2017	アイルランド	NZ	41−32	イングランド	9位	12

●オリンピック

	年	開催地	優勝	決勝スコア	準優勝	日本の成績	出場国数
15人制							
	1900	パリ	フランス	決勝なし	英国、ドイツ		3
	1908	ロンドン	オーストラリア	32−3	英国		3
	1920	アントワープ	アメリカ	8−0	フランス		2
	1924	パリ	アメリカ	17−3	フランス		2
7人制							
男子	2016	リオデジャネイロ	フィジー	43−7	英国	4位	12
女子	2016	リオデジャネイロ	オーストラリア	24−17	NZ	10位	12

●ワールドカップセブンズ

回	年	開催地	優勝	決勝スコア	準優勝	日本の成績	出場国数
1	1993	エディンバラ	イングランド	21−17	オーストラリア	ボウル優勝(13位)	24
2	1997	香港	フィジー	24−21	南アフリカ	ボウル準優勝(18位)	24
3	2001	マルデルプラタ(Arg)	NZ	31−12	オーストラリア	プレート1回戦(13位)	24
4	2005	香港	フィジー	29−19	NZ	プレート1回戦(13位)	24
5	2009	ドバイ	ウェールズ	19−12	アルゼンチン	ボウル1回戦(21位)	24
6	2013	モスクワ	NZ	33−0	イングランド	ボウル準優勝(18位)	24
7	2018	サンフランシスコ	NZ	33−12	イングランド	15位	24

●ワールドカップセブンズ 女子

回	年	開催地	優勝	決勝スコア	準優勝	日本の成績	出場国数
1	2009	ドバイ	オーストラリア	15−10	NZ	ボウル1回戦(13位)	16
2	2013	モスクワ	NZ	29−12	カナダ	ボウル1回戦(13位)	16
3	2018	サンフランシスコ	NZ	29−0	フランス	10位	16

●男子セブンズワールドシリーズ

年	総合優勝	回数	2位	3位	日本の成績
2000	NZ	初	フィジー	南アフリカ	11位
2001	NZ	②	オーストラリア	フィジー	ポイントなし
2002	NZ	③	南アフリカ	イングランド	ポイントなし
2003	NZ	④	イングランド	フィジー	ポイントなし
2004	NZ	⑤	イングランド	アルゼンチン	ポイントなし
2005	NZ	⑥	フィジー	イングランド	ポイントなし
2006	フィジー	初	イングランド	南アフリカ	ポイントなし
2007	NZ	⑦	フィジー	サモア	ポイントなし
2008	NZ	⑧	南アフリカ	サモア	ポイントなし
2009	南アフリカ	初	フィジー	イングランド	ポイントなし
2010	サモア	初	NZ	オーストラリア	ポイントなし
2011	NZ	⑨	南アフリカ	イングランド	ポイントなし
2012	NZ	⑩	フィジー	イングランド	17位
2013	NZ	⑪	南アフリカ	フィジー	19位
2014	NZ	⑫	南アフリカ	フィジー	ポイントなし
2015	フィジー	②	南アフリカ	NZ	15位
2016	フィジー	③	南アフリカ	NZ	15位
2017	南アフリカ	②	イングランド	フィジー	15位
2018	南アフリカ	③	フィジー	NZ	19位
2019	フィジー	④	アメリカ	NZ	15位

●女子セブンズワールドシリーズ

年	総合優勝	回数	2位	3位	日本の成績
2013	NZ	初	イングランド	カナダ	13位
2014	NZ	②	オーストラリア	カナダ	11位
2015	NZ	③	カナダ	オーストラリア	
2016	オーストラリア	初	NZ	カナダ	11位
2017	NZ	④	オーストラリア	カナダ	13位
2018	オーストラリア	②	NZ	フランス	11位
2019	NZ	⑤	アメリカ	カナダ	13位

●車いすラグビー世界選手権

回	年	開催地	優勝	決勝スコア	準優勝	日本の成績	出場国数
1	1995	スイス	アメリカ	41−36	カナダ		8
2	1998	カナダ	アメリカ	31−28	NZ		12
3	2002	スウェーデン	カナダ	25−24	アメリカ	8位	12
4	2006	NZ	アメリカ	34−30	NZ	5位	12
5	2010	カナダ	アメリカ	57−45	オーストラリア	3位	12
6	2014	デンマーク	オーストラリア	67−56	カナダ	4位	12
7	2018	オーストラリア	日本	62−61	オーストラリア	優勝	12

●車いすラグビー パラリンピック

年	開催地	優勝	決勝スコア	準優勝	日本の成績	出場国数
1996	アトランタ※	アメリカ	37−30	カナダ		6
2000	シドニー	アメリカ	32−31	オーストラリア		8
2004	アテネ	NZ	31−29	カナダ	8位	8
2008	北京	アメリカ	53−44	オーストラリア	7位	8
2012	ロンドン	オーストラリア	66−51	カナダ	4位	8
2016	リオデジャネイロ	オーストラリア	59−58	アメリカ	3位	8

※公開競技

ラグビーの「ダイバーシティ」

ラグビーワールドカップは男子15人制だけではない。女子15人制のワールドカップは、男子に4年遅れの1991年に初開催され、基本的に4年に一度のペースで開催。前回大会からは、男子ワールドカップ、セブンズワールドカップとの間隔を調整し、男子15人制の中間年に開催されることになった。これにより、ラグビーの世界イベントのサイクルが確立した。今年（2019年）を起点に見ると、以下のようになる。

2019年＝男子15人制ワールドカップ（日本）
2020年＝夏季オリンピック東京大会　男女7人制
2021年＝女子15人制ワールドカップ（NZ）
2022年＝ワールドカップセブンズ（開催地は10月29日に決定予定）
2023年＝男子15人制ワールドカップ（フランス）
2024年＝夏季オリンピックパリ大会　男女7人制

このサイクルを繰り返していけば、男子か女子、15人制か7人制、毎年必ずどれかの世界チャンピオンが決まるというカレンダーが確立したわけだ。なお年齢別のU20世界選手権、7人制ワールドサーキットのワールドセブンズシリーズ、シックスネーションズ（欧州6カ国対抗）やザ・ラグビーチャンピオンシップ（南半球4カ国対抗）などのブロック大会は、これらとは別に毎年行われている。

女子15人制ワールドカップ Womens Rugby World Cup

男子と同様に過去8回開催されていて、男子と同様にNZが最強国の座に君臨。過去8大会中5度の優勝を誇る。チームの愛称は「ブラックファーンズ（黒いシダ）」。男子のオールブラックスがジャージーの胸にあしらっている「シルバーファーン（銀のシダ）」を裏返したニックネームだが、ジャージーの色は男子同様に漆黒だ。

女子でNZを追う実績を誇るのがラグビーの母国イングランドだ。1991年の第1回大会で準優勝して以来、決勝進出7回はNZの5回を上回る最多だが、うち4回は決勝でNZに負けている。優勝したのは決勝でNZと当たらなかったときで、1994年にアメリカを、2014年はカナダを決勝で下して優勝した。

日本は第1回、第2回大会、第4回大会に出場。その後3大会はアジアのライバルであるカザフスタンの壁に阻まれ世界の舞台にたどり着けなかったが、2017年大会にはアジア予選を勝ち抜いて4大会ぶりに出場した。女子15人制日本代表の愛称は「サクラフィフティーン」。2021年NZ大会へのアジア予選日程はまだ発表されていないが、2020年の春頃に行われる見込み。女子の代表は7人制と15人制を掛け持ちしている選手も多く、目前に迫った東京五輪の準備との住み分けが焦点になりそうだ。

ワールドカップセブンズ　Rugby World Cup Sevens

たくさんのチームが次々と現れ、スピーディーな試合展開の連続で人気を集めるのが「セブンズ」7人制ラグビーだ。15人制と同じグラウンド、同じルールで、1チーム7人、試合は7分ハーフで行われ、スクラムは3人で組む。1人あたりのスペースが広いので、15人制よりも試合がスピーディーに進み、攻守は頻繁に入れ替わるなどエンターテインメント性が高い。「セブンズでは何が起こってもおかしくない」と言われ、番狂わせも多い。

7人制のワールドカップは1993年に初開催。それまでは香港セブンズなど世界各地で国際大会が行われていたが、ここからW杯システムが定着。第1回大会はイングランドが優勝したが、過去7回のうちNZが3回、フィジーが2回優勝している。女子の部は2009年ドバイ大会から採用され、過去3大会すべてNZとオーストラリアの南半球勢が優勝している。

オリンピック・ラグビー
Rugbyfootball on Olympic Games

オリンピックで初めてラグビーが行われたのは1900年パリ大会。開催国フランスと英国、ドイツから3チームが参加し、フランスが優勝した。1908年ロンドン大会ではオーストラリア、1920年アントワープと1924年パリ大会はアメリカが優勝しているが、当時はNZや南アフリカなど強豪ナショナルチームは参加していなかった。

その後、ラグビーは長らく五輪種目から消えていた。代表資格規定や1チームあたりの選手の多さ、必要とする試合間隔の長さなど、五輪にはなじみにくいと思われたが、2016年リオデジャネイロ五輪で7人制ラグビーがオリンピック種目に採用された。

男子の初代王者となったのはフィジー。これはフィジーにとって夏冬を通じて初の五輪メダルで、快挙を記念してフィジーでは7フィジードルの紙幣が発行された。そのリオ五輪（男子）では、日本が開幕初戦でニュージーランドを破る番狂わせを演じるなど、年齢制限のない世界大会で最高成績の4位となった。

女子はオーストラリアが決勝でライバルNZを破り記念すべき初代王者となった。オーストラリアはワールドカップセブンズでも初めて女子の部が行われた2009年ドバイ大会でも優勝。第2回以後はNZが優勝しているが、「初代女王」の座はW杯、五輪ともオーストラリアが掴んでいるのが面白い。

セブンズワールドシリーズ　Sevens World Series

ワールドカップとは別に、世界各地の大会を転戦するワールドサーキット「セブンズワールドシリーズ」が1999－2000年のシーズンから行われている。シーズンによって大会数は異なるが、概ね8～10大会が行われ、順位によってポイントが付与され、年間総合優勝を争う。過去20シーズンのうち、年間王座を最も多く獲得しているのはNZで12回。次いでフィジーが4回、南アフリカが3回、サモアが1回となっており、北半球勢はまだどこも総合優勝を果たせていない。

女子のワールドシリーズは2013年から始まり、こちらもNZが最多5回の優勝。オーストラリアが2回で続き、こちらも北半球勢はまだ一度も優勝していない。日本女子はまだ世界大会では目立った成績を残していないが、2019年、学生スポーツの祭典ユニバーシアードでは男子とともに優勝。若手の躍進で、世界との差は着実に縮んでいる。

車いすラグビー　Wheelchair Rugby

四肢障害者などが楽しむ、車いすを使ったラグビー。ウィルチェアーラグビーとも呼ぶ。正面衝突に耐える、競技専用の頑丈な車いすを使い、体育館で行う。ボールは丸く、前にパスすることも認められているなど一見ラグビーとは違いそうに見えるが、トップスピードで疾走する相手にタックルする、体を張ってチャンスを作るなど、ゲームに臨む姿勢、メンタリティーはラグビーそのものだ。試合は1チーム4人で行われる。選手は障害の程度によりポイントを持ち、合計ポイントに上限を設けて戦力に不均衡が生じないよう工夫されている。パラリンピックの団体種目で唯一、男女が同じチームを組む種目で、女子は障害の程度を示すポイントが一律0・5引かれる。攻撃で活躍するのは障碍の比較的軽い、運動機能の高い選手が多いが、ポイントの低い（障害の重い）選手が防御面でどんなプレーをするかが勝負を分ける。

車いすラグビーの世界選手権は1995年から行われ、パラリンピックには1996年アトランタで公開競技、2000年シドニーから正式競技に採用された。世界ではアメリカ、カナダ、NZ、オーストラリアが長くリードしてきたが、2010年代に入り日本が台頭。パラリンピックでは16年リオデジャネイロで初のメダルとなる銅メダルを獲得。世界選手権では2018年大会で初の金メダルを獲得した。これは年齢制限等のない世界大会において、男女の15人制、7人制を含めあらゆるラグビーで日本にとって初めての優勝。2020年東京パラリンピックでも期待されている。

13人制ラグビーリーグ　Rugby League Football

19世紀終盤、英国内でプレーに対する報酬を認めるか否かで、アマチュアリズムを堅持するラグビーユニオンと袂を分かち、設立されたスポーツ。英語圏では「Ｒｕｇｂｙ Ｌｅａｇｕｅ Ｆｏｏｔｂａｌｌ」と表記され、15人制は「Ｒｕｇｂｙ Ｕｎｉｏｎ Ｆｏｏｔｂａｌｌ」。国や地域によっては「Ｒｕｇｂｙ」だけでは通じないことも珍しくない。1チームは13人。15人制から両フランカー（背番号6と7）を外した編成で戦い、ラインアウト、ラックやモールという密集戦がなく、タックルが成立したら攻撃側のフリーキックで再開され、6回の攻撃が終わると攻撃権が相手に移るアメリカンフットボール的な要素もある。胸部分にV字柄のデザインを施すユニホームが多い。イングランドやフランス、オーストラリア、ニュージーランドで盛んで、パプアニューギニアではラグビーユニオンを上回る競技人口と人気を誇る。

１９８０年代にはユニオンの名選手が高額の報酬でリーグに転向する例が相次いだが、95年にユニオンがアマチュア規定を撤廃した後はリーグからユニオンに転向するケースが増えている。ジュニア対象のアマチュアクラブも多く、ニュージーランド代表ＷＴＢで活躍し、日本代表のヘッドコーチを務めたジョン・カーワンのように、こども時代、リーグとユニオンの両方をプレーしていた選手も珍しくない。２０１9年ワールドカップ日本代表スコッドではトンガ系両親の元ニュージーランドで生まれたＣＴＢウィリアム・トゥポウがオーストラリアのラグビーリーグでプレーし、ラグビーリーグのトンガ代表経験を持つ。

タッチラグビー　Touch Football

ラグビーのタックルのかわりに相手にタッチすることでタックル成立とみなし、コンタクトに伴う負傷のリスクを減らしたラグビー。競技としてのタッチラグビーは、グラウンドはラグビー場を2分割した50m×70m、試合は20分ハーフ、1チーム6人で行われる。攻撃側のチームが6回相手にタッチされる、あるいはボールを地面に落とすと攻撃権が相手に移る。通常のラグビーチームのウォームアップで行われることも多いが、タッチの方法（片手タッチを認めるか等）などチームによって、グレードによって、様々なルールで行われる。

２０１９年ワールドカップマレーシア大会では、男子、女子ともに銅メダルを獲得したほか、男子オーバー40の部も銅メダルに輝いた。

タグラグビー

ラグビーのタックルのかわりに、腰に巻いたベルトにベルクロ（面ファスナー、マジックテープ）でつけたタグを取ることでタックル成立と見なすラグビー。タグを取られた選手は走るのをやめてボールをパスしなければならず、タグを取った選手も取った相手に手渡しで返すまでゲームに戻れない。タッチラグビーは上半身へのタッチでもタックル成立とみなすが、タグラグビーでは腰につけたタグを奪うため、低い姿勢が身につくとも言われる。2005年からサントリーカップ全国小学生タグラグビー大会が開催され、女子ラグビーでは山口真理恵、鈴木彩香、鈴木陽子、小出深冬らタグラグビー出身で7人制／15人制日本代表に育った選手も多い。ている2008年から小学校学習指導要領に例示され、ラグビー人口増加への寄与が期待されている。

このほかにも、聴覚障碍者によるデフラグビーも世界大会が行われている。また、ワールドカップイヤーには、ワールドカップ開催国で世界国会議員ラグビー、世界国防ラグビー、世界大学ラグビーなど多彩な国際大会が行われる。2019年の日本でも多彩な大会が行われ、いろいろなカテゴリーで楽しめる、ラグビーの持つダイバーシティ＝多様性がアピールされそうだ。

CHAPTER

5

2019へ 釜石と平尾誠二の物語

ワールドカップでの貢献を誓う釜石の若者たち

「私は15年のワールドカップ（W杯）に派遣されて、試合場で観客のフェアプレー精神を学びました。釜石のW杯ではそれを私たちが発信したい」

「私はNZでスポーツが地域に貢献できることを学びました。19年W杯のときは高3になるので、年下の子を引っ張っていきたい」

若者たちの成熟した言葉に、聞いていた大人たちから溜息が漏れた。

「俺たち中高生のときどうだったっけ？」

「全然だあ」

日本で開催される19年ラグビーW杯の開幕までちょうど2年となった9月、各地で「2年前イベント」が開かれた。開催12都市で最小、人口約3万人の釜石市では、NPO法人スクラム釜石が2年後のW杯釜石開催を東北全体で盛り上げるよう、岩手・宮城・福島の「被災3県」320㎞を自転車で走りながらアピールする「スクラム東北ライド」を敢行。冒頭に紹介したのは壮行会に参加した中高生たちのコメントだ。

11年に東日本大震災に遭った釜石市では翌年から、同時期に被災したニュージーランド

（NZ）に中学生を派遣し、震災の教訓を伝え合う「釜石市ブリッジプログラム」を創設。毎年6〜8人がNZへ1〜2週間短期留学している。W杯開催が決まった15年には中高生をW杯イングランド大会の視察に派遣。大会の空気を肌で感じた若い世代は、19年大会でボランティアとして活躍しようと英語教室に通い、スコットランドやアイルランドが来日すれば大人に働き掛けて観戦ツアーを実現するなど、W杯でのホスト役を果たすべく活動している……という情報は記者も知ってはいたが、実際に会って肉声を聞くと、その大人びた言葉と振る舞いに圧倒された。国際経験は若者を大人にするのだ。

スクラム釜石一行は翌16日、W杯会場となる鵜住居復興スタジアム（仮称）の目の前にある釜石東中の生徒たちにエールを贈られてライドに出発。石山次郎代表は「釜石でW杯を開くなんて誰もが無理だと言ったけど、思い続けたら願いは叶った。みんなも夢を持ち続けてください」とあいさつし、自身も若者たちの言葉をエネルギーにペダルを踏んだ。

2年後、日本でラグビーW杯が始まる。大会成功のカギを握るのは選手だけではない。

（初出：『Ｎｕｍｂｅｒ』２０１7年10月）

釜石鵜住居復興スタジアム訪問記

「新しいスタジアムを中心に、新しい町で、新しい物語が生まれる」

どんな威容が待っているのだろう?
そんな、怖いもの見たさにも似た思いは杞憂だｒった。
注意しなければ気づかない、本当に控えめな作り。
それが「釜石鵜住居復興スタジアム」の第一印象だった。

２０１８年8月3日、岩手県釜石市で、来年のワールドカップに向けて新設された釜石鵜住居復興スタジアムのメディア見学会が行われた。盛岡駅に集合した報道陣を乗せたバスは、東北道から釜石道に入り、仙人峠道路を下り、松倉のグラウンドを横目に走り抜け、釜石駅前を通り過ぎて国道45号線に入った。津波の爪痕、嵩上げされた道路を抜ける。洞口孝治さんの郷里の両石を抜け、恋の峠を過ぎると、鵜住居だ。そろそろスタジアムが見えてくるころだろう……と思って海側に目を向けるのだが……、なかなかそれらしきものは見えてこない。時折、スタジアムの屋根らしき白い影が覗くのだが、この1年の間にだいぶ建設が進んだ復興住宅などの建てものに遮られ、すぐに姿を隠してしまう。

こんなに、自らの存在を主張しないスタジアムは珍しいな……と思った。
その印象は、スタジアムに近づくにつれ、より鮮明なものに変わった。
正確に言うと、存在を主張しないのではなく、風景に溶け込んでいるのだ。

今回完成したのは、ロッカールームなど関係諸室とメイン、バックの常設スタンド部分だ。客席は6000席。メインスタンド上部には、スタジアムのデザインモチーフである「翼」と「船出」をイメージした白い帆のような屋根がかかるが、バックスタンドには日除けも風よけもない。来年のワールドカップに向け、メインとバックの両スタンドの背後、及び両方のゴール裏には10000席の仮設スタンドが作られるが、現在の姿は、ゴール裏もぽっかりと空いている。その景色が、何ともいえず、心地よい（ワールドカップでは必須となる大型スクリーンも照明も、移動式の仮設で済ませるという。8月19日のオープニング試合及びワールドカップでは、300インチ＝高さ約4・9m×幅約6・4m＝のスクリーンが1基設置されるそうだ）。

背後の森の深い緑色に、白い布を張った屋根が、そしてワールドカップ規格の高さ17mの白いゴールポストが映える。スタジアムが周囲を圧するのではなく、周囲の光景に溶け込んでいるのだ。

「今はこんなに濃い緑ですが、6月のはじめ、新緑の頃のキレイさと言ったら本当にすごかった」

昨年7月からスタジアム建設現場で働いている元新日鐵釜石V7戦士の石山次郎さん（NPO法人スクラム釜石代表）が教えてくれた。なるほどきっとそうだろう。「緑」という言葉では形容しきれない、幾層にもグラデーションが変化する緑と光が精緻なシンフォニーを奏でる季節のこのスタジアムはどれほど素晴らしいか。想像しただけで頬が緩む。

新緑の頃のキレイさと言ったら本当にすごかった……

スタジアムの魅力を作っているもうひとつの要素が、高さ17mというワールドカップ規格のゴールポストだ。その美しさを際立たせるのが、ゴール裏の何もない吹き抜けの景色なのだ。

スタジアムを東側（海側）のゴール裏からみた景色がまた素晴らしい。反対側のゴール裏には、北上山地の山々が連なる。手前に、標高461mの御在所山が、実にバランスの取れた山容を見せている。山が、スタジアムを遠くから見守ってくれているようだ。

ワールドカップなどで、世界中のいろんなスタジアムを見てきたが、これほど風景に溶け込んだスタジアムは他に見たことがない。8月19日のオープニングマッチのチケットを手に入れた幸運な方々は、ぜひ早めに会場入りして、スタジアムをぐるりと回り、すべての方角をチェックしてほしい（そんなに歩くの？　という心配は無用だ。当日のローピン

グなど正確に把握しているわけではないが、これほど一周するのに時間のかからないスタジアムもないと思う）

このスタジアムは、東日本大震災で津波に襲われながら、中学生が小学生の手を引いて高台へ高台へと逃げ、当日登校していた全員が助かったという鵜住居《うのすまい》小、釜石東中が移転した跡地に作られた。その一方で、同じ鵜住居地区にあった防災センターでは、200人を超える人が帰らぬ人となった（そこは防災情報の基地であり、津波の避難場所ではなかったのだ）。多くの子が助かった感動のドラマの地は、釜石市で最も多くの被害を出した悲しみの地でもあった。

そこに、スタジアムが建った。

いや、むしろ「フィールド」と呼んだほうが相応しい。

同じ鵜住居地区、根浜海岸の旅館「宝来館」を経営し、ワールドカップ招致に尽力してきた岩崎昭子女将は言った。

「素晴らしい人がいっぱい集まる原っぱです」

原っぱ。

素晴らしい表現だと思った。

スタジアムに立って、感じるのは何よりも開放感だ。

特別な試合が行われる、特別なスタジアムもいい。イングランドのトゥイッケナム、カーディフのアームズパーク（今はプリンシパルティスタジアムか）、ニュージーランドのイーデンパーク、ヨハネスブルクのエリスパーク……その国の首都あるいは大都市には、首都あるいは大都市に相応しい大きなスタジアムが求められるし、そこには特別な威厳が漂う。

だが、すべての町のすべてのスタジアムがそうではないし、そうである必要もない。そうあってはならない。釜石で7万人が集まる試合を年に何度も開催するのはありえないし、そのための巨大スタジアムを建設する必要はない。作ってはならない。

「こじんまりした身の丈にあったスタジアム」

2012年6月、釜石へのワールドカップ誘致が人々の話題に上がり始めた頃、平尾誠二さんを招いて行われたタウンミーティングで、当時副市長だった嶋田賢和が口にした言葉が耳に蘇る。

復興の足を引っ張ってはならない。無駄なものを作ってはならない。だけど、希望のシンボルを作りたい。釜石のスタジアムは、たくさんの人からの募金にも助けられ、ここに完成した。

ピッチには、日本で初めて採用されたというフランス製のファイバー式ハイブリッド芝が敷かれた。ピッチ全面にプラスチック製のファイバー繊維を敷き詰め、その上から芝の種をまく。芝の根は繊維に絡みつき、スクラムなどで強い横への力を受けてもずれない。7月には釜石シーウェイブスの選手がスクラムのテストを行い、十分な強度を確認したという（昨季＝17年度の秩父宮のように芝がまるごと剥がれることはないのだ）。

昨季までシーウェイブスのトレーニングコーチ、現在は釜石市職員としてワールドカップ準備に汗する長田剛さんの証言。

「通常のハイブリッド芝よりも、初期費用では1・3億円高いです。でも10年間のメンテナンス費用を積算すると逆に1・9億円安くつく。そして、使用頻度は倍いけます」

長い目で見れば安くなり、たくさん使えるのだ。そもそも、他の多くのスタジアムが悩む「日照」と「通風」という問題が、ここには1ミリもない。芝の生育に関しては最高の環境だ。

日本一敷居の低いスタジアムに…

夢想する。

このスタジアムを、日本で一番、敷居の低いスタジアムにしてくれないか。

この場所にあった鵜住居小学校と釜石東中学校は、歩いて5分ほどの高台に移転し、昨年開校した。その小中学校の生徒たちの運動会、あるいは体育の授業、レクレーションに、このフィールドを使ってもらえないか。あるいは幼稚園や保育園の運動会、お遊戯、お散歩、外遊びに。

「鵜住居では、保育園のお散歩でワールドカップのスタジアムで遊べるんだって」

「へえ、良いなあ」

そんな会話から、鵜住居に住みたいと考える若いパパママが出てくるかもしれない。

鵜住居は、平地のほとんどが津波に飲まれた。更地になった。ひとはまだなかなか戻ってこない。

でも、そこにスタジアムができた。とびきりの原っぱができた。災害復興公営住宅も次々とできている。まだ使い道の決まっていない、嵩上げされた土地がたくさんある。鉄道も来年（2019年）には復活する。

そして、ワールドカップが来る。

そこに、新しい町が、新しいコミュニティが生まれる。


8月19日のオープニングマッチはもちろん楽しみだ。

ワールドカップは本当に楽しみだ。

だけど今、僕が本当に楽しみなのはそのあとだ。

このスタジアム、フィールド、原っぱを中心に、どんな町ができあがっていくのだろう。

どんな物語が紡がれていくだろう。

夢想は続く。

ワールドカップですごいトライが生まれるだろう。いったい何百本の大漁旗が翻るだろう。高校ラグビーの県大会の決勝はマストアイテムだ、ワールドクラスの空気が乗り移ったようなすごいプレーや、劇的な勝負が生まれるだろう。中体連の大会で、小学校の運動会で、ヒーローが生まれ、ヒロインが生まれ、涙涙の場面が生まれるだろう。何の大会も試合もない日も、子供たちは構わず遊ぶだろう。なんたって耐久性抜群のハイブリッド芝だ。雨の日だって遊べるはずだ。

試合のない平日の夕暮れには、中高生がデートで訪れるかもしれない（だけど間違いなく目立つぞ）。広い駐車場は、クルマを買ったばかりの若者たちの定番デートスポットになるだろう。

翼を広げたような白い屋根と、高々と聳えるゴールポストは、相棒同士としてそんな毎日を、地域を見守り、人々を見守り、時を見守るだろう。もしかしたら「今日のトライはすごかったね」「あの判定は可哀想だったたな」「あの子たち、大きくなったね」なんて、噂話をするかもしれない。

釜石という地方都市で、そのまた外れの鵜住居という町で、新しい物語が刻まれ始めた。

僕たちは、物語の始まりから、その同時代を体験できるのだ。

（初出：『ＲＵＧＢＹ Ｊａｐａｎ３６５』２０１８年８月）

洞口留伊さん「わたしは、釜石が好きだ――」

2018年8月19日、釜石鵜住居復興スタジアムのオープニングメモリアルDAY。快晴だけど暑くはない、天に祝福された素晴らしい天候のもと、行われたのは釜石シーウェイブスとヤマハ発動機のメインゲームだけでなく、中学生の記念試合、新日鐵釜石OBと神戸製鋼OBのレジェンドマッチ、平原綾香さんと釜石東中生徒たちによる「いつかこの海を越えて」合唱、エグザイルのメンバーと地元・釜石東中はじめ東北各地の中学生たちによるダンスパフォーマンス……たくさんのイベントが続いたが、この日最も心揺さぶられたのは、この少女のスピーチだったという方が多かったのではないだろうか。

「わたしは、釜石が好きだ」という一言で始まった、釜石高校2年生、洞口留伊さんのスピーチである。

留伊さんは、この日開場した、釜石鵜住居スタジアムが建っている場所にあった鵜住居小学校の卒業生だ。

被災したのは小学3年生の時だった。算数の授業が終わる頃だったという。校庭に避難し、避難所に指定されている介護施設へ走り、そこも危ないということでもっと上へと走り、隣の両石との境になる恋の峠への急坂をよじ登って助かった。鵜住居小学校の校舎は

4階まで津波に飲まれ、隣接する釜石東中学校の校舎とともに全壊した。

留伊さんの自宅は鵜住居駅に近いところにあったが、すべて流された。3歳下の弟と母とは間もなく会えた。通りかかったトラックに乗せてもらい、避難所となっていた釜石市内の中学校の体育館に身を寄せた。父にも会えた。家族は奇跡的に無事だった。それから7年間。避難所から仮設住宅に入り、そこから別の仮設住宅へ引っ越した。2年近くは市内の別の小学校に間借りして通い、5年生の途中からは、仮設でできあがった鵜住居小学校に通った。

ワールドカップで、世界中の人たちにいただいた支援への感謝を伝えたい。

不自由な暮らしを続ける中で、留伊さんにとっての光は、ラグビーワールドカップだったという。

ワールドカップの会場に釜石が選ばれたのは、留伊さんが中1の終わりだった。

「この釜石に、大きな国際大会が来るなんて。信じられないくらいうれしかった」

そして思った。

「これをきっかけに、バラバラになってしまった友だちともまた会えるかもしれない」

仲の良かった鵜住居小学校の同級生たちの何人かは、震災の後、家族ごと釜石を離れてしまった。連絡先も分からないままの子がたくさんいる。故郷に帰っておいでよ……そんな言葉を気安くかけられないことは、子供心にも分かっている。だからこそ、釜石がワールドカップの会場になって、世界からたくさんの人がやってくる日が来たら、そのときには、離ればなれになった友だちやその家族も、久しぶりに戻ってこれるかもしれない。会えるかもしれない。

そう思ったら、行動するのが留伊さんだ。ワールドカップのとき、自分は高校3年生になっている。そのときに何ができるだろう。そのために何をしたらいいだろう。

まず、ラグビーワールドカップとはどんな大会かを知らなければ。市のロータリークラブが企画したワールドカップ親善大使募集に応募して、2015年ワールドカップイングランド大会を視察した。残念ながら、留伊さんが観戦した試合では日本代表は勝つことができなかったが、世界で戦う日本代表の姿に心を揺さぶられ、戦った両チームの選手が互いをたたえ合う姿に感激した。フェアプレー精神の素晴らしさを感じた。負けた国のサポーターである自分たちに向けられた相手国のサポーターや、地元の人たちの優しさに、4年後は自分たちがそうなりたいと思った。

「海外からやってくる人たちにとっては、釜石は初めての場所。不安を少しでも取り除いてあげられたらいいなと思いました」

ワールドカップから帰国すると、釜石市のロータリークラブが、2019年のワールドカップでボランティア活動をする人たちのための英語教室を開いてくれた。留伊さんは迷わずそこに参加した。参加した人数はその回によって違ったが（部活動や試験などいろいろな事情で参加できない生徒もいたようだ）、釜石市内各地の中学校から、多いときで20人くらいの生徒が集まり、学校で習うよりも実践的な英語のコミュニケーションを学んだ。

英語を学び、ラグビーのことも学んでいるうちに、留伊さんたちには「ラグビーをもっと知りたい」「ラグビー日本代表を応援したい」という思いがわき上がった。2016年、前年のワールドカップでも対戦した（そして留伊さんたちがその試合を観戦した）スコットランドが来日した。「スコットランド戦を見に行きたいな」。英語教室に通う子たちからそんな声がわき上がった。

そんな、簡単に言うなよ……周りの大人は嬉しい悲鳴を上げながら、可能性を探った。すると、首都圏から釜石ワールドカップ開催を応援してきたNPO法人スクラム釜石を通じて、立ち上げたばかりの日本ラグビーフットボール選手会が、協力を申し出てくれた。交通費の一部を負担し、試合のチケットを手配してくれた。試合当日は、トップリーグ・キャプテン会議（現リーダー会議）のメンバーがアテンドに入り、現役トップリーガーの解説つきでテストマッチを観戦した。試合前は、味の素スタジアムで行われた様々なアトラクションに参加。留伊さんもストリートラグビーで楕円のボールを追った。留伊さんはラグビーがますます好きになった。

ワールドカップで世界中から来るお客さんには、どんなふうに接したらいいだろう。そう考えた留伊さんは、大好きな釜石を案内する手書きの英語の地図を作った。釜石。鵜住居。根浜。自分が生まれ育った土地はどんなところか知って欲しい。伝えたい。

ここはこんなにキレイなところだったんです。震災の後は大変でした。でも、たくさんの方に支援していただいたおかげで、こんなに元気になりました――。

それを自分の言葉で伝えたい。言葉だけでなく、手書きの地図にも、イラストにも、文字にも、心をこめた。

自分の通っていた鵜住居小学校、通うはずだった釜石東中学校の跡地には、ワールドカップのスタジアムが作られている。校舎が取り壊されるときは複雑な気持ちも湧いたけれど、そこが新しい釜石のシンボルになると思うと、心があたたかくなった。ワールドカップのスタジアムが着工されるのと時を合わせたように、留伊さんの自宅も鵜住居に再建された。スタジアムから歩いて5分、もうすぐ開通する鵜住居駅の近くだ。もともとの家とは「同じところじゃないけれど、ほとんど同じ」。高校2年生になる春を、留伊さんは新しい家で迎えた。小学校3年の冬以来、7年半ぶりに自分の部屋がもらえた。新しい家のすぐ近くでは、スタジアム建設の工事が続いていた。

留伊さんは高校2年生になった。いよいよ、スタジアムが完成に近づいてきた。オープニングセレモニーで「キックオフ宣言」を読み上げる大役を打診されたのは、こけら落とし試合の1カ月ほど前だった。釜石の新しい歴史が始まる日、新しい歴史が始まる場所で、自分の気持ちを披露する。留伊さんはそれを、とても幸せなことだと思った。自分は、世界中から届いた支援に、どのように感謝しているのか。自分たちに、どのように力になったのか。これから釜石にはどんな町になっていってほしいのか…原稿を書き始めると、伝えたい思いが次から次へとわき上がってきた。与えられた時間は5分。どこを削ったらいいだろう。悩み、迷った。

「プロのコピーライターの方に添削していただいて、最後はスカイプで会議したりして、自分の思いを伝えられるようにしました」

釜石のワールドカップ初戦は、留伊さんが18歳になって初めて迎える日だ——。

気後れはなかった。世界に向けて、自分の思いを、釜石の思いを発信できることは喜びだった。何より、それが離ればなれになった友だちにも届くかもしれない。その思いが、心を強くした。

釜石のワールドカップまであと1年。釜石での初戦はフィジー対ウルグアイ。試合のある9月25日は、留伊さんにとって、18歳の誕生日の翌日だ。

「18歳になって迎える初めての日なので、その日が素晴らしい日になるといいなと思っています」

8月19日、午後1時50分。新しくできたスタジアムの中央に、セーラー服の裾をなびかせながら、すっきりと背筋を伸ばした留伊さんが歩み出た。16歳の女子高生は、深く息を吸い込んで、はっきりと、大きな声を出した。

「わたしは、釜石が好きだ。海と山に囲まれた、自然豊かなまちだから…」

5分間のスピーチが終わる。会場が大きな拍手に包まれる。釜石市の人口の2割にも匹敵する6500人の観衆が見つめていた。きっと、天国からも、たくさんの人が見つめ、彼女に見えない力を与えていただろう。

「緊張しないで、楽しめたのが良かった」

すべてが終わると、留伊さんはそう言って、笑顔をみせた。

震災は重く辛い出来事だった。その傷はまだ癒えてはいない。だけど、そこに向き合い、乗り越えた新しい世代は、こんなにも強く、魅力的に育っていた。

（初出：『RUGBY Japan365』2018年8月）

平尾誠二のワールドカップ

日本代表のワールドカップの歴史は、この人とともにあったといっていい。

1987年の第1回大会。24歳の平尾誠二は、キャプテンの林敏之を支える副将として、初めて開かれた大会に臨んだ。

1991年の第2回大会。28歳の平尾誠二は、自らがキャプテンとなり、宿沢広朗監督とともにチームを率い、敵地でスコットランドとアイルランドに挑み、ベルファストで行われたジンバブエ戦で、記念すべき日本代表のワールドカップ初勝利をあげた。

その後は代表から離れ、後進に道を譲っていたが、1995年の第3回大会直前に請われて代表に復帰。32歳の平尾誠二は、最後と定めて臨んだワールドカップ、テストキャリアでラストゲームとなったアイルランド戦、35度目のテストマッチで初めてというトライをあげた。

その4年後、1999年の第4回大会に、36歳の平尾誠二は日本代表の監督として四たび世界の戦場に立った。

日本代表のワールドカップ指揮官のバトンはその後、向井昭吾、ジョン・カーワン、エディー・ジョーンズ、ジェイミー・ジョセフと受け継がれる。日本代表の主将と監督、両方の立場でワールドカップの舞台に立った男は、これまで平尾誠二だけだ。ミスターラグビーと言われた男は、世界に挑戦する日本の象徴的存在だった。

平尾監督時代に本格化した日本代表の国際化

現在のジャパンを率いるジェイミー・ジョセフHCは、平尾監督時代の1999年に日本代表に呼ばれた。平尾監督はその前年、アンドリュー・マコーミックをキャプテンに据えていた。1999年のワールドカップは、日本代表が初めて、外国出身のキャプテンのもと、元オールブラックスの英雄を戦力に迎えて臨む大会となった。ニュージーランド生まれのリーチマイケルが主将として率い、スコッドの半数近くを外国出身選手が占める現在の日本代表の姿は、平尾監督の決断から始まったと言っても過言ではない。

外国人の多さは、ラグビー日本代表に常について回る話題だ。前回大会で南アを破ったあと、五郎丸歩は「いまだからこそ、外国人選手に注目を」とツイートした。そのときのことを五郎丸は後に「日本代表の外国人の多さに葛藤があった」と明かしている。

ラグビーの代表チームは国籍に縛られない。それはラグビーファンにとっては常識となっている。

1. その国の国籍（パスポート）を持つ
2. 本人、または両親、祖父母のいずれかがその国で出生
3. その国に3年間継続して居住している

そのどれかを満たせば、他国の代表及び準代表でプレーしていない限り、代表資格を得る。極端にいえば、その国の国籍を有さない者だけでチームを組むことも、ルール違反ではない。ラグビーはもともと英国で生まれ、英国から世界に散った移民や駐在員を通して世界に広まったスポーツだ。ニュージーランドやオーストラリアをはじめ移民先では、そのときそこに暮らしている人たちの代表チームが作られた……だが、そんな事情はラグビー界でしか知られていない。

日本人選手と外国出身選手がともに戦う意味とは

日本で育ったなじみ深い選手が、外国でキャリアを積んだ選手の抜擢で代表からはじき出されたりすれば、納得できないファンもいるのは自然だろう。外国出身選手の多さに違和感を覚える人の感覚を変えることは難しい。ではできることは。それは新しい価値観を提示することだ。

「外国人と日本人が力を合わせて戦うことは、これからの日本社会に対していいメッセー

ジになると思う」

日本代表のキャプテン、リーチマイケルは言った。人口減少に歯止めがかからない日本は、外国からの移民、労働力の受け入れが迫られている。言語が、宗教が、習慣が違う人とどう良好な関係を作り、力を合わせて目標に向かうか。そのモデルケースを作りたいとリーチは言った。それができれば、ラグビー日本代表はスポーツの枠を超えて社会的な価値を発信できる——2019年の発言だ。

それと同じことを、20年前に言っていたのが平尾誠二だ。

アンドリュー・マコーミックを史上初の外国人主将に据えた平尾誠二は、1999年のワールドカップに向けて、外国人選手を積極的に登用した。とりわけバショップ、ジョセフというオールブラックスのビッグネームを登用した日本代表に、海外メディアからは「チェリーブラックス」というニックネームが贈られた。「外国人助っ人の力を借りて勝とうとしている」という指摘には、ジャパンマネーへの皮肉も込められていた。

果たして、それでいいのか。オールブラックスで功成り名を遂げた英雄を招いて、たとえばウェールズに勝ったとして、日本は世界から尊敬を受けるだろうか、そんな葛藤はなかったのか——99年W杯を前にした時期、記者は平尾監督に尋ねた。記者自身、答えはないままの質問だった。

「すごく難しい質問ですが」と前置きして、36歳の青年監督は答えた。

「まったくなかったとは言えません。けれど、そういうことよりも一番言いメンバーを揃えることを優先して考えました」

そして、平尾は言ったのだ。

「僕は個人的には、外国人が日本人の組織の中に入って有機的に機能することで、世界に向けても貴重なモデルケースを作れるんじゃないかと思っているんです」

外国人選手を単純な助っ人として、力を借りるだけなら、それは試合の勝ち負けだけだ。チームの、組織の強さではない。だが、異なる文化のもとで育った彼らを仲間として受け入れ、個性の違い、発想の違い、対応の違いを、自分たちの組織の力に転化することができたなら、それはラグビーの、スポーツの枠を超えて、社会に価値あるメッセージを発信できるのではないか――平尾は、自身の胸の中にあるイメージをそう話してくれた。それは、20年後にリーチが発するメッセージと、驚くほど重なるものだった。

スポーツの価値。発信力。地域にもたらす力

もうひとつ、平尾が発信し続けたことは、ワールドカップの価値、スポーツの価値の重さだ。

2012年6月、釜石市でタウンミーティングが開かれた。東日本大震災から1年3カ月が経とうとしていたが、釜石の町にはまだ瓦礫がうずたかく積まれていた。神戸製鋼の

選手たちとともに釜石を訪れた平尾は、タウンミーティングに集まった釜石市民を前に、ワールドカップ招致構想について聞かれ、答えた。

「スポーツイベントでは、よく経済効果という言葉が使われますよね。大手広告代理店が、何百億円だ、何千億円だという数字を出してきます。だけど僕に言わせたらそれはたいした数字じゃない。人間の心に宿る効果、地域にもたらす勇気の方がはるかに大きい。

釜石でワールドカップをやるのはこんなにリスクがある。それは、そう考えればそうなるでしょう。だけど、そればかり考えていたら楽しくない。そもそも、そっちに考え出したら、日本で開催すること自体リスクが高いんです。それよりも夢をもっていかないと。

釜石にワールドカップが来る。その夢を共有して、これから7年間、楽しみを持ち続けられる。これから7年間が幸せになる。そう考えた方がいいと思うんです」

平尾は東日本大震災の発生直後から、釜石でのワールドカップ開催に応援のメッセージを寄せていた。2011年7月、神戸製鋼のチャリティーフェスタに招いた松尾雄治とのトークショーで、松尾が釜石へのワールドカップ招致のアイデアがあるのだと明かすと、平尾は目を輝かせて「それ良いですよ！　釜石でワールドカップがあったら僕も絶対行きたい」と即答した。前記の2012年、釜石を訪問したときは「瓦礫の山を見ると心が痛いよね。神戸製鋼もグラウンドが瓦礫置き場になっていたからね…」と呟いた。阪神大震災を経験した者として、災害から立ち上がろうとする人に寄り添いたい、応援したいという思いが、その背中からは立ち上っていた。その言葉は、ワールドカップ釜石開催へ、大きな歯車を回す力となった。

2014年3月には、NPO法人スクラム釜石が、東北とNZのクライストチャーチの震災被災地復興を応援しようと企画した「東北&クライストチャーチ復興祈念チャリティーイベント」に、ゲストとして参加。松尾雄治さんやアンガス・マコーミックと軽妙なトークで聴衆を楽しませたあとは、来場の方々と気さくにサインや記念写真に応じた。イベントの最後に、被災地の地名を大書したボードを来場者みんなで掲げての記念撮影があった。「KOBE」と書いたボードを渡されると、平尾は「僕が神戸を持ってもしゃあないやろ」と笑って、となりの人が持っていた「陸前高田」のボードと取り替えた。とても自然な振る舞いだった。

釜石の若い世代が体現した「平尾の夢」

2015年3月2日、ワールドカップ日本大会の開催12都市が発表された。釜石市は、神戸市など他の11都市とともに、ワールドカップ開催都市に選ばれた。発表会場で、「岩手県　釜石市」の名が呼ばれたとき、平尾の顔がぱっと明るく輝いたことをよく覚えている。

それから4年。開催地の子供たちは、海外のチームを、観戦客を迎えるために、英語を学び、世界の地理や歴史や文化を学んだ。開催都市を代表して、たくさんの中高生が海外に派遣された。釜石では、大人に頼らずＳＮＳで世界に向けて釜石を発信するプロジェクトを立ち上げる高校生が現れた。ワールドカップ開催が、誰も想像しなかった新しい力を呼び覚ました。あとは開幕を待つばかりだったが……。

耳を疑うニュースだった。２０１６年10月20日、平尾誠二が亡くなった。胆管癌が、英雄を彼岸に連れ去ってしまった。53歳の若さだった。

２０１９年のワールドカップ日本大会。健在なら、大会のホストとして、もしかしたら日本ラグビー協会の若き会長として、世界のチームを迎えていたかもしれない。それを思うと悲しさばかりがこみあげてくる。

だが、平尾はきっと、空の上から見てくれているはずだ。

平尾さん、日本代表は、あなたが思い描いたように、未来の日本社会の映し鏡として、さまざまなバックボーンを持った選手たちが、垣根なくのびのびとプレーするチームになっています。そして、釜石や神戸や、熊本や大分、地震や津波、大きな災害に見舞われた町が、ワールドカップという目標に向かってここまでの時間を過ごしてきました。たくさんの若者が、あなたが話したように7年間を夢とともに過ごし、逞しく育ちました。彼らの行動力も、あなたにとっては想像した範囲だったでしょうか。でも彼らのＩＴを駆使する能力は、あなたの想像すら超えているかもしれません。少なくとも、あなたと同じ時代に生まれ同じ時代に育った僕の想像は完全に超えていました。

さあ、あなたが待ち望んだワールドカップが、いよいよ始まります。空の上からなら、すべての会場の、すべての試合を見られますね。きっと、宿沢さんも石塚さんも上田さんも一緒でしょう。そっちも賑やかそうですね。

最高のワールドカップを、たっぷり楽しんでください。

日本代表全試合一覧

キャップ対象試合番号	年月日	勝敗	スコア	対戦相手	開催競技場
1	1930/9/24	△	3-3	B.C.代表	バンクーバー・スタンレーパーク
2	1932/1/31	○	9-8	カナダ	花園
3	1932/2/11	○	38-5	カナダ	神宮
4	1934/2/11	×	8-18	豪州学生	神宮
5	1934/2/18	○	14-9	豪州学生	花園
6	1936/2/9	×	8-16	NZU	神宮
7	1936/2/16	△	9-9	NZU	花園
8	1952/10/1	×	0-35	オックスフォード大	花園
9	1952/10/5	×	0-52	オックスフォード大	東京
10	1953/9/27	×	11-34	ケンブリッジ大	花園
11	1953/10/4	×	6-35	ケンブリッジ大	秩父宮
12	1956/3/4	×	14-16	豪州学生	平和台
13	1956/3/21	×	8-19	豪州学生	秩父宮
14	1956/3/25	×	6-19	豪州学生	花園
15	1958/3/2	×	3-34	NZコルツ	平和台
16	1958/3/9	×	6-32	NZコルツ	花園
17	1958/3/23	×	3-56	NZコルツ	秩父宮
18	1959/3/15	×	17-21	B.C.代表	花園
19	1959/3/22	△	11-11	B.C.代表	秩父宮
20	1959/9/27	×	6-54	オックスブリッジ連合	花園
21	1959/10/4	×	14-44	オックスブリッジ連合	秩父宮
22	1964/4/13	○	33-6	B.C.代表	バンクーバー
23	1967/3/12	×	3-19	NZU	花園
24	1967/3/21	×	8-55	NZU	秩父宮
25	1968/6/3	○	23-19	NZジュニア	ウエリントン・アスレティックパーク
26	1968/6/8	×	16-25	NZU	ウエリントン・アスレティックパーク
27	1969/3/9	○	24-22	香港	秩父宮
28	1970/1/18	○	42-11	タイ	バンコク
29	1970/3/8	×	6-16	NZU	秩父宮
30	1970/3/15	×	14-28	NZU	花園
31	1970/3/22	○	32-3	B.C.カナダ	秩父宮
32	1970/3/29	×	14-46	NZU	秩父宮
33	1971/9/24	×	19-27	イングランドxv	花園
34	1971/9/28	×	3-6	イングランドxv	秩父宮
35	1972/4/2	○	24-22	豪州コルツ	花園
36	1972/4/8	△	17-17	豪州コルツ	秩父宮
37	1972/11/11	○	16-0		香港
38	1973/10/6	×	14-62	ウェールズxv	カーディフ・アームズパーク
39	1973/10/13	×	10-19	イングランドU23	トゥイッケナム
40	1973/10/28	×	18-30	フランス代表	ボルドー
41	1974/5/12	×	31-40	NZU	ダニーデン
42	1974/5/19	×	31-55	NZジュニア	オークランド・イーデンパーク
43	1974/5/26	○	24-21	NZU	ウエリントン・アスレティックパーク
44	1974/11/23	○	44-6	スリランカ	コロンボ
45	1975/3/30	○	16-13	ケンブリッジ大	国立競技場
46	1975/8/2	×	7-37	オーストラリア	シドニークリケットグラウンド

キャップ対象試合番号	年月日	勝敗	スコア	対戦相手	開催競技場
47	1975/8/17	×	25-30	オーストラリア	ブリスベン
48	1975/9/21	×	12-56	ウェールズxv	花園
49	1975/9/24	×	6-82	ウェールズxv	国立競技場
50	1976/3/28	×	6-45	NZU	国立競技場
51	1976/5/12	×	7-38	ブリティッシュコロンビア代表	バンクーバー・スワンガード
52	1976/9/25	×	9-34	スコットランドxv	エジンバラ・マレーフィールド
53	1976/10/9	×	9-63	ウェールズクラブ連合	スウォンジー
54	1976/10/16	×	15-58	イングランドU22	トゥイッケナム
55	1976/10/21	×	3-25	イタリア	パドヴァ
56	1976/11/20	○	11-3	韓国	ソウル・ソウルスタジアム
57	1977/3/27	×	16-20	オックスフォード大	国立競技場
58	1978/9/18	×	9-74	スコットランドxv	国立競技場
59	1978/3/5	×	6-42	クインズランド	秩父宮
60	1978/9/23	×	16-55	フランスxv	国立競技場
61	1978/11/25	○	16-4	韓国	クアラルンプル・ムルデカスタジアム
62	1979/5/13	×	19-28	イングランドxv	花園
63	1979/5/20	×	18-38	イングランドxv	国立競技場
64	1979/9/24	×	19-28	ケンブリッジ大	国立競技場
65	1980/3/30	△	25-25	NZU	国立競技場
66	1980/10/4	×	13-15	オランダ代表	イルベルサム
67	1980/10/19	×	3-23	フランス	ツールーズ・ムニシパルスタジアム
68	1980/11/16	○	21-12	ソウル(韓国)	台北市営運動場
69	1981/3/21	○	10-9	豪州学生	秩父宮
70	1982/1/30	○	18-12	香港	秩父宮
71	1982/4/11	○	24-18	カナダ	花園
72	1982/4/18	○	16-6	カナダ	秩父宮
73	1982/5/16	×	20-35	NZU	ウエリントン・アスレティックパーク
74	1982/5/30	×	6-22	NZU	プケコヘ
75	1982/9/19	×	0-43	イングランド学生代表	花園
76	1982/9/26	○	31-15	NZU	国立競技場
77	1982/11/27	×	9-12	韓国	シンガポール Jalan Besar Std.
78	1983/9/25	×	10-15	オックスブリッジ連合	国立競技場
79	1983/10/22	×	24-29	ウェールズxv	カーディフ・アームズパーク
80	1984/9/30	×	0-52	フランスxv	花園
81	1984/10/7	×	12-40	フランスxv	国立競技場
82	1984/10/27	○	20-13	韓国	福岡春日球技場
83	1985/4/21	×	15-16	アメリカ	秩父宮
84	1985/5/26	×	13-48	アイルランドxv	長居陸上
85	1985/6/2	×	15-33	アイルランドxv	秩父宮
86	1985/10/19	×	0-50	フランスxv	ダックス
87	1985/10/26	×	0-52	フランスxv	ナント
88	1986/5/31	△	9-9	アメリカ	ロサンゼルス・エルカミノ大
89	1986/6/7	○	26-21	カナダ	バンクーバー・スワンガード
90	1986/9/27	×	18-33	スコットランドxv	エジンバラ・マレーフィールド
91	1986/10/11	×	12-39	イングランドｘｖ	トゥイッケナム

キャップ対象試合番号	年月日	勝敗	スコア	対戦相手	開催競技場
92	1986/11/29	×	22-24	韓国	バンコク・チュラロンコンスタジアム
93	1987/5/24	×	18-21	アメリカ	ブリスベン(第1回W杯)
94	1987/5/30	×	7-60	イングランド	シドニー(第1回W杯)
95	1987/6/3	×	23-42	オーストラリア	シドニー(第1回W杯)
96	1987/10/3	×	12-24	アイルランド学生代表	国立競技場
97	1987/10/25	×	0-74	ニュージーランドxv	花園
98	1987/11/1	×	4-106	ニュージーランドxv	国立競技場
99	1988/10/1	×	12-23	オックスフォード大	秩父宮
100	1988/11/19	×	13-17	韓国	香港ガバメントスタジアム
101	1989/5/28	○	28-24	スコットランドxv	秩父宮
102	1990/3/4	×	6-32	フィジー	秩父宮
103	1990/4/8	○	28-16	トンガ	秩父宮
104	1990/4/11	○	26-10	韓国	秩父宮
105	1990/4/15	×	11-37	西サモア	秩父宮
106	1990/9/23	×	15-25	アメリカ	秩父宮
107	1990/10/27	×	9-13	韓国	コロンボ・スガタダサ・スタジアム
108	1991/4/27	×	9-20	アメリカ	ミネアポリス
109	1991/5/5	×	15-27	アメリカ	シカゴ
110	1991/5/11	×	26-49	カナダ	バンクーバー
111	1991/9/7	○	42-3	香港	江戸川陸上
112	1991/10/5	×	9-47	スコットランド	エジンバラ・マレーフィールド(第2回W杯)
113	1991/10/9	×	16-32	アイルランド	ダブリン・ランズダウンロード(第2回W杯)
114	1991/10/14	○	52-8	ジンバブエ	ベルファスト・レイベンヒル(第2回W杯)
115	1992/9/26	○	37-9	香港	ソウル東大門
116	1993/5/15	×	27-30	アルゼンチン	トゥクマン
117	1993/5/22	×	20-45	アルゼンチン	ブエノスアイレス
118	1993/10/16	×	5-55	ウェールズ	カーディフ・アームズパーク
119	1994/5/8	○	24-18	フィジー	松山運動公園陸上競技場
120	1994/5/15	○	20-8	フィジー	国立競技場
121	1994/6/18	○	22-10	香港	札幌月寒
122	1994/10/29	○	26-11	韓国	クアラルンプル・チェラス陸上競技場
123	1995/2/11	×	16-47	トンガ	瑞穂
124	1995/2/19	×	16-24	トンガ	秩父宮
125	1995/5/3	○	34-21	ルーマニア	秩父宮
126	1995/5/27	×	10-57	ウェールズ	ブルームフォンテン・フリーステートスタジアム(第3回W杯)
127	1995/5/31	×	28-50	アイルランド	ブルームフォンテン・フリーステートスタジアム(第3回W杯)
128	1995/6/4	×	17-145	ニュージーランド	ブルームフォンテン・フリーステートスタジアム(第3回W杯)
129	1996/5/11	○	34-27	香港	秩父宮
130	1996/5/18	×	9-33	香港	香港アバディーン競技場
131	1996/6/9	×	18-45	カナダ	秩父宮
132	1996/6/16	○	24-18	アメリカ	秩父宮
133	1996/7/6	×	5-74	アメリカ	サンフランシスコ・バルボアパーク
134	1996/7/13	×	30-51	カナダ	バンクーバー・サンダーバードスタジアム
135	1996/11/9	○	41-25	韓国	台北スタジアム
136	1997/5/3	×	20-42	香港	香港アバディーン競技場

キャップ対象試合番号	年月日	勝敗	スコア	対戦相手	開催競技場
137	1997/5/18	○	32-31	カナダ	秩父宮
138	1997/5/25	×	12-20	アメリカ	花園
139	1997/6/7	×	29-51	アメリカ	サンフランシスコ・バルボアパーク
140	1997/6/13	×	18-42	カナダ	バンクーバー・サンダーバードスタジアム
141	1997/6/29	×	23-41	香港	秩父宮
142	1998/5/3	×	22-30	カナダ	秩父宮
143	1998/5/10	×	27-38	アメリカ	秩父宮
144	1998/5/23	○	38-31	香港	香港アバディーン競技場
145	1998/6/7	×	16-17	香港	秩父宮
146	1998/6/13	○	25-21	アメリカ	サンフランシスコ・バルボアパーク
147	1998/6/20	×	25-34	カナダ	バンクーバー・サンダーバードスタジアム
148	1998/9/15	○	44-29	アルゼンチン	秩父宮
149	1998/10/24	○	40-12	韓国	シンガポール
150	1998/10/27	○	134-6	台湾	シンガポール
151	1998/10/31	○	47-7	香港	シンガポール
152	1998/12/18	×	17-21	韓国	バンコク
153	1999/5/1	○	23-21	カナダ	秩父宮
154	1999/5/8	○	44-17	トンガ	秩父宮
155	1999/5/22	○	37-34	サモア	花園
156	1999/6/5	×	9-16	フィジー	ラウトカ・チャーチルパーク
157	1999/6/12	○	47-31	アメリカ	ホノルル・カピオラニパーク
158	1999/8/20	○	30-7	スペイン	国立競技場
159	1999/10/3	×	9-43	サモア	レクサム・レースコースグラウンド（第4回W杯）
160	1999/10/9	×	15-64	ウェールズ	カーディフ・ミレニアムスタジアム（第4回W杯）
161	1999/10/16	×	12-33	アルゼンチン	カーディフ・ミレニアムスタジアム（第4回W杯）
162	2000/5/20	×	22-47	フィジー	秩父宮
163	2000/5/27	×	21-36	アメリカ	花園
164	2000/6/3	×	25-26	トンガ	秩父宮
165	2000/6/10	×	9-68	サモア	アピア・アピアパーク
166	2000/7/2	○	34-29	韓国	青森総合運動公園陸上競技場
167	2000/7/15	×	18-62	カナダ	トロント・フレッチャーズパーク
168	2000/11/11	×	9-78	アイルランド	ダブリン・ランズダウンロード
169	2001/5/13	○	27-19	韓国	秩父宮
170	2001/5/27	○	65-15	台湾	台南ラグビーパーク
171	2001/6/10	×	10-64	ウェールズ	花園
172	2001/6/17	×	30-53	ウェールズ	秩父宮
173	2001/7/4	×	8-47	サモア	東京スタジアム
174	2001/7/8	○	39-7	カナダ	秩父宮
175	2002/5/19	○	59-19	ロシア	国立競技場
176	2002/5/25	×	29-41	トンガ	熊谷
177	2002/6/16	○	90-24	韓国	国立競技場
178	2002/7/6	○	155-3	台湾	国立競技場
179	2002/7/14	○	55-17	韓国	ソウル東大門
180	2002/7/21	○	120-3	台湾	台南ラグビーパーク
181	2002/10/13	×	34-45	韓国	ウルサン

キャップ対象試合番号	年月日	勝敗	スコア	対戦相手	開催競技場
182	2003/5/17	×	27-69	アメリカ	サンフランシスコ・バルボアパーク
183	2003/5/25	×	34-43	ロシア	秩父宮
184	2003/6/5	×	5-63	オーストラリアA	大阪長居第2陸上競技場
185	2003/6/8	×	15-66	オーストラリアA	秩父宮
186	2003/6/15	○	86-3	韓国	花園
187	2003/7/3	×	10-37	イングランドxv	東京・味の素スタジアム
188	2003/7/6	×	20-55	イングランドxv	国立競技場
189	2003/10/12	×	11-32	スコットランド	タウンズビル・デイリーファーマーズ（第5回W杯）
190	2003/10/18	×	29-51	フランス	タウンズビル・デイリーファーマーズ（第5回W杯）
191	2003/10/23	×	13-41	フィジー	タウンズビル・デイリーファーマーズ（第5回W杯）
192	2003/10/27	×	26-39	アメリカ	ゴスフォード・エクスプレス・アドヴォケイト（第5回W杯）
193	2004/5/16	△	19-19	韓国	秩父宮
194	2004/5/27	○	29-12	ロシア	国立競技場
195	2004/5/30	○	34-21	カナダ	秩父宮
196	2004/7/4	×	19-32	イタリア	秩父宮
197	2004/11/13	×	8-100	スコットランド	パース（UK）
198	2004/11/20	×	10-25	ルーマニア	ブカレスト
199	2004/11/26	×	0-98	ウェールズ	カーディフ
200	2005/4/16	×	18-24	ウルグアイ	モンテビデオ
201	2005/4/23	×	36-68	アルゼンチン	ブエノスアイレス
202	2005/5/8	○	91-3	香港	秩父宮
203	2005/5/15	○	50-31	韓国	寧越（韓国）
204	2005/5/25	○	23-16	ルーマニア	国立競技場
205	2005/5/29	×	10-15	カナダ	秩父宮
206	2005/6/12	×	12-44	アイルランド	長居陸上
207	2005/6/19	×	18-47	アイルランド	秩父宮
208	2005/11/5	○	44-29	スペイン	秩父宮
209	2006/4/16	○	82-9	アラビアンガルフ	秩父宮
210	2006/4/23	○	50-14	韓国	秩父宮
211	2006/5/14	○	32-7	グルジア	花園
212	2006/6/4	×	16-57	トンガ	北九州　本城陸上競技場
213	2006/6/11	×	6-52	イタリア	秩父宮
214	2006/6/17	×	9-53	サモア	ニュープリムス
215	2006/6/24	×	8-38	ジュニアオールブラックス	ダニーデン
216	2006/7/1	×	15-29	フィジー	長居陸上
217	2006/11/18	○	52-3	香港	香港
218	2006/11/25	○	54-0	韓国	香港
219	2007/4/22	○	82-0	韓国	秩父宮
220	2007/4/29	○	73-3	香港	秩父宮
221	2007/5/26	×	15-30	フィジー	ラウトカ・チャーチルパーク
222	2007/6/2	○	20-17	トンガ	コフスハーバー（豪）
223	2007/6/9	×	10-71	オーストラリアA	タウンズビル
224	2007/6/16	×	3-13	サモア	仙台

キャップ対象試合番号	年月日	勝敗	スコア	対戦相手	開催競技場
225	2007/6/24	×	3-51	ジュニアオールブラックス	秩父宮
226	2007/8/18	×	12-36	イタリア	サンバンサン
227	2007/9/8	×	3-91	オーストラリア	リヨン(第6回W杯)
228	2007/9/12	×	31-35	フィジー	トゥールーズ(第6回W杯)
229	2007/9/20	×	18-72	ウェールズ	カーディフ(第6回W杯)
230	2007/9/25	△	12-12	カナダ	ボルドー(第6回W杯)
231	2008/4/26	○	39-17	韓国	仁川・文鶴
232	2008/5/3	○	114-6	アラビアンガルフ	花園
233	2008/5/10	○	82-6	カザフスタン	アルマトイ
234	2008/5/18	○	75-29	香港	新潟
235	2008/6/8	×	21-42	オーストラリアA	福岡博多の森
236	2008/6/15	○	35-13	トンガ	仙台
237	2008/6/22	×	12-24	フィジー	国立競技場
238	2008/6/28	×	22-65	マオリオールブラックス	ネイピア
239	2008/7/5	×	31-37	サモア	アピア
240	2008/11/16	○	29-19	アメリカ	瑞穂
241	2008/11/22	○	32-27	アメリカ	秩父宮
242	2009/4/25	○	87-10	カザフスタン	花園
243	2009/5/2	○	59-6	香港	香港
244	2009/5/16	○	80-9	韓国	花園
245	2009/5/23	○	45-15	シンガポール	シンガポール
246	2009/6/18	×	15-34	サモア	シンガトカ(フィジー)
247	2009/6/23	×	21-52	ジュニアオールブラックス	ラウトカ(フィジー)
248	2009/6/27	○	21-19	トンガ	ラウトカ(フィジー)
249	2009/7/3	×	39-40	フィジー	スヴァ(フィジー)
250	2009/11/15	○	46-8	カナダ	仙台
251	2009/11/21	○	27-6	カナダ	秩父宮
252	2010/5/1	○	71-13	韓国	慶山(韓国)
253	2010/5/8	○	60-5	アラビアンガルフ	秩父宮
254	2010/5/15	○	101-7	カザフスタン	秩父宮
255	2010/5/22	○	94-5	香港	秩父宮
256	2010/6/12	×	8-22	フィジー	ラウトカ
257	2010/6/19	○	31-23	サモア	アピア
258	2010/6/26	○	26-23	トンガ	アピア(サモア)
259	2010/10/30	×	10-13	サモア	秩父宮
260	2010/11/6	○	75-3	ロシア	秩父宮
261	2011/4/30	○	45-22	香港	香港
262	2011/5/7	○	61-0	カザフスタン	バンコク
263	2011/5/13	○	111-0	UAE	ドバイ
264	2011/5/21	○	90-13	スリランカ	コロンボ
265	2011/7/2	×	15-34	サモア	秩父宮
266	2011/7/9	○	28-27	トンガ	スヴァ(フィジー)
267	2011/7/13	○	24-13	フィジー	ラウトカ
268	2011/8/13	×	24-31	イタリア	チェゼーナ
269	2011/8/21	○	20-14	アメリカ	秩父宮

キャップ対象試合番号	年月日	勝敗	スコア	対戦相手	開催競技場
270	2011/9/9	×	21-47	フランス	ノースハーバー(第7回W杯)
271	2011/9/16	×	7-83	ニュージーランド	ハミルトン(第7回W杯)
272	2011/9/21	×	18-31	トンガ	ファンガレイ(第7回W杯)
273	2011/9/27	△	23-23	カナダ	ネイピア(第7回W杯)
274	2012/4/28	○	87-0	カザフスタン	アルマトイ
275	2012/5/5	○	106-3	UAE	福岡博多の森
276	2012/5/12	○	52-8	韓国	ソウル城南
277	2012/5/19	○	67-0	香港	秩父宮
278	2012/6/5	×	19-25	フィジー	瑞穂
279	2012/6/10	×	20-24	トンガ	秩父宮
280	2012/6/17	×	26-27	サモア	秩父宮
281	2012/11/10	○	34-23	ルーマニア	ブカレスト
282	2012/11/17	○	25-22	グルジア	トビリシ
283	2013/4/20	○	121-0	フィリピン	福岡レベスタ
284	2013/4/27	○	38-0	香港	香港
285	2013/5/4	○	64-5	韓国	秩父宮
286	2013/5/10	○	93-3	UAE	ドバイ
287	2013/5/25	×	17-27	トンガ	三ツ沢
288	2013/6/1	×	8-22	フィジー	ラウトカ
289	2013/6/8	×	18-22	ウェールズ	花園
290	2013/6/15	○	23-8	ウェールズ	秩父宮
291	2013/6/19	○	16-13	カナダ	瑞穂
292	2013/6/23	○	38-20	アメリカ	秩父宮
293	2013/11/2	×	6-54	ニュージーランド	秩父宮
294	2013/11/9	×	17-42	スコットランド	マレーフィールド
295	2013/11/15	○	40-13	ロシア	コルウィンベイ(ウェールズ)
296	2013/11/23	○	40-7	スペイン	マドリッド
297	2014/5/3	○	99-10	フィリピン	カランバ
298	2014/5/10	○	132-10	スリランカ	瑞穂
299	2014/5/17	○	62-5	韓国	仁川・文鶴
300	2014/5/25	○	49-8	香港	国立競技場
301	2014/5/30	○	33-14	サモア	秩父宮
302	2014/6/7	○	34-25	カナダ	バーナビー・スワンガード
303	2014/6/14	○	37-29	アメリカ	ロサンゼルス
304	2014/6/21	○	26-23	イタリア	秩父宮
305	2014/11/15	○	18-13	ルーマニア	ブカレスト
306	2014/11/23	×	24-35	グルジア	トビリシ
307	2015/4/18	○	56-30	韓国	仁川・南洞
308	2015/5/2	○	41-0	香港	秩父宮
209	2015/5/9	○	66-10	韓国	福岡レベスタ
310	2015/5/22	△	3-0	香港	香港仔
311	2015/7/18	○	20-6	カナダ	サンノゼ
312	2015/7/24	×	18-23	アメリカ	サクラメント
313	2015/7/29	×	22-27	フィジー	トロント
314	2015/8/3	×	20-31	トンガ	バーナビー・スワンガード
315	2015/8/22	○	30-8	ウルグアイ	福岡レベスタ
316	2015/8/29	○	40-0	ウルグアイ	秩父宮
317	2015/9/5	○	13-10	ジョージア	グロスター

キャップ対象試合番号	年月日	勝敗	スコア	対戦相手	開催競技場
318	2015/9/19	○	34-32	南アフリカ	ブライトン(第8回W杯)
319	2015/9/23	×	10-45	スコットランド	グロスター(第8回W杯)
320	2015/10/3	○	26-5	サモア	ミルトンキーンズ(第8回W杯)
321	2015/10/11	○	28-18	アメリカ	グロスター(第8回W杯)
322	2016/4/30	○	85-0	韓国	三ツ沢
323	2016/5/7	○	38-3	香港	香港FC
324	2016/5/21	○	60-3	韓国	仁川南洞
325	2016/5/28	○	59-17	香港	秩父宮
326	2016/6/11	○	26-22	カナダ	バンクーバーBCプレイス
327	2016/6/18	×	13-26	スコットランド	豊田スタジアム
328	2016/6/25	×	16-21	スコットランド	味の素スタジアム
329	2016/11/5	×	20-54	アルゼンチン	秩父宮
330	2016/11/12	○	28-22	ジョージア	トビリシ
331	2016/11/19	×	30-33	ウェールズ	カーディフ
332	2016/11/26	×	25-38	フィジー	ヴァンヌ(フランス)
333	2017/4/22	○	47-29	韓国	仁川南洞
334	2017/4/29	○	80-10	韓国	秩父宮
335	2017/5/6	○	29-17	香港	秩父宮
336	2017/5/13	○	16-0	香港	香港FC
337	2017/6/10	○	33-21	ルーマニア	熊本
338	2017/6/17	×	22-50	アイルランド	静岡エコパ
339	2017/6/24	×	13-35	アイルランド	味の素スタジアム
340	2017/11/4	×	30-63	オーストラリア	横浜・日産スタジアム
341	2017/11/19	○	39-6	トンガ	トゥールーズ(フランス)
342	2017/11/25	△	23-23	フランス	ナンテール・Uアリーナ
343	2018/6/9	○	34-17	イタリア	大分
344	2018/6/16	×	22-25	イタリア	神戸ノエスタ
345	2018/6/23	○	28-0	ジョージア	豊田スタジアム
346	2018/11/3	×	31-69	ニュージーランド	味の素スタジアム
347	2018/11/17	×	15-35	イングランド	トゥイッケナム
348	2018/11/24	○	32-27	ロシア	グロスター(UK)
349	2019/7/27		-	フィジー	釜石
350	2019/8/3		-	トンガ	花園
351	2019/8/10		-	アメリカ	スヴァ(フィジー)
352	2019/9/6		-	南アフリカ	熊谷
353	2019/9/20		-	ロシア	東京スタジアム(第9回W杯)
354	2019/9/28		-	アイルランド	静岡エコパ(第9回W杯)
355	2019/10/5		-	サモア	豊田スタジアム(第9回W杯)
356	2019/10/13		-	スコットランド	横浜国際競技場(第9回W杯)
357	2019			-	

所属クラブ等	デビュー	CAP	ポジション	通算得点
	1930BC	1	プロップ	
毎日新聞	1930BC	1	フッカー	
	1930BC	1	プロップ	
三菱化成工業	1930BC	3	ロック	
朝鮮鉄道局※日本代表監督1959	1930BC	1	ロック	
慶大OB	1930BC	1	フランカー	
東大OB	1930BC	1	No8	
	1930BC	3	SO	
	1930BC	1	SH	
	1930BC	1	SO	
東京鉄道局	1930BC	4	WTB	15
	1930BC	1	CTB	
満州鉄道	1930BC	4	CTB	3
毎日新聞	1930BC	6	WTB	8
毎日新聞	1930BC	1	FB	
富士箱根自動車	1930BC	1		
毎日新聞	1932カナダ1	2	プロップ	
京北電鉄	1932カナダ1	3	フッカー	
	1932カナダ1	6	プロップ	
	1932カナダ1	4	ロック	
	1932カナダ1	2	フランカー	3
	1932カナダ1	2	フランカー	3
	1932カナダ1	2	No8	
	1932カナダ1	2	SH	
	1932カナダ1	2	SO	3
	1932カナダ1	2	CTB	3
	1932カナダ1	1	WTB	
日活	1932カナダ1	6	FB、SO	33
	1932カナダ2	4	SO	3
	1934オーストラリア学生1	1	フッカー	
	1934オーストラリア学生1	2	プロップ	
	1934オーストラリア学生1	1	ロック	
川崎重工		4		
	1934オーストラリア学生1	2	フランカー	
西鉄	1934オーストラリア学生1	2	SH	
安田火災	1934オーストラリア学生1	2	CTB	
	1934オーストラリア学生2	2	ロック	
	1934オーストラリア学生2	1	WTB	3
	1934オーストラリア学生2	1	CTB	
東芝	1936NZU1	2	プロップ	
	1936NZU1	1	フッカー	
	1936NZU1	1	ロック	
	1936NZU2	2	ロック	
	1936NZU1	2	フランカー	
	1936NZU1	1	SH	
	1936NZU1	2	SH	
	1936NZU1	1	CTB	
	1936NZU1	2	WTB	3
	1936NZU1	2	FB	
朝鮮鉄道局	1936NZU2	1	プロップ	
朝鮮鉄道局※日本代表監督1959	1936NZU2	1	SH	
	1936NZU2	1	CTB	
	1952オックスフォード1	2	プロップ	
近鉄	1952オックスフォード1	2	フッカー	
大映※日本代表監督1974-1981	1952オックスフォード1	4	プロップ、フッカー	
川崎重工	1952オックスフォード1	2	ロック	
セコム	1952オックスフォード1	4	ロック	
日本鋼管	1952オックスフォード1	2	フランカー	
エーコンクラブ	1952オックスフォード1	1	ロック。No8	
	1952オックスフォード1	2	CTB	3
近鉄	1952オックスフォード1	1	SH	
神戸製鋼	1952オックスフォード1	1	SO	
日興證券	1952オックスフォード1	2	WTB	
	1952オックスフォード1	1	CTB	
サントリー	1952オックスフォード1	1	CTB	
日産自動車	1952オックスフォード1	4	WTB	3

歴代日本代表キャップ名鑑

No.	氏 名	生年月日	出身地	出身校	
1	矢飼督之	1909.6.27	島根県	慶應普通部－慶大	
2	岩下秀三郎	1904.5.14	栃木県	慶應普通部－慶大	
3	太田義一	1908.12.24	京都府	京都一商－早大	
4	三島(足立)實	1906.2.11	大阪府	天王寺中－大阪高－京大	
5	知葉友雄	1905.6.2	大阪府	正則中－明大	
6	吉沢(宮地)秀雄	1903.12.12	東京都	慶應普通部－慶大	
7	和田志良	1904.7.13	兵庫県	旧制三高－東大	
8	清水精三	1911.7.15	東京都	慶應普通部－慶大	
9	前川(萩原)丈夫	1904.4.8	東京都	慶應普通部－慶大	
10	松原健一	1907.11.25	長崎県	釜山中－明大	
11	中島(鳥羽)善次郎	1910.2.4	佐賀県	佐賀山城中－岡山関西中－明大	
12	藤井貢	1909.8.28	東京都	慶應普通部－慶大	
13	柯子彰	1910.10.22	台湾	同志社中－早大	
14	北野孟郎	1911.3.24	埼玉県	慶應普通部－慶大	
15	寺村誠一	1906.2.4	大阪府	大阪中－東大	
16	鈴木秀丸	1907.10.30	東京都	法大	
17	伊集院浩	1907.6.14	鹿児島県	順天中－明大	
18	松原武七	1911.4.24	京都府	京都一商－早大	
19	西垣三郎	1912.4.15	京都府	立命館高－明大	
20	大野信次	1909.12.1	東京都	名教中－早大	
21	岡田由男	1906.11.29	群馬県	富岡中－明大	
22	都志悌二	1908.4.24	岡山県	同志社中－明大	
23	足立卓夫	1908.10.5	大阪府	天王寺高－京大	
24	木下太郎	1909.12.12	岡山県	金光中－明大	
25	丹羽正彦	1913.1.16	岡山県	関西中－明大	
26	平生三郎	1911.2.11	兵庫県	甲南高－京大	
27	馬場武夫	1904.5.24	東京都	旧制三高－京大	
28	笠原恒彦	1911.7.18	北海道	北海中－明大	
29	野上一郎	1912.5.10	京都府	京都三中－早大	
30	松田久治	1908.9.26	北海道	北海中－明大	
31	山本(佐々倉)太郎	1911.2.28	福岡県	修猷館高－慶大	
32	真野喜平	1908.8.26	静岡県	沼津東高－慶大	
33	米華真四郎	1914.5.12		早大	
34	田治正浩	1913.3.10	東京都	慶應普通部－慶大	
35	飯森隆一	1910.3.25	福岡県	東京府立八中－早大	
36	辻田勉	1912	ソウル	京城商－明大	
37	田川博	1912.9.10	東京都	慶應普通部－慶大	
38	内藤卓	1909.8.10	兵庫県	明石中－同大	
39	橋廣	1910.12.11	兵庫県	同志社中－同大	
40	西海一嗣	1912.12.23	千葉県	早大	
41	酒井通博	1912.11.28	東京都	慶應普通部－慶大	
42	伊藤英夫	1912	兵庫県	神戸一中－慶大	
43	山口和夫	1912	千葉県	京北中－明大	
44	鍋加弘之	1916.10.17	兵庫県	神戸二中－明大	
45	山本春樹	1913.11.23	東京都	京北中－早大	
46	木下良平	1913.3.26	岡山県	岡山二中－明大	
47	川越藤一郎	1914.4.9	京都府	京都一中－早大	
48	阪口正二	1913.11.18	大阪府	今宮中－早大	
49	鈴木功	1914.5.24	静岡県	京都一中－早大高等学院－早大	
50	太田巖	1914.6.25	千葉県	海城中－明大	
51	和田政雄	1915.1.2	韓国・京城	京城商－明大	
52	西善二	1912.2.24	熊本県	神戸一中－慶大	
53	関川哲男	1930.2.19	佐賀県	佐賀高－慶大	
54	中島義信	1920.11.1	徳島県	阿波中－立命大	
55	斉藤尞	1926.10.30	北海道	北海中－明大	
56	田中昭	1929.12.17	大阪府	北野中－早大	
57	橋本晋一	1926.11.27	北海道	函館中－早大	
58	藤井厚	1929.3.17	東京都	麻布中－早大	
59	高橋勇作	1924.5.23	兵庫県	甲南高－東大	
60	廣畠登	1939.5.24	大阪府	同志社高－同大	
61	門戸良太郎	1928.8.23	大阪府	天王寺中－同大	
62	柴垣復生	1925.5.4	大阪府	海軍兵学校－京大	
63	青木良昭	1930.11.23	大阪府	函館東高－早大	
64	小山昭一郎	1929.10.3	山口県	山口中－早大	
65	大塚卓夫	1931.2.24	兵庫県	北野中－関西学大	
66	横岩玄平	1927.5.10	北海道	函館商－旧制日体専－早大	

所属クラブ等	デビュー	CAP	ポジション	通算得点
八幡製鉄	1952オックスフォード1	10	FB	
横河電機	1952オックスフォード2	3	プロップ	
大丸	1952オックスフォード2	1	ロック	
八幡製鉄	1952オックスフォード2	12	FL、CTB	9
明大中野高監督	1952オックスフォード2	1	フランカー	
大映	1952オックスフォード2	1	SH	
九州電力	1952オックスフォード2	3	SO、CTB	11
	1952オックスフォード2	6	CTB	
日立鉱業	1952オックスフォード2	3	CTB	8
	1953ケンブリッジ1	1	フッカー	
大映	1953ケンブリッジ1	4	プロップ	
	1953ケンブリッジ1	2	フランカー	3
神戸市役所	1953ケンブリッジ1	1	SH	
近鉄	1953ケンブリッジ1	2	SO	
	1953ケンブリッジ1	2	WTB	
フジテレビ	1953ケンブリッジ1	6	ロック	2
八幡製鉄	1953ケンブリッジ2	4	No8	3
九州電力	1953ケンブリッジ2	3	SH	
	1953ケンブリッジ2	2	SO	6
北見北斗高教員	1956オーストラリア学生1	1	フッカー	
		6		
トヨタ自工	1956オーストラリア学生1	6	ロック	
日本製紙	1956オーストラリア学生1	1	ロック	
八幡製鉄	1956オーストラリア学生1	1	フランカー	3
三井化学	1956オーストラリア学生1	1	SO	
	1956オーストラリア学生1	2	WTB	
日立鉱業	1956オーストラリア学生1	5	CTB	
八幡製鉄	1956オーストラリア学生1	11	WTB	9
川崎重工	1956オーストラリア学生2	3	No8	
京都市役所	1956オーストラリア学生1	6	SO	6
	1956オーストラリア学生2	1	CTB	
	1956オーストラリア学生3	1	ロック	
日野自動車	1956オーストラリア学生3	1	SH	
近鉄	1958NZコルツ1	2	プロップ	
八幡製鉄	1958NZコルツ1	5	プロップ	3
日野自動車	1958NZコルツ1	5	ロック	
東横百貨店－新日鐵	1958NZコルツ1	5	SH	
九州電力	1958NZコルツ1	4	WTB	6
横河電機	1958NZコルツ	6	SO、CTB	8
秋田市役所	1958NZコルツ1	6	プロップ	3
大阪府警	1958NZコルツ2	2	SH	
日本鉱業	1958NZコルツ2	2	CTB	
東横百貨店※日本代表監督1976-1988	1958NZコルツ1	3	WTB	3
八幡製鉄	1958NZコルツ3	2	フランカー	3
	1959カナダ1	3	フッカー	
日野自動車	1959カナダ1	4	ロック	
	1959カナダ1	2	ロック	
	1959カナダ1	3	フランカー	6
谷藤機械	1959カナダ1	3	No8	3
八幡製鉄	1959カナダ1	2	FB	10
京都市役所	1959カナダ2	1	FB	2
東横百貨店	1959オックスブリッジ1	1	フッカー	
結城住建	1959オックスブリッジ1	1	プロップ	
東洋製罐/エーコン	1959オックスブリッジ1	1	フランカー	
横河電機	1959オックスブリッジ1	1	SO	
	1959オックスブリッジ1	2	CTB	
八幡製鉄	1959オックスブリッジ1	2	FB	
	1959オックスブリッジ2	1	No8	
リコー	1963BC	2	プロップ	
八幡製鉄	1963BC	1	フッカー	
名古屋教員	1963BC	1	プロップ	
八幡製鉄	1963BC	2	ロック	
八幡製鉄－日本プロレス	1963BC	1	ロック	
八幡製鉄	1963BC	1	フランカー	
近鉄	1963BC	5	フランカー	3
八幡製鉄	1963BC	1	フランカー	
日野自動車	1963BC	1	SH	
八幡製鉄	1963BC	1	SO	3

No.	氏名	生年月日	出身地	出身校	
67	佐藤英彦	1931.4.29	広島県	修猷館高－早大	
68	夏井末春	1931.8.20	秋田県	秋田高－明大	
69	竹谷武	1930.4.14	大阪府	天王寺中－慶大	
70	土屋俊明	1932.2.6	福岡県	福岡高－明大	
71	大和貞	1930,6,16	北海道	北海高－明大	
72	土屋英明	1929.12.20	福岡県	福岡中－明大	
73	松岡晴夫	1931.3.12	福岡県	山田高－明大	
74	今村隆一	1932.1.29	秋田県	秋田工－明大	
75	渡部昭彦	1930.4.13	広島県	崇徳高－明大	
76	松岡正也	1921.3.26	福岡県	嘉穂中－明大	
77	北島輝夫	1932.11.15	秋田県	秋田工高－明大	
78	原田秀雄	1930.4.21	秋田県	秋田工高－早大	
79	大塚満弥	1933.3.4	新潟県	新潟工－同大	
80	上坂桂造	1931.2.25	京都府	堀川高－同大	
81	佐々木敏郎	1929.3.28	佐賀県	佐賀工高－明大	
82	梅井良治	1931.3.27	京都府	京都一商－早大	
83	松重正明	1933.2.5	福岡県	福岡高－明大	
84	三苫学	1930.6.18	福岡県	糸島高－明大	
85	麻生純三	1931.2.21	福岡県	福岡中－明大	
86	蓑口一光	1932.6.25	北海道	北見北斗高－明大	
87	吉川公二			日大	
88	真野克宏	1932.3.30	福島県	磐城高－明大	
89	柴田孝	1933.5.18	東京都	成城学園高－慶大	
90	山崎靖彦	1931.5.7	福岡県	修猷館高－早大	
91	堀博俊	1926.2.5	福岡県	修猷館高－早大	
92	近藤功	1934.2.25	東京都	日大二高－日大	
93	寺西博	1935.2.8	北海道	北見北斗高－明大	
94	宮井国夫	1932.12.3	北海道	北見北斗高－明大	
95	須藤孝	1934.3.5	秋田県	天理高－日大	
96	新井大済(茂裕)	1933.4.1	兵庫県	村野工高－早大	
97	高岡晃一	1933.10.10	大阪府	布施高－関西学大	
98	小原隆一	1933.11.5	神奈川県	横浜商高－明大	
99	山本昌三郎	1932.4.1	福岡県	小倉高－早大	
100	南(貝元)義明	1930.8.11	兵庫県	尼崎中－関西学大	
101	藤晃和	1935.5.3	福岡県	明大	
102	片倉胖	1934.11.6	東京都	千歳高－早大	
103	今村耕一	1937.2.27	京都府	同志社高－慶大	
104	榎本力雄	1936.7.15	北海道	北見北斗高－明大	
105	青井達也	1932.7.3	大阪府	天王寺高－慶大	
106	小林清	1936.9.9	秋田県	秋田工高－明大	
107	堀川(斉藤)文男	1932.10.28	兵庫県	北野高－関西学大	
108	谷口隆三	1936.5.20	秋田県	秋田工高－早大	
109	日比野弘	1934.11.20	東京都	大泉高－早大	
110	尾崎政雄	1936.7.26	愛媛県	松山東高－早大	
111	志賀英一	1937.4.20	秋田県	秋田工高－早大	
112	田中聖二	1936.7.8	佐賀県	佐賀高－早大	
113	大塚謙次	1936.7.11	京都府	同志社香里高－同大	
114	宮島欽一	1936.1.2	東京都	京王高－慶大	
115	富永栄喜	1936.3.27	宮城県	石巻高－早大	
116	北岡進	1938.1.3	東京都	保善高－早大	
117	原田輝美	1936.3.4	熊本県	熊本工高－同大	
118	赤津喜一郎	1932.2.25	栃木県	宇都宮高－慶大	
119	結城昭康	1936.5.8	福岡県	修猷館高－早大	
120	龍野(堤)和久	1931.12.12	鹿児島県	慶応志木高－慶大	
121	平島正登	1936.11.12	福岡県	修猷館高－慶大	
122	石井堅司	1938.6.1	和歌山県	慶応高－慶大	
123	松信(松岡)要三	1937.1.28	福岡県	山田高－明大	
124	山田敬介	1937.1.27	福岡県	福岡高－慶大	
125	川崎和夫	1941.2.8	神奈川県	京王高－立大	
126	村田一男	1942.10.8	東京都	成城高－明大	
127	山田耕二	1942.5.23	愛知県	工芸高－日体大	
128	岡部英二	1938.9.17	北海道	北見北斗高－明大	
129	草津正武	1942.2.13	熊本県	熊本工高	
130	西住弘久	1939.5.25	福岡県	福岡工高	
131	石塚広治	1941.9.7	京都府	朱雀高－同大	
132	植木史朗	1937.9.7	福岡県	福岡高	
133	三浦修五郎	1939.6.20	秋田県	金足農高－明大	
134	北島治彦	1940.9.5	東京都	日本学園高－明大	

所属クラブ等	デビュー	CAP	ポジション	通算得点
トヨタ自工	1963BC	5	CTB	10
リコー	1963BC	19	WTB	63
東京三洋	1967NZU1	2	フッカー	
近鉄	1967NZU1	1	プロップ	
ライオン－エーコン	1967NZU1	4	ロック	
近鉄	1967NZU1	5	ロック	
岐阜教員	1967NZU1	13	フランカー	96
電電東海	1967NZU1	4	フランカー	
近鉄	1967NZU	3	SH	3
天理教本部	1967NZU1	14	SO	10
近鉄/カンタベリー代表※大体大監督	1967NZU1	16	WTB	40
三菱自工京都	1967NZU1	17	CTB	8
九州電力	1967NZU1	5	FB、SO	8
	1967NZU2	1	フッカー	
八幡製鉄	1967NZU2	1	プロップ	
東京三洋	1967NZU2	1	フランカー	3
エーコンクラブ－いの子屋	1967NZU2	1	フランカー	
八幡製鉄	1967NZU2	1	SH	
近鉄	1967NZU2	1	CTB	
八幡製鉄	1967NZU2	1	WTB	
近鉄	1967NZU2	1	FB	
近鉄	1968NZjrs	7	プロップ	
リコー	1968NZjrs	12	フッカー	
東京三洋	1968NZjrs	3	プロップ	
習志野自衛隊－近鉄－弘前クラブ	1968NZjrs	24	ロック	
リコー	1968NZjrs	24	フランカー	8
トヨタ自工	1968NZjrs	13	FB	15
東京三洋※日本代表監督1978-1987RWC1987	1969香港	1	プロップ	
富士鉄釜石	1969香港	1	ロック	
八幡製鉄	1969香港	21	ロック	
八幡製鉄	1969香港	1	No8	
リコー	1969香港	1	フランカー	
近鉄※日本代表監督1979	1969香港	23	SH	
八幡製鉄	1970タイ	11	プロップ	
三菱自工京都	1970タイ	3	No8	
リコー	1970タイ	4	WTB	14
東洋工業	1970タイ	10	CTB	10
三菱自工京都	1970NZU1	3	フッカー	
朝日新聞	1970NZU2	2	CTB	
近鉄	1970NZU2	9	プロップ	
近鉄※全日本プロレス	1970NZU2	17	プロップ	
リコー	1971イングランド1	11	No8	20
富士鉄釜石	1971イングランド1	4	CTB	
東京三洋	1972香港	1	プロップ	
三菱製鋼－住友金属－東京三洋	1972香港	10	ロック	
近鉄	1973ウェールズxv	1	プロップ	
住友銀行※日本代表監督1989-1991RWC1991	1973ウェールズxv	3	SH	
丸紅	1973ウェールズxv	22	WTB、CTB、FB	48
リコー※日本代表監督1980-1996	1973ウェールズxv	1	FB	6
トヨタ自動車	1973ウェールズxv	14	No8	
横河電機	1973イングランドU23	20	FB、SO	104
住友金属	1973ウェールズxv	6	フッカー	4
新日鐵八幡	1973フランス	1	フランカー	
栗田工業	1973フランス	8	SO	3
トヨタ自工	1974NZU1	18	プロップ	
リコー	1974NZU1	15	WTB	24
新日鐵釜石	1974NZjrs	27	CTB、SO	24
近鉄	1974NZjrs	18	CTB、WTB	12
リコー－伊勢丹	1974NZU1	28	フランカー	8
リコー	1974スリランカ	1	ロック	
博報堂	1974スリランカ	1	フランカー	8
新日鐵釜石	1974スリランカ	24	SO	77
新日鐵釜石※日本代表監督1992-1995RWC1995	1974スリランカ	1	SO	4
トヨタ自工－ラシン(Fra)	1974スリランカ	15	FB、WTB	47
東京三洋	1974スリランカ	2	WTB	8

No.	氏 名	生年月日	出身地	出身校	
135	尾崎真義	1940.4.12	兵庫県	村野工高－法大	
136	伊藤忠幸	1941.11.15	東京都	保善高－法大	
137	天明徹	1942.8.3	秋田県	秋田工高－日大	
138	神野崇	1941.10.22	徳島県	神戸商高－関西大	
139	堀越慈	1941.8.1	東京都	三田高－慶大	
140	鎌田勝美	1943.9.24	秋田県	金足農高－法大	
141	山口良治	1943.2.15	福井県	若狭農林高－日体大	
142	石田元成	1942.10.30	愛知県	西陵高－法大	
143	大久保吉則	1941.3.30	京都府	天理高－法大	
144	蒲原(藤本)忠正	1944.6.15	奈良県	天理高－早大	
145	坂田好弘	1942.9.26	大阪府	洛北高－同大	
146	横井章	1941.5.1	大阪府	大手前高－早大	
147	桂口力	1945.11.27	福岡県	小倉工高－法大	
148	村山繁	1944.8.2	東京都	成城高－早大	
149	小宮東彦	1941.3.31	千葉県	福岡工高	
150	加藤猛	1944.2.17	新潟県	新潟商高－早大	
151	藤田勝三	1941.12.23	大阪府	同志社香里高－同大	
152	東勝利	1939.11.1	北海道	北見北斗高－立大	
153	犬伏一誠	1945.2.6	奈良県	天理高－早大	
154	山岡久	1941.1.17	秋田県	秋田市立高－立大	
155	伊海田誠男	1939.8.1	東京都	城北高－日大	
156	川崎守央	1944.4.7	奈良県	布施工高	
157	後川光夫	1945.10.1	大阪府	天理高－早大	
158	猿田武夫	1945.8.5	秋田県	秋田工高－早大	
159	小笠原博	1943.4.23	青森県	弘前実業高	
160	井沢義明	1947.5.27	北海道	函館北高－早大	
161	萬谷勝治	1945.12.7	京都府	堀川高－早大	
162	宮地克実	1941.3.10	大阪府	菫中－四條畷高－同大	
163	伊藤正義	1944.7.17	秋田県	秋田市立高	
164	寺井敏雄	1946.10.10	福岡県	小倉工高	
165	谷川義夫	1945.5.21	東京都	慶應高－慶大	
166	内田昌裕	1945.9.26	長野県	城北高－中大	
167	今里良三	1947.3.13	兵庫県	報徳学園高－中大	
168	下薗征昭	1943.8.23	鹿児島県	川内高	
169	松岡智	1947.1.20	徳島県	美馬商工高	
170	水谷眞	1945.9.1	東京都	目黒高－法大	
171	島崎文治	1945.4.15	東京都	保善高－法大	
172	小俣忠彦	1940.8.10	兵庫県	神戸高－早大	
173	石山貴志夫	1946.10.31	秋田県	秋田工高－早大	
174	黒坂敏夫	1947.5.5	和歌山県	桃山学院高－同大	
175	原進	1947.1.8	長崎県	諫早農高－東洋大	
176	村田義弘	1947.2.21	茨城県	専大松戸高－中大	
177	宮田浩二	1947.3.20	東京都	青学小－慶應中･高－慶大	
178	飯降幸雄	1946.5.9	大阪府	桃山学院高－同大	
179	柴田浩一	1947.10.14	長崎県	長崎南高－同大	
180	吉野一仁	1949.8.31	大阪府	浪速高－大経大	
181	宿澤広朗	1950.9.1	東京都	熊谷高－早大	
182	藤原優	1953.7.22	山梨県	日川高－早大	
183	山本巖	1947.2.27	愛媛県	新田高－早大	
184	赤間英夫	1948.11.21	福岡県	福岡電波高－日体大	
185	植山信幸	1952.3.4	福岡県	報徳学園高－早大	
186	大東和美	1948.10.22	兵庫県	報徳学園高－早大	
187	吉田純司	1949.6.3	福岡県	福岡高－明大	
188	井口雅勝	1945.11.26	京都府	東山高－法大	
189	高田司	1949.2.2	秋田県	秋田工高－明大	
190	有賀健	1951.2.24	山梨県	日川高－日体大	
191	森重隆	1951.11.6	福岡県	福岡高－明大	
192	吉田正雄	1950.12.20	大阪府	近大附高－法大	
193	石塚武生	1952.5.18	静岡県	国学院久我山高－早大	
194	豊田茂	1949.10.8	福島県	磐城農高－中大	
195	山下治	1952.12.27	山梨県	日川高－早大	
196	松尾雄治	1954.1.20	東京都	東京RS/成城学園中･高/目黒高－明大	
197	小藪修	1947.10.24	大阪府	淀川工高－同大	
198	田中伸典	1954.3.8	岐阜県	天理高－天理大	
199	狩野均	1952.6.7	京都府	同志社高－同大	

所属クラブ等	デビュー	CAP	ポジション	通算得点
近鉄	1947スリランカ	1	WTB	8
リコー	1975ケンブリッジ	1	WTB	
新日鐵釜石	1975オーストラリア1	18	No8	4
新日鐵釜石	1975オーストラリア2	8	フッカー	
東京三洋	1975ウェールズ2	4	プロップ	
リコー	1975ウェールズ2	6	SO	3
東京海上ートヨタ自動車	1975ウェールズ2	6	SH	
三菱自工京都	1976NZU	8	プロップ	
東芝府中	1976NZU	11	ロック	
トヨタ自工	1976NZU	1	WTB	
横河電機	1976BC	8	フッカー	
神戸製鋼	1976BC	1	フランカー	
博報堂	1976BC	6	フランカー	
九州電力	1976BC	2	SH	
東京三洋	1976BC	12	WTB	28
新日鐵八幡	1976BC	19	CTB	18
神戸製鋼	1976スコットランドxv	8	プロップ	
新日鐵釜石	1976スコットランドxv	2	WTB	
明治生命	1976ウェールズクラブ連合	3	ロック	
船岡自衛隊ー新日鐵釜石	1976イタリア	9	プロップ、ロック	
新日鐵釜石	1977オックスフォード	3	ロック	
東京三洋	1977オックスフォード	1	フランカー	
新日鐵釜石	1977オックスフォード	1	SH	
山梨教員	1977スコットランドxv	10	SH	
ユニチカ	1979フランス	2	フッカー	
東京三洋	1978フランス	3	ロック	4
近鉄	1978韓国	1	プロップ	4
八幡製鉄	1978韓国	1	ロック	
トヨタ自工	1978韓国	3	FB、CTB	
新日鐵釜石	1979イングランド1	24	プロップ	
新日鐵釜石	1979イングランド1	14	FB	8
秋田市役所ー東芝府中	1979ケンブリッジ	14	FB、WTB	32
三菱重工長崎	1979ケンブリッジ	2	ロック	
秋田市役所	1979ケンブリッジ	13	No8	4
新日鐵釜石	1980NZU	19	プロップ	4
新日鐵釜石		26	No8、フランカー、ロック	16
秋田市役所	1980NZU	1	フランカー	
日新製鋼ー日本IBM	1980オランダ	32	フッカー	16
九州電力	1980オランダ	10	フランカー	8
リコー	1980オランダ	8	フランカー	
東芝府中	1980オランダ	1	SO	5
神戸製鋼※RWC1987主将	1980フランス	38	ロック	12
サントリー	1980フランス	23	SH	28
日新製鋼	1980フランス	12	CTB	12
トヨタ自工	1980韓国	3	フッカー	
トヨタ自工	1980韓国	4	プロップ	
トヨタ自工	2980韓国	6	WTB	12
丸紅	1982香港	1	ロック	
サントリー	1982カナダ1	5	フッカー	
サントリー	1982カナダ1	10	SO、WTB	67
九州電力	1982NZU1	2	ロック	
東芝府中	1982NZU2	10	ロック、フランカー、No8	
神戸製鋼※RWC1991主将、日本代表監督1997-2000RWC1999	1982NZU2	35	SO、CTB	12
三菱重工長崎	1982韓国	1	SO	
横河電機	1982韓国	1	WTB	
安田火災	1956オーストラリア学生1	2	プロップ	3
東芝府中	1979イングランド1	1	CTB	
神戸製鋼	1983オックスブリッジ	30	ロック、フランカー	12
日新製鋼	1983オックスブリッジ	2	ロック	
博報堂	1983オックスブリッジ	1	フランカー	
新日鐵釜石		7		23
ワールド	1983ウェールズ	1	WTB	
ワールド	1984フランス1	10	プロップ	
山梨教員	1984フランス1	9	フランカー	4
サントリー	1984フランス1	15	WTB	12

No.	氏 名	生年月日	出身地	出身校	
200	栗原進	1948.5.13	東京都	本郷高－東洋大	
201	平木明生	1949.12.25	香川県	愛媛大	
202	小林一郎	1950.7.16	岩手県	釜石北高	
203	和田透	1950.1.29	北海道	函館北高	
204	宮内正幸	1948.11.18	石川県	羽咋工高－中大	
205	星野繁一	1955.1.1	京都府	洛南中－西京商高－早大	
206	上田昭夫	1952.10.21	東京都	慶應小・中・高・慶大	
207	仲山健	1954.4.3	新潟県	新潟工高	
208	袋館龍太郎	1952.11.14	岩手県	福岡工高－東海大	
209	金指敦彦	1951.7.28	静岡県	下田北高－早大	
210	笹田学	1953.7.21	岩手県	盛岡工高－明大	
211	阿刀裕嗣	1953.8.22	福岡県	福岡高－明大	
212	豊山京一	1954.5.30	福岡県	福岡高－早大	
213	津山武雄	1954.1.4	広島県	広島工高－明大	
214	氏野博隆	1955.1.23	大阪府	天理高－同大	
215	南川洋一郎	1954.9.24	福岡県	福岡高－早大	
216	安井敏明	1953.2.22	大阪府	四條畷高－同大	
217	村口和夫	1949.5.10	大阪府	生野高－同大	
218	熊谷直志	1954.4.22	岩手県	黒沢尻工高－明大	
219	畠山剛	1950.8.7	秋田県	秋田西中	
220	瀬川清	1954.3.21	岩手県	釜石工高	
221	斉藤功	1941.12.13	長野県	松本工高	
222	南村明美	1948.1.3	北海道	北見北斗高	
223	松本純也	1955.1.25	山梨県	日川高－早大	
224	波々伯部稔	1952.8.1	京都府	同志社高－同大	
225	坂本満	1954.7.7	福島県	勿来工高－大東大	
226	豊田偉明	196.9.23	大阪府	近大附属高	
227	北原敏彦	1952.3.22	福岡県	飯塚商高	
228	矢島鉄朗	1955.8.10	兵庫県	報徳学園高－同大	
229	洞口孝治	1953.11.3	岩手県	釜石工高	
230	谷藤尚之	1951.9.15	北海道	函館北高	
231	戸嶋秀夫	1954.8.11	秋田県	金足農高－日大	
232	瀬川健三	1957.9.25	長崎県	長崎西高－明大	
233	瀬下和夫	1957.8.20	秋田県	秋田工高－明大	
234	石山次郎	1957.5.22	秋田県	能代工高	
235	千田美智仁	1958.12.22	岩手県	黒沢尻工高	
236	高橋寛彰	1957.10.8	秋田県	秋田工高－日大	
237	藤田剛	1961.1.27	大阪府	大阪工大高－明大	
238	川地光	1957.1.6	熊本県	熊本工高－東洋大	
239	伊藤隆	1955.12.7	宮城県	石巻工－早大	
240	及川紳一	1955.12.19	岩手県	盛岡工高－日大	
241	林敏之	1960.2.8	徳島県	徳島城北高－同大	
242	小西義光	1957.4.20	宮崎県	高鍋高－専大	
243	金谷福身	1957.8.12	宮崎県	高鍋高－明大	
244	平井俊洋	1952.6.11	奈良県	同志社香里高－同大	
245	池田洋七郎	1957.10.12	大阪府	枚方高－中京大	
246	辻悦朗	1958.1.30	大阪府	淀川工高－日体大	
247	豊田典俊	1958.10.1	大阪府	島本高－同大	
248	井上雅浩	1957.9.24	京都府	天理高－同大	
249	本城和彦	1960.7.21	富山県	国学院久我山高－早大	
250	近藤高信	1957.4.2	長崎県	二松学舎附高－東洋大	
251	河瀬泰治	1959.6.15	大阪府	大阪工大高－明大	
252	平尾誠二	1963.1.21	京都府	陶化中－伏見工－同大	
253	森岡公隆	1959.2.13	長崎県	長崎南高－同大	
254	渡辺登	1956.7.5	埼玉県	熊谷工高－明大	
255	夏井和夫	1933.1.7	秋田県	秋田高－明大	
256	中山(工藤)隆志	1953.7.20	神奈川県	大和高－東海大	
257	大八木淳史	1961.8.15	京都府	伏見工高－同大	
258	川地光二	1959.7.22	熊本県	熊本工高－明大	
259	高田健造	1961.9.10	大阪府	大阪工大高－明大	
260	小林日出夫			明大	
261	東田哲也	1962.8.15	大阪府	大阪工大高－同大	
262	木村敏隆	1963.6.25	広島県	広島工高－同大	
263	越山昌彦	1962.11.26	山梨県	日川高－日体大	
264	大貫慎二	1962.3.16	神奈川県	日大高－日体大	

所属クラブ等	デビュー	CAP	ポジション	通算得点
横河電機	1984フランス2	1	FB	
リコー	1984韓国	11	プロップ	
サントリー	1985アメリカ	7	CTB	4
丸紅	1985アイルランド1	8	FB	4
東芝府中※日本代表監督2001-2003RWC2003	1985アイルランド1	13	FB	
サントリー	1985フランス1	2	フランカー	
トヨタ自動車	1985フランス1	30	CTB、SO	39
東京三洋	1985フランス1	15	WTB	16
横河電機	1985フランス1	2	CTB	
サントリー	1985フランス2	1	No8	
NEC	1986アメリカ	27	プロップ	5
近鉄	1986アメリカ	2	フランカー	
東京三洋	1986アメリカ	4	No8	
ワールド	1986アメリカ	23	SO	67
トヨタ自動車	1986カナダ	3	プロップ	
新日鐵釜石	1986スコットランドxv	43	ロック	5
サントリー	1986スコットランドxv	3	ロック	
栃木教員	1986スコットランドxv	1	FB	
三洋電機	1986スコットランドxv	10	フランカー	4
サントリー	1986韓国	1	フッカー	
マツダ	1986韓国	6	CTB	11
三洋電機	1987アメリカ(WC)	32	No8、フランカー	18
三菱商事	1987アメリカ(WC)	4	SH	
神戸製鋼※日本代表監督2004-2005	1987イングランド(WC)	1	SH	
サントリー	1987オーストラリア(WC)	4	WTB	25
リコー	1987アイルランド学生	3	フッカー	
トヨタ自動車	1987アイルランド学生	1	No8	
九州電力	1988オックスフォード	1	プロップ	
九州電力	1988オックスフォード	2	フランカー	
神戸製鋼－早大ROB	1988オックスフォード	26	SH	21
伊勢丹－コロミエ－三洋電機－サニックス	1988オックスフォード	30	WTB	97
サントリー	1988オックスフォード	2	CTB	12
トヨタ自動車	1988オックスフォード	1	WTB	
日新製鋼	1988オックスフォード	2	プロップ	
サントリー	1988韓国	3	FB	14
サントリー－サントリーフーズ	1988韓国	8	FB、WTB	15
三菱自工京都	1989スコットランドxv	16	プロップ	5
東芝府中－勝沼クラブ	1989スコットランドxv	31	フランカー	28
NEC	1989スコットランドxv	11	フランカー	
リコー	1989スコットランドxv	5	SO	4
ニコニコ堂	1990フィジー	11	ロック	4
トヨタ自動車	1990フィジー	21	プロップ	5
九州電力	1990フィジー	8	WTB	4
神戸製鋼	1990トンガ	10	FB	115
リコー－龍谷大－リコー	1990韓国2	5	フランカー	
本田技研鈴鹿	1990サモア	1	SH	
東芝府中※RWC1995主将	1990サモア	44	フッカー	5
リコー	1990韓国2	1	CTB	5
日本IBM	1990韓国2	1	FB	
東芝府中－バイヨンヌ(Fr)－ヤマハ発動機	1991アメリカ1	41	SH	84
神戸製鋼	1990アメリカ1	79	CTB、SO	45
神戸製鋼	1991アメリカ2	47	WTB	147
NTT関西	1991USA2	4	FB、SO	26
リコー－三菱重工相模原	1992香港	4	ロック	
神戸製鋼	1992香港	4	フランカー	
三洋電機	1992香港	9	No8	20
東芝府中	1992香港	1	SO	7
トヨタ自動車	1992香港	8	WTB	35
東芝府中	1992香港	43	FB、WTB	60
神戸製鋼	1993アルゼンチン1	2	CTB	
トヨタ自動車	1993アルゼンチン2	1	ロック	
日野自動車	1993ウェールズ	17	ロック、フランカー	
サントリー	1993ウェールズ	8	SH	43
ワールド	1993ウェールズ	3	CTB	5
神戸製鋼	1993ウェールズ	1	WTB	5

No.	氏 名	生年月日	出身地	出身校	
265	安田真人	1962.1.7	東京都	早大学院高－早大	
266	相沢雅晴	1958.5.12	東京都	国学院久我山高－明大	
267	吉野俊郎	1960.9.5	茨城県	日立一高－早大	
268	村井大次郎	1962.8.24	東京都	慶應小・中・高－慶大	
269	向井昭吾	1961.10.2	愛媛県	新田高－東海大	
270	葛西祥文	1962.11.16	静岡県	大東大一高－日体大	
271	朽木英次	1962.12.25	福井県	若狭農林高－日体大	
272	ノフォムリ・タウモエフォラウ	1956.6.21	トンガ	トゥポウ高－大東大(トンガ代表)	
273	松永敏宏	1962.1.11	大阪府	天王寺高－慶大	
274	土田雅人	1962.10.21	秋田県	秋田工高－同大	
275	太田治	1965.3.23	秋田県	秋田工高－明大	
276	小西謹也	1958.4.14	大阪府	布施工高	
277	ホポイ・タイオネ	1957.5.11	トンガ	トンガカレッジ高－大東大	
278	松尾勝博	1964.1.6	宮崎県	延岡東高－同大	
279	八角浩司	1957.7.13	東京都	保善高	
280	桜庭吉彦	1966.9.22	秋田県	秋田工高	
281	栗原誠治	1964.11.16	愛媛県	新田高－早大	
282	石井勝尉	1964.8.27	栃木県	佐野高－早大	
283	宮本勝文	1966.3.19	大阪府	大阪工大高－同大	
284	益留雄二	1961.11.26	宮崎県	都城農高	
285	吉永宏二郎	1961.6.8	鹿児島県	大口高－日体大	
286	ラトゥ志南利	1965.8.22	トンガ	トンガカレッジ高(トンガ代表2C)－大東大	
287	生田久貴	1962.11.20	東京都	慶応高－慶大	
288	萩本光威	1959.2.10	兵庫県	報徳学園－同大	
289	沖土居稔	1965.2.7	広島県	広島工大附高－福岡工大	
290	広瀬務	1963.6.24	静岡県	清水南高－同大	
291	宗雲克美	1961.6.20	佐賀県	佐賀工高	
292	永田隆憲	1966.1.12	福岡県	筑紫高－早大	
293	神田識二朗	1965.7.1	福岡県	修猷館高－早大	
294	堀越正巳	1968.11.27	東京都	熊谷工高－早大	
295	吉田義人	1969.2.16	秋田県	男鹿東中－秋田工高－明大	
296	今駒憲二	1965.5.3	神奈川県	生田高－早大	
297	国定精豪	1963.4.12	東京都	青山学院中・高－明大	
298	永井雅之	1963.1.24	東京都	早稲田実高－早大	
299	山本俊嗣	1964.9.29	福岡県	糸島高－福岡大	
300	今泉清	1967.9.13	東京都	大分RS/大分舞鶴高－早大－オークランド大ク	
301	田倉政憲	1966.9.30	京都府	東宇治高－京産大	
302	梶原宏之	1966.9.28	山梨県	日川高－筑波大	
303	中島修二	1965.7.8	山口県	大津高－明大	
304	青木忍	1968.1.26	埼玉県	朝霞高－大東大	
305	エケロマ・ルアイウヒ	1963.5.8	NZ	ニュープリモス高－カンタベリー大	
306	高橋一彰	1968.1.31	大阪府	啓光学園高－大体大	
307	郷田正	1968.8.23	福岡県	筑紫丘高－早大	
308	細川隆弘	1967.4.1	京都府	伏見工高－同大	
311	大内寛文	1966.11.17	広島県	竹原高	
309	渡辺晴弘	1962.10.14	東京都	目黒高－中大	
310	薫田真広	1966.9.29	岐阜県	岐阜工高－筑波大	
312	福岡進	1966.12.25	神奈川県	相模台工高－日体大	
313	福室清美	1967.11.8	神奈川県	相模台工高－日体大	
314	村田亙	1968.1.25	福岡県	草ヶ江YR/城南中－東福岡高－専大	
315	元木由記雄	1971.8.27	大阪府	英田中－大阪工大高－明大	
316	増保輝則	1972.1.26	東京都	城北中・高－早大	
317	前田達也	1968.9.23	大阪府	島本高－京産大	
318	サミュエル・カレタ	1966.3.9	サモア	リンフィールド大	
319	小村淳	1970.3.17	北海道	函館有斗高－明大	
320	シオネ・ラトゥ	1971.2.23	トンガ	リアホナ高－大東大	
321	大鷲紀幸	1971.4.30	埼玉県	深谷高－大東大	
322	ロペティ・オト	1971.11.2	トンガ	トンガカレッジ高－大東大	
323	松田努	1970.4.30	埼玉県	草加高－関東学大	
324	加藤尋久	1967.6.16	埼玉県	熊谷工高－明大	
325	金城秀雄	1969.10.13	大阪府	阪南高－大体大	
326	ブルース・ファーガソン	1970.7.25	フィジー	チャーチカレッジ－コープス大	
327	永友洋司	1971.3.14	宮崎県	都城高－明大	
328	藤掛三男	1967.9.9	栃木県	佐野高－早大	
329	イアン・ウィリアムス	1963.9.23	オーストラリア	シドニー大－オックスフォード大(オーストラリア代表17C)	

	所属クラブ等	デビュー	CAP	ポジション	通算得点
	クボタ	1994フィジー1	6	ロック	10
	クボタ	1994フィジー1	1	SH	10
	東芝府中	1994フィジー2	2	プロップ	
	トヨタ自動車	1994韓国	40	SO	422
	サントリー	1994韓国	2	CTB	
	神戸製鋼	1995トンガ1	1	フッカー	
	東京ガス－三洋電機	1995トンガ1	17	フランカー	30
	ワールド	1995トンガ1	1	フランカー	
	神戸製鋼	1995ルーマニア	17	CTB	10
	神戸製鋼	1996香港1	16	プロップ	5
	神戸製鋼	1996香港1	6	ロック	5
	神戸製鋼－釜石シーウェイブス	1996香港1	62	No8、フランカー	30
	東芝府中－釜石シーウェイブス※RWC1999主将	1996香港1	25	CTB	15
	サントリー	1996香港1	5	WTB	10
	東芝府中	1996香港1	32	FL。No8	40
	トヨタ自動車	1996カナダ1	1	プロップ	
	近鉄	1996カナダ1	5	ロック	
	近鉄	1996カナダ1	12	プロップ	
	サントリー	1996カナダ1	33	フッカー	25
	神戸製鋼	1996アメリカ2	12	CTB、FB	25
	神戸製鋼	1996韓国	1	プロップ	
	リコー	1996韓国	42	ロック	10
	神戸製鋼－ASモンフェラン(Fr)－神戸製鋼	1996韓国	58	WTB、CTB、FB	345
	東芝府中※NZ代表(ノンキャップ)	1997香港1	17	ロック、フランカー	10
	トヨタ自動車※フィジー代表6C	1997香港1	19	WTB	50
	東芝府中	1997香港1	5	WTB、FB	5
	トヨタ自動車	1997香港1	5	ロック	
	神戸製鋼－サラセンズ(Eg)－サニックス	1997香港1	20	SO	40
	東芝府中	1997香港1	4	プロップ	
	東芝府中	1997香港1	2	CTB	
	神戸製鋼	1997アメリカ2	12	フランカー	
	伊勢丹－リコー	1997アメリカ2	10	プロップ	
	サントリー	1997香港2	40	プロップ	5
	サントリー	1998カナダ1	20	プロップ	10
	豊田自動織機	1998カナダ1	17	フランカー	15
	NEC	1998カナダ1	6	No8	25
	マツダ－鐘淵化学－ホンダ	1998カナダ1	5	SO、FB	34
	トヨタ自動車	1998韓国1	6	SH	5
	サントリー	1998台湾	7	CTB。SO	22
	ワールド	1998台湾	8	ロック	5
	三菱自工京都－神戸製鋼	1998韓国2	11	WTB。FB	25
	トヨタ自動車	1998韓国2	1	CTB	
	NEC	1998韓国2	1	フランカー	
	東芝	1999カナダ1	11	プロップ	5
	サニックス※NZ代表C20	1999カナダ1	9	No8	10
	サニックス※NZ代表C31	1999カナダ	8	SH	
	東芝	1999カナダ	17	FB	35
	サントリー－サウスランド(NZ)－サントリー	1999トンガ	23	フランカー	
	トヨタ自動車	1999アメリカ	1	ロック	
	トヨタ自動車	1999スペイン	1	フランカー	
	トヨタ自動車－ワールド－ホンダ	1999スペイン	9	WTB	40
	トヨタ自動車	2000フィジー	24	プロップ	15
	サントリー	2000フィジー	6	ロック	
	神戸製鋼－日本IBM	2000フィジー	3	ロック	
	トヨタ自動車	2000フィジー	6	フランカー	
	神戸製鋼	2000フィジー	18	SH	10
	トヨタ自動車	2000フィジー	24	CTB	25
	ワールド	2000フィジー	2	FB	
	ワールド－ヤマハ発動機－近鉄－豊田自動織機	2000フィジー	33	SO、CTB	71
	サントリー－NTTコム	2000フィジー	27	FB、WTB	347
	トヨタ自動車	2000アメリカ	6	プロップ	
	神戸製鋼	2000アメリカ	2	プロップ	
	九州電力	2000アメリカ	2	No8	
	ワールド	2000アメリカ	5	WTB	10
	東芝府中	2000トンガ	16	SH	10
	神戸製鋼	2000トンガ	4	FL	

No.	氏 名	生年月日	出身地	出身校	
330	赤塚隆	1973.9.8	大阪府	大阪工大高ー明大	
331	西田英樹	1972.5.1	熊本県	りんどうYR/天理高ー明大	
332	佐藤康信	1962.8.23	秋田県	秋田中央高ー明大	
333	廣瀬佳司	1973.4.16	大阪府	茨木RSー島本高ー京産大	
334	武山哲也	1967.1.2	岐阜県	関商工高ー日体大	
335	弘津英司	1967.11.24	山口県	大阪工大高ー同大	
336	中村(井沢)航	1970.6.16	神奈川県	相模台工高ー日大ーリコーー大東大	
337	羽根田智也	1968.12.21	大阪府	関西大倉高ー龍谷大	
338	吉田明	1971.8.13	京都府	啓光学園中・高ー京産大	
339	中道紀和	1971.7.16	大阪府	啓光学園高ー同大	
340	デイヴィッド・ビックル	1970.8.21	英国	ケンブリッジ大	
341	伊藤剛臣	1971.4.11	東京都	法政二高ー法大	
342	アンドリュー・マコーミック	1967.2.5	NZ	リンウッド/クライストチャーチボーイズ高	
343	尾関弘樹	1969.10.18	岐阜県	関商工高ー日体大	
344	渡邉泰憲	1974.6.2	北海道	保善高ー日体大	
345	木村賢一	1968.12.29	兵庫県	御影工高ー大体大	
346	佐藤憲治	1972.9.25	大阪府	清友高	
347	浜辺和	1971.5.31	石川県	羽咋工高	
348	坂田正彰	1972.11.25	京都府	大津RS/新田高ー法大	
349	八ッ橋修身	1974.4.2	奈良県	やまのべラグビー教室/天理中・高ー天理大	
350	清水秀司	1971.3.22	愛知県	旭野高ー明大	
351	田沼広之	1973.5.24	神奈川県	湘南学園中・高ー日体大	
352	大畑大介	1975.11.11	大阪府	大阪RS/東海大仰星高ー京産大	
353	ロバート・ゴードン	1965.8.7	NZ	オタゴ大	
354	パティリアイ・ツイドラキ	1969.7.29	フィジー	セントポール高ーオタゴ大	
355	和田賢一	1972.11.10	神奈川県	東海大相模高ー東海大	
356	イシケリ・バシャロ	1969.2.18	フィジー	ナドロガ高	
357	岩渕健輔	1975.12.30	東京都	青山学院小・中・高・青学大ーケンブリッジ大	
358	溝辺圭司	1970.10.6	神奈川県	相模台工高ー関東学大	
359	小山田淳	1973.3.2	秋田県	男鹿工高	
360	小泉和也	1973.6.9	山梨県	日川高ー早大	
361	小口耕平	1968.10.6	埼玉県	大東大一高ー大東大	
362	長谷川慎	1972.3.31	京都府	京都RSー七条中ー東山高ー中大	
363	中村直人	1969.1.18	京都府	洛北高ー同大	
364	グレッグ・スミス	1968.7.16	NZ	バーンサイド高ーカンタベリー大	
365	ロス・トンプソン	1962.7.15	NZ	グレンダウイカレッジ	
366	スティーブン・ミルン	1966.2.26	NZ	ニュープリムス高ーマッセー大	
367	大原勝治	1971.7.5	大阪府	弥刀中ー大阪工大高ー大体大	
368	沢木敬介	1975.4.12	秋田県	秋田経法大附高ー日大	
369	黒川雅弘	1975.4.30	栃木県	佐野高ー同大	
370	平尾(西嶋)剛史	1975.5.3	大阪府	同志社香里高ー同大	
371	大藪正光	1973.7.30	京都府	亀岡中ー花園高ー龍谷大	
372	菅田貴幸	1973.1.20	宮城県	仙台南高ー日体大	
373	笠井建志	1976.6.7	東京都	本郷高ー法大	
374	ジェイミー・ジョセフ	1969.11.21	NZ	オタゴ大	
375	グレアム・バショップ	1967.6.11	NZ	ハグレー高/カンタベリー代表	
376	立川剛士	1976.11.25	佐賀県	佐賀工高ー関東学大	
377	大久保直弥	1975.9.27	神奈川県	法政二高ー法大	
378	平塚純司	1978.4.7	秋田県	秋田工高ー法大	
379	石井龍司	1970.3.13	福岡県	三好高	
380	三木亮平	1978.3.24	中国・上海	洛南中ー京都学園高ー龍谷大	
381	豊山昌彦	1976.8.18	大阪府	江の川高ー大体大	
382	大久保尚哉	1976.8.15	神奈川県	成城学園中・高ー筑波大	
383	カール・トッド	1972.1.21	NZ	マヌレワ高ーマヌカウ工科大	
384	菅原大志	1976.2.5	秋田県	秋田工高ー拓大	
385	苑田右二	1973.7.5	大阪府	啓光学園高ー法大	
386	難波英樹	1976.7.8	神奈川県	相模台工高ー帝京大	
387	福岡幸治	1975.8.25	滋賀県	八幡工高ー大東大	
388	大西将太郎	1978.11.18	大阪府	布施RS/啓光学園中・高ー同大	
389	栗原徹	1978.8.12	茨城県	清真学園中・高ー慶大	
390	岩間保彦	1977.8.26	神奈川県	相模台工高ー帝京大	
391	平田貴博	1974.11.15	宮崎県	都城高ー明大	
392	川嵜拓生	1977.6.12	千葉県	松戸RS/草ヶ江YR/修猷館高ー同大	
393	織田己知範	1973.5.26	大阪府	寝屋川RS/東海大仰星高ー大体大	
394	伊藤護	1975.12.8	秋田県	秋田工高ー専大	
395	野澤武史	1979.4.24	東京都	慶應小・中・高ー慶大	

所属クラブ等	デビュー	CAP	ポジション	通算得点
ワールド	2000サモア	1	フッカー	
東芝府中	2000サモア	1	ロック	
サントリー	2000サモア	2	CTB	
NEC	2003ロシア	10	フッカー	
トヨタ自動車	2000韓国	2	ロック、フランカー	
ワールド	2000韓国	2	フッカー	
日本IBM	2000アイルランド	1	プロップ	
ヤマハ発動機	2000アイルランド	19	ロック	15
NEC	2000アイルランド	1	CTB	
コカ・コーラウエスト	2000アイルランド	5	SO	22
トヨタ自動車	2001韓国	1	プロップ	
近鉄	2001韓国	1	フッカー	
東芝府中－近鉄－豊田自動織機	2001韓国	23	ロック、No8	45
九州電力	2001韓国	4	No8	
リコー	2001韓国	9	SH	9
東芝府中	2001韓国	12	CTB	20
NTT-G東北－NTTコム	2001韓国	2	フッカー	
ヤマハ発動機－NTTコム	2001韓国	32	ロック、フランカー、No8	
サントリー	2001台湾	1	プロップ	
サントリー－コロミエ(Fr)－神戸製鋼	2001台湾	14	No8	20
サントリー－キヤノン	2001ウェールズ2	81	WTB、FB	275
東京ガス	2001ウェールズ2	2	ロック	
クボタ	2001サモア	16	CTB	5
NEC－NTTドコモ－日野	2002ロシア	21	プロップ	5
NEC－NTTドコモ－日野自動車※RWC2003、2007主将	2002ロシア	48	No8、フランカー	35
神戸製鋼	2002ロシア	10	SO	70
トヨタ自動車	2002ロシア	26	プロップ	5
東芝府中	2002ロシア	18	ロック	10
NEC	2002トンガ	2	プロップ	5
神戸製鋼	2002トンガ	3	フランカー	10
サントリー－三洋電機－釜石シーウェイブス	2002トンガ	4	WTB、FB	15
ヤマハ発動機		39	プロップ	5
トヨタ自動車	2002台湾2	2	フッカー	
日本国土開発－セコム	2003韓国3	1	ロック	
トヨタ自動車	2002韓国3	1	CTB	5
東芝府中	2002韓国3	9	フッカー	
トヨタ自動車－グラモーガン(Wa)－イースタン・ホークス(NZ)	2002韓国3	1	CTB	
同志社大学－トヨタ自動車－神戸製鋼－近鉄	2002韓国3	2	SO、FB	
ヤマハ発動機－ワールド－ブルズ(南ア)－ローマ(伊)－近鉄等	2003アメリカ1	3	WTB	10
伊勢丹－NEC	2003アメリカ1	6	CTB	10
サニックス	2003ロシア	10	CTB	
NEC	2003オーストラリアA1	22	ロック、フランカー	
東芝府中	2003オーストラリアA1	5	フッカー	
NEC	2003スコットランド(WC)	7	SH	
神戸製鋼－釜石シーウェイブス	2004韓国	23	フッカー	10
NEC	2004韓国	26	ロック	5
サントリー－ラクイラ(It)－サニックス－クボタ－NTTドコモ	2004韓国	2	SO	4
ワールド－NEC	2004韓国	6	CTB	10
NEC	2004韓国	7	FB、WTB、SH	10
東芝/サンウルブズ	2004韓国	98	ロック	60
NTT東北－三洋電機－リコー	2004韓国	14	SH	58
リコー－ワールド	2004ロシア	6	フランカー、ロック	
神戸製鋼	2004カナダ	8	SO	80
三洋電機・パナソニック－キヤノン	2004カナダ	10	フッカー	15
トヨタ自動車	2004イタリア	41	WTB、FB	90
サントリー	2004イタリア	13	フッカー	
NEC	2004イタリア	6	FB	25
神戸製鋼－豊田自動織機	2004スコットランド	2	WTB	5
三洋電機・パナソニック	2004スコットランド	6	CTB	5

No.	氏 名	生年月日	出身地	出身校	
396	立川政則	1972.10.20	京都府	花園高ー日大	
397	藤井航介	1980.8.9	大分県	大分舞鶴高ー同大	
398	瓜生靖治	1980.1.7	福岡県	鞘ヶ谷RS/小倉高ー慶大	
399	網野正大	1974.10.14	山梨県	日川高ー関東学大	
400	鷲谷正直	1976.10.21	奈良県	天理高ー日大	
401	安田昇	1974.3.10	大阪府	啓光学園高ー専大	
402	文原俊和	1975.2.17		大阪工大高ー大体大	
403	久保晃一	1976.1.13	埼玉県	寄居高ー大東大	
404	川合レオ	1974.3.13	東京都	玉川学園中・高ー玉川大	
405	淵上宗志	1977.4.17	福岡県	草ヶ江YR/佐賀工ー関東学大ーオックスフォード大	
406	高柳健一			大体大	
407	辻本裕	1975.7.24	大阪府	南郷中ー大阪工大高ー龍谷大	
408	ルアタンギ侍バツベイ	1977.12.8	トンガ	トンガカレッジ高ー大東大	
409	山本英児	1979.9.20	福岡県	草ヶ江YR/修猷館高ー慶大	
410	月田伸一	1975.7.14	福岡県	草ヶ江YR/東福岡高ー早大	
411	オトナタニエラ	1980.5.16	トンガ	オークランドグラマー高ー大東大	
412	加藤昭仁	1976.9.18	秋田県	男鹿工高	
413	木曽一	1978.11.7	大阪府	島本RS/三島高ー立命大	
414	元吉和中	1974.1.6	千葉県	日大藤沢高ー日大	
415	斉藤祐也	1977.4.28	東京都	東京高ー明大	
416	小野澤宏時	1978.3.29	静岡県	聖光学院中・高ー中大	
417	阿久根潤	1977.6.5	福岡県	草ヶ江YRー修猷館高ー慶大	
418	吉田英之	1977,3,3	群馬県	高崎RS/高崎商高ー帝京大	
419	久富雄一	1978.8.11	佐賀県	佐賀工高ー関東学大	
420	箕内拓郎	1975.12.11	福岡県	鞘ヶ谷RS/八幡高ー関東学大ーオックスフォード大	
421	アンドリュー・ミラー	1972.9.13	NZ	テ・プケ高/ベイオブプレンティ代表/クルセーダーズ	
422	山本正人	1978.5.29	愛知県	栄徳高	
423	アダム・パーカー	1973.4.21	NZ	カセドラル高/カンタベリー代表	
424	木下剛	1975.7.5	兵庫県	東海大仰星高ー京産大	
425	ディーン・アングレッシー	1969.12.9	NZ	タウマルヌイ高/ワイカト/ハリケーンズ	
426	吉田尚史	1975.5.11	長崎県	小江原中ー長崎北高ー専大	
427	山村亮	1981.8.9	佐賀県	佐賀工高ー関東学大	
428	七戸昌宏	1977.3.2	岩手県	盛岡RS/盛岡工高ー拓殖大	
429	澤口高正	1973.10.24	茨城県	常総学院高ー大東大	
430	渡辺哲也	1979.4.13	埼玉県	法政一中・高ー法大	
431	塚越賢	1977.9.12	埼玉県	埼工大深谷高ー中大	
432	勝野大	1974.11.26	長野県	岡谷工高ー日体大	
433	正面健司	1983.5.1	大阪府	大阪RS/東海大仰星高ー同大	
434	四宮洋平	1978.12.8	神奈川県	桐蔭学園中・高ー関東学大	
435	ジョージ・コニア	1969.8.9	NZ	マッセー大ーマナワツーホークスベイーハリケーンズ	
436	ルーベン・パーキンソン	1973.7.19	NZ	オタゴ大/オタゴ代表、ハイランダーズ	
437	浅野良太	1979.9.25	千葉県	佐倉RSー福工大RSー本郷高-法大	
438	松尾大樹	1976.10.21	福岡県	鞘ヶ谷RS/東福岡高ー大東大	
439	辻高志	1977.4.24	東京都	茗渓学園中・高ー早大	
440	松原裕司	1979.9.5	大阪府	大阪工大高ー明大	
441	熊谷皇紀	1978.5.31	福岡県	東福岡高ー法大	
442	伊藤宏明	1975.11.17	大阪府	大阪工大高ー明大	
443	向山昌利	1975.5.20	熊本県	熊本高ー同大	
444	大東功一	1979.10.3	大阪府	東海大仰星高ー東海大	
445	大野均	1978.5.6	福島県	清陵情報高ー日大工学部	
446	池田渉	1975.11.17	宮城県	宮城水産高ー流経大	
447	真羽闘力	1977.8.21	トンガ	アテレ高ー大東大	
448	森田恭平	1984.2.6	大阪府	大阪工大高ー法大	
449	山本貢	1981.5.12	愛媛県	新田高ー関東学大	
450	遠藤幸佑	1980.11.11	北海道	中標津高ー法大	
451	山岡俊	1976.4.24	山形県	山形中央高ー明大	
452	武井敬司	1980.6.1	神奈川県	日大藤沢高ー日大	
453	大門隼人	1979.8.22	北海道	中標津高ー筑波大	
454	霜村誠一	1981.9.20	群馬県	東農大二高ー関東学大	

所属クラブ等	デビュー	CAP	ポジション	通算得点
NEC	2004スコットランド	3	WTB	
クボタ	2004スコットランド	3	フランカー	
サントリー	2004スコットランド	3	SH	
トヨタ自動車	2004ルーマニア	12	WTB	10
安川電機ーコカ・コーラウエスト	2004ウェールズ	17	プロップ	5
ヤマハ発動機	2004ウェールズ	7	SO	
東芝府中	2005ウルグアイ	5	プロップ	
東京ガスーサントリー	2005ウルグアイ	7	ロック	
鐘淵化学ーサニックス	2005ウルグアイ	26	フランカー	25
マツダー東芝府中ーマツダ	2005ウルグアイ	11	フランカー	
東芝	2005ウルグアイ	16	WTB	25
神戸製鋼	2005ウルグアイ	8	SH	
ヤマハ発動機ーQLレッズーRCトゥーロンーヤマハ発動機	2005ウルグアイ	57	FB、WTB	711
ヤマハ発動機	2005ウルグアイ	5	プロップ	5
ヤマハ発動機	2005香港	4	フッカー	
クボタ	2005香港	3	CTB	15
三洋電機ー横河電機	2005韓国	11	フランカー	35
東芝	2005アイルランド	2	CTB	
トヨタ自動車ー日野	2005スペイン	43	ロック	10
トヨタ自動車/サラセンズ-キヤノン※RWC2011主将	2005スペイン	68	フランカー、No8	160
三洋電機	2005スペイン	1	CTB	
東京ガスー三洋電機ーホンダ	2005スペイン	9	ロック	5
三洋電機・パナソニック	2005スペイン	4	WTB	5
三洋電機・パナソニック	2005スペイン	24	プロップ	5
NECー三菱重工相模原	2006アラビアンガルフ	13	SO	55
神戸製鋼ーサニックス	2006アラビアンガルフ	39	WTB、CTB	80
ヤマハ発動機/サンウルブズ	2006アラビアンガルフ	16	SH	10
ヤマハ発動機	2006トンガ	7	CTB	
トヨタ自動車	2006トンガ	12	ロック	10
サントリー	2006香港	18	FB、CTB	72
三洋電機・パナソニック	2006香港	3	WTB	10
東芝	2007韓国	25	SH	10
NTTドコモ ーニューポート・グウェント・ドラゴンズ(Wa) ーノッティンガム(Eg)	2007韓国	32	SO	310
リコーーNECーホンダーサニックス	2007韓国	25	CTB、SO、FB	72
サントリー	2007韓国	32	CTB	60
サントリー	2007韓国	30	フッカー	20
三洋電機・パナソニックー釜石シーウェイブス	2007韓国	6	ロック	
サニックスーサントリー	2007韓国	34	SO	38
三洋電機ー近鉄/サンウルブズ	2007香港	64	ロック	45
サントリーー日野自動車	2007香港	13	フランカー	20
東芝	2007香港	28	SO、WTB	55
東芝	2007香港	7	フッカー	5
サニックス	2007香港	1	プロップ	
NEC	2007オーストラリアA	3	フランカー	
トヨタ自動車	2007オーストラリアA	3	WTB	10
近鉄	2007ウェールズ(WC)	2	SH	
サントリー	2008韓国	6	ロック	10
サントリー/三菱重工相模原	2008韓国	35	CTB	167
東芝ー和歌山県選抜	2008韓国	7	FB/WTB	43
サントリー	2008韓国	3	プロップ	5
トヨタ自動車	2008韓国	11	フランカー	15
ヤマハ発動機	2008韓国	4	SH	
サントリー	2008アラビアンガルフ	3	プロップ	
NEC	2008アラビアンガルフ	6	プロップ	
NEC	2008アラビアンガルフ	3	ロック	5
三洋電機・パナソニック/オタゴ・ハイランダーズーキヤノン/サンウルブズ	2008アラビアンガルフ	69	SH	40
神戸製鋼ーワールドーコカ・コーラーNEC	2008アラビアンガルフ	35	SO、FB	198
三洋電機・パナソニック	2008カザフスタン	45	No8	105
NECーNTTドコモー神戸製鋼	2008トンガ	3	フッカー	
神戸製鋼	2008アメリカ	42	プロップ	

No.	氏 名	生年月日	出身地	出身校	
455	窪田幸一郎	1978.9.15	山梨県	日川高－日大	
456	山口貴豊	1977.11.9	岩手県	宮古高－法大	
457	田中澄憲	1975.12.28	兵庫県	報徳学園高－明大	
458	水野弘貴	1981.9.28	京都府	東山高－関東学大	
459	西浦達吉	1976.2.20	宮崎県	都城泉ヶ丘高－福大	
460	大田尾竜彦	1982.1.31	佐賀県	佐賀工高－早大	
461	髙橋寛	1974.9.9	東京都	成蹊高－帝京大	
462	ジェミー・ワシントン	1974.6.6	オーストラリア	ブリスベン工科大	
463	ハレ・マキリ	1978.5.31	NZ	セントステファンズ高	
464	中居智昭	1981.9.18	熊本県	熊本工高	
465	クリスチャン・ロアマヌ	1986.5.13	トンガ	正智深谷高－埼玉工大中退	
466	後藤翔太	1983.1.7	大分県	大分RS/桐蔭学園高－早大	
467	五郎丸歩	1986.3.1	福岡県	みやけYR/筑紫丘JrRS/佐賀工－早大	
468	高木重保	1975.10.16	兵庫県	報徳学園高－龍谷大	
469	中林正一	1979.3.7	京都府	花園高－立命大	
470	オツコロ カトニ	1982.8.23	トンガ	埼工大深谷高－埼玉工大	
471	フィリップ・オライリー	1980.7.24	NZ	カンタベリー大	
472	冨岡鉄平	1977.3,1	福岡県	ぎんなんYR/中村三陽高－福工大	
473	北川俊澄	1981.2.7	京都府	伏見工高－関東学大	
474	菊谷崇	1980.2.24	奈良県	御所工高－大体大	
475	榎本淳平	1979.11.30	東京都	保善高－関東学大	
476	佐藤剛	1977.7.16	埼玉県	東和大昌平高	
477	三宅敬	1980.5.2	京都府	伏見工－関東学大	
478	相馬朋和	1977.6.5	東京都	東京高－帝京大	
479	安藤栄次	1982.5.14	埼玉県	熊谷工高－早大	
480	今村雄太	1984.10.31	三重県	四日市農芸高－早大	
481	矢富勇毅	1985.2.16	京都府	西陵中－京都成章高－早大	
482	守屋篤	1981.12.28	京都府	八尾RS/花園高－立命大	
483	谷口智昭	1982.8.26	兵庫県	東播工高－立命大	
484	有賀剛	1983.11.3	山梨県	山梨県RS/日川高－関東学大	
485	北川智規	1983.7.25	京都府	洛西中－東山高－関東学大	
486	吉田朋生	1982.2.22	京都府	南京都RS/東海大仰星高－東海大	
487	ジェームス・アレジ	1979.8.11	NZ	オークランド大	
488	ロビンスブライス	1980.9.19	NZ	ニュープリマスボーイズ高	
489	平浩二	1983.1.12	長崎県	長崎RS/長崎南山高－同大	
490	青木佑輔	1983.6.19	東京都	西東京RS/国学院久我山高－早大	
491	北川勇次	1986.8.11	大阪府	茨田北中－大阪桐蔭高－関東学大	
492	小野晃征	1987.4, 17	愛知県	バーンサイドRFC/クライストチャーチボーイズ高	
493	トンプソン ルーク	1981.4.16	NZ	セントビーズ高－リンカーン大/カンタベリー代表	
494	佐々木隆道	1983.10.30	大阪府	新生野中－啓光学園高－早大	
495	廣瀬俊朗	1981.10,17	大阪府	吹田RS/豊中十四中－北野高－慶大	
496	猪口拓	1982.10.5	東京都	慶應中・高－慶大	
497	杉浦敬宏	1983.10.4	愛知県	岡崎城西高－愛知工大	
498	グレン・マーシュ	1972.8.12	NZ	マヌレワ高/カウンティーズマヌカウ、チーフス	
499	久住辰也	1981.3.20	大阪府	茨田中－関西創価高－大体大	
500	金哲元(喆元)	1984.1.22	韓国	江新中－朝明高－大体大	
501	篠塚公史	1983.7.13	埼玉県	埼工大深谷高－法大	
502	ニコラス ライアン	1979.5.23	NZ	タウランガボーイズ高－オタゴ大/ハイランダーズ	
503	吉田大樹	1981.11.16	群馬県	東農大二高－同大	
504	尾﨑章	1978.4.5	長崎県	長崎南山高－同大	
505	中山義孝	1982.8.6	福岡県	鞘ヶ谷RS/大分舞鶴高－同大	
506	佐藤貴志	1981.6.10	大阪府	寝屋川RS/東海大仰星高－同大	
507	池谷陽輔	1979.8.24	広島県	五日市RS－鯉城RS/崇徳高－法大	
508	猪瀬佑太	1982.3.15	茨城県	常総学院高－大体大	
509	佐藤平	1982.2.6	秋田県	秋田中央高－法大	
510	田中史朗	1985.1.3	京都府	洛南中－伏見工高－京産大	
511	ウェブ将武	1981.12.30	NZ	クライストチャーチボーイズ高－リンカーン大/カンタベリー代表	
512	ホラニ龍コリニアシ	1981.10.25	トンガ	埼工大深谷高－埼工大	
513	水山尚範	1982.3.15	兵庫県	報徳学園中・高－法大	
514	平島久照	1983.1.15	熊本県	熊本RS/熊本西高－福大	

所属クラブ等	デビュー	CAP	ポジション	通算得点
サントリー/ニューカッスル ファルコンズ	2008アメリカ	78	プロップ	50
ヤマハ発動機ーNTTドコモ	2008アメリカ	6	WTB	5
ヤマハ発動機ートヨタ自動車	2008アメリカ	7	FB	17
東海大ー東芝/チーフス、サンウルブズ※RWC2015主将	2008アメリカ	59	No8、フランカー	85
三洋電機・パナソニックー豊田自動織機	2008アメリカ	18	プロップ	5
東芝	2008アメリカ	1	No8	
帆柱クラブー三洋電機・パナソニック	2008アメリカ	1	SO	
釜石シーウェイブスーPSIスーパーソニックス	2008アメリカ	1	FB	
神戸製鋼/チーフス、サンウルブズ	2009カザフスタン	51	プロップ	
近鉄	2009カザフスタン	22	No8、フランカー	10
サントリーー神戸製鋼ーサントリー	2009カザフスタン	4	プロップ	
サントリー	2009カザフスタン	6	プロップ	
サントリーー三菱重工相模原	2009カザフスタン	7	WTB/FB	35
日本IBMー神戸製鋼ー三菱重工相模原	2009香港	2	フッカー	
コカ・コーラウエスト	2009シンガポール	9	No8	5
カンタベリーアカデミーー三洋電機・パナソニック/オタゴ・ハイランダーズ、サンウルブズ	2009カナダ	58	フッカー	50
トヨタ自動車ーヤマハ発動機	2009カナダ	1	ロック	
ホンダーキヤノン	2009カナダ	20	WTB	105
神戸製鋼ー日野/サンウルブズ	2009カナダ	44	フッカー	65
サントリー/サンウルブズ	2009カナダ	37	ロック	20
三洋電機・パナソニックー豊田自動織機ークボタ	2010韓国	8	フランカー	10
サントリー	2010韓国	9	WTB	20
東芝	2010韓国	22	フッカー	15
ホンダ	2010韓国	14	プロップ	
リコー	2010アラビアンガルフ	3	CTB	5
トヨタ自動車	2010アラビアンガルフ	5	SH	10
神戸製鋼/サンウルブズ	2010アラビアンガルフ	12	SO、FB	43
三洋電機・パナソニック	2010ロシア	3	FB	52
神戸製鋼	2010ロシア	10	フランカー	
パナソニックーキヤノン	2011香港	33	ロック/フランカー	25
サントリーー神戸製鋼/サンウルブズ	2011香港	51	SH	5
ホンダ	2011香港	6	FB	
東芝	2011UAE	7	WTB	40
トヨタ自動車	2011スリランカ	1	フッカー	
パナソニック	2011サモア	3	フランカー	
豊田自動織機	2011サモア	6	SO	2
リコーー豊田自動織機	2012カザフスタン	18	プロップ	
コカ・コーラウエストー神戸製鋼	2012カザフスタン	9	フッカー	
リコーー神戸製鋼	2012カザフスタン	36	ロック	5
東芝	2012カザフスタン	6	SH	5
NECーキヤノン/サンウルブズ	2012カザフスタン	54	SO、CTB	179
東芝	2012カザフスタン	9	CTB	10
クボタ/サンウルブズ	2012カザフスタン	55	CTB、SO	64
パナソニック/サンウルブズ	2012カザフスタン	22	SH	15
中国電力	2012カザフスタン	2	プロップ	
東芝	2012カザフスタン	7	ロック、フランカー、No8	15
神戸製鋼	2012UAE	1	フランカー	
パナソニック/サンウルブズ	2012UAE	31	WTB、FB	130
コカ・コーラウエスト	2012UAE	3	フランカー	10
ホンダ	2012UAE	1	CTB	5
パナソニックーサントリー/レッズ、サンウルブズ	2012トンガ	43	フランカー、No8、WTB	90
ポバティベイ代表ークボターリコー	2012ルーマニア	26	フランカー	35
東芝/サンウルブズ	2013フィリピン	35	プロップ	5
ヤマハ発動機ートヨタ自動車	2013フィリピン	27	CTB	40
パナソニック/サンウルブズ	2013フィリピン	30	WTB	90
東芝/サンウルブズ	2013フィリピン	12	プロップ	10
NTTコムー神戸製鋼	2013UAE	11	CTB	5
神戸製鋼/サンウルブズ	2013UAE	2	フランカー、ロック	5
サントリー/サンウルブズ	2013UAE	16	CTB、SO	63

No.	氏名	生年月日	出身地	出身校
515	畠山健介	1985.8.2	宮城県	鹿折少年RS/仙台育英高－早大
516	冨岡耕児	1980.5.7	大阪府	啓光学園中・高－立命大
517	松下馨	1983.11.23	兵庫県	尼崎RS/報徳学園高－日大
518	リーチ マイケル	1988.10.7	NZ	バーンサイドRFC/セントビーズ高－札幌山の手高－東海大
519	川俣直樹	1985.10.31	埼玉県	正智深谷高－明大
520	豊田真人	1984.11.29	京都府	修学院中－東海大仰星高－東海大
521	入江順和	1981.9.30	福岡県	帆柱YR/八幡中央高－関東学大
522	ピエイ・マフィレオ	1986.3.3	トンガ	トゥポ高－日大
523	山下裕史	1986.1.1	大阪府	都島工高－京産大
524	タウファ統悦	1980.10.8	トンガ	トゥポウ高－日大
525	金井健雄	1984.11.5	群馬県	太田高－慶大
526	仲村慎祐	1987.8.18	兵庫県	報徳学園高－日大
527	ジャック・タラント	1980.2.4	NZ	フレーザー高－ワイカト大/ウエリントン代表
528	安江祥光	1984.8.25	東京都	帝京高－帝京大
529	豊田将万	1986.5.15	福岡県	かしいYR/東福岡高－早大
530	堀江翔太	1986.1.21	大阪府	吹田RS/島本高－帝京大
531	ダニエル・ケート	1980.4.2	NZ	ネーピアボーイズ高
532	アリシ・トゥプアイレイ	1980.9.28	NZ	リンウッド高
533	木津武士	1988.7.15	大阪府	小阪中－東海大仰星高－東海大
534	真壁伸弥	1987.3.26	宮城県	仙台工高－中大
535	バツベイ シオネ	1983.3.14	トンガ	ケルストンボーイズ高－拓大
536	長友泰憲	1985.5.3	宮崎県	高鍋高－中大
537	湯原祐希	1984.1.21	千葉県	印西RS－千葉練成会/流経大柏高－流経大
538	藤田望	1984.10.2	埼玉県	埼工大深谷高－中大
539	金澤良	1981.7.13	大阪府	摂津五中－大阪工大高－法大
540	和田耕二	1985.4.14	福岡県	草ヶ江YR/東福岡高－法大
541	山中亮平	1988.6.22	大阪府	真住中－東海大仰星高－早大
542	田邉淳	1978.6.25	奈良県	茨城RS/シャーリーボーイズ高－クライストチャーチ教育大/カンタベリー地区選抜
543	谷口到	1984.10.1	茨城県	茗渓学園高－筑波大
544	アイブス ジャスティン	1984.5.24	NZ	タイエリ高/オタゴ代表
545	日和佐篤	1987.5.22	兵庫県	兵庫県RS/報徳学園高－法大
546	上田泰平	1982.3.3	福岡県	かしいYR/中村学園三陽高－福大
547	宇薄岳央	1985.9.28	大阪府	茨城RS/西陵中－東海大仰星高－同大
548	上野隆太	1985.10.2	京都府	西京極中－東海大仰星高－明大
549	西原忠佑	1988.1.2	大阪府	大阪桐蔭高－明大
550	マリー・ウィリアムス	1982.6.27	NZ	オークランド大/チーフス、ベイオブプレンティ
551	長江有祐	1985.7.19	愛知県	春日丘高－京産大
552	有田隆平	1989.3.21	福岡県	つくしYR/東福岡高－早大
553	伊藤鐘史	1980.10.2	兵庫県	兵庫工高－京産大
554	藤井淳	1982.8.10	愛知県	一宮RS/西陵商高－明大
555	田村優	1989.1.9	愛知県	国学院栃木高－明大
556	仙波智裕	1982.10.26	滋賀県	大津RS－瀬田中－八幡工高－同大
557	立川理道	1989.12.2	奈良県	やまのべラグビー教室/天理中・高－天理大
558	内田啓介	1992.2.22	京都府	大津RS/伏見工高－筑波大
559	坪井秀龍	1989.3.21	岡山県	岡山ジュニアRS/岡山工高－帝京大
560	望月雄太	1981.8.21	神奈川県	桐蔭学園高－同大
561	橋本大輝	1987.2.7	福岡県	帆柱YR/九国大付高－京産大
562	藤田慶和	1993.9.8	京都府	アウル洛南RS/東福岡高－早大
563	桑水流裕策	1985.10.23	鹿児島県	鹿児島工高－福大
564	森川海斗	1988.5.27	千葉県	佐倉高－東海大
565	ツイ ヘンドリック	1987.12.13	NZ	デラセラ高－帝京大
566	マイケル・ブロードハースト	1986.10.30	NZ	ワイパパカウリクラブ－キャンピオン高
567	三上正貴	1988.6.4	青森県	青森工高－東海大
568	マレ・サウ	1987.10.13	NZ	タンガロア高/カウンティーズマヌカウーレベルズーブルーズ
569	福岡堅樹	1992.9.7	福岡県	玄海JrRC－福岡高－筑波大
570	浅原拓真	1987.9.7	山梨県	甲府市RS/甲府工高－法政大
571	クレイグ・ウィング	1979.12.26	オーストラリア	ニューサウスウェールズ大－NRLラビトスールースターズ
572	安井龍太	1989.12.6	京都府	西京極中－東海大
573	中村亮土	1991.6.3	鹿児島県	鹿児島実高－帝京大

所属クラブ等	デビュー	CAP	ポジション	通算得点
ホンダーパナソニックーNTTコム/SRフォース	2013ロシア	25	WTB	95
トヨタ自動車ー釜石シーウェイブス	2014フィリピン	11	No8、フランカー	20
シャークスアカデミーーサントリー/SRワラターズ、レベルズ、サンウルブズ	2014フィリピン	30	FB、WTB、CTB	65
サントリー	2014フィリピン	2	CTB	5
ヤマハ発動機ー日野	2014フィリピン	3	No8	10
パナソニックー日野	2014フィリピン	3	CTB	5
NTTコム/バースRFC、SRレベルズ。サンウルブズ	2014ルーマニア	22	No8	40
宗像サニックス	2014ルーマニア	16	WTB	35
パナソニック/サンウルブズ	2014ルーマニア	25	プロップ	
サントリー/サンウルブズ	2014ジョージア	9	プロップ	
同大ーサントリー	2015韓国	2	WTB	5
キヤノンーパナソニック/サンウルブズ	2015韓国	10	ロック	10
NECー日野	2015韓国	7	ロック、フランカー	
キヤノン	2015カナダ	5	CTB	
神戸製鋼	2015ウルグアイ	10	プロップ	
クボタ	2016韓国1	3	プロップ	
東芝/サンウルブズ	2016韓国1	2	フッカー	
東芝	2016韓国1	6	プロップ	
パナソニック/サンウルブズ	2016韓国1	15	ロック	5
東芝	2016韓国1	5	フランカー	15
トヨタ自動車ーブルーシャークス	2016韓国1	2	フランカー	
サントリー	2016韓国1	3	No8、フランカー	5
パナソニックー神戸製鋼	2016韓国1	4	WTB	35
NTTコム	2016韓国1	4	CTB	10
豊田自動織機/サンウルブズ	2016韓国1	3	WTB	15
パナソニック/サンウルブズ	2016韓国1	13	FB	23
キヤノン	2016韓国1	4	プロップ	
東芝/サンウルブズ	2016韓国1	10	ロック	5
クボタ/サンウルブズ	2016韓国1	2	SH	
	2016韓国1	4	CTB	5
パナソニック/サンウルブズ	2016韓国1	13	フッカー	15
神戸製鋼/SRチーフス	2016韓国1	3	WTB	15
NTTコム/サンウルブズ	2016香港1	7	フランカー	5
トヨタ自動車	2016香港1	5	プロップ	
トヨタ自動車	2016韓国2	2	フランカー	
NTTコム	2016韓国2	2	FB	5
東芝	2016韓国2	2	プロップ	
※	2016韓国2	2	フランカー	
NEC	2016韓国2	2	SH	
NEC/サンウルブズ	2016カナダ	2	フランカー	
パナソニック/サンウルブズ	2016カナダ	3	WTB	
NTTドコモ/サンウルブズ	2016カナダ	3	CTB	
NECートヨタ自動車	2016カナダ	7	SH	5
パナソニック/サンウルブズ	2016カナダ	16	SO,CTB	39
ヤマハ発動機	2016アルゼンチン	4	プロップ	
東芝/サンウルブズ	2016アルゼンチン	4	ロック	
日野自動車ーキヤノン	2016アルゼンチン	12	ロック	10
ヤマハ発動機/サンウルブズ	2016アルゼンチン	11	ロック	
ヤマハ発動機/サンウルブズ	2016アルゼンチン	2	フランカー	
リコー	2016アルゼンチン	7	WTB	25
キヤノンーマツダーホンダ/サンウルブズ	2016アルゼンチン	8	WTB	35
ヤマハ発動機/サンウルブズ	2016アルゼンチン	6	プロップ	
東芝ー清水建設ブルーシャークス	2016アルゼンチン	7	フランカー	5
リコー/サンウルブズ	2016アルゼンチン	8	フランカー	
ヤマハ発動機/サンウルブズ	2016アルゼンチン	6	プロップ	
コカ・コーラー神戸製鋼/サンウルブズ	2016アルゼンチン	14	CTB	17
東芝/サンウルブズ	2016アルゼンチン	2	SH	
パナソニック/サンウルブズ	2016ジョージア	7	フランカー	
キヤノン/サンウルブズ	2016ジョージア	1	プロップ	

No.	氏名	生年月日	出身地	出身校
574	山田章仁	1985.7.26	福岡県	鞘ヶ谷RS/小倉高－慶大
575	ヘイデン・ホップグッド	1980.7.30	NZ	シャーリーボーイズ高－SRハリケーンズ－チーフス
576	松島幸太朗	1993.2.26	南アフリカ	グレアムカレッジ(南ア)－ワセダクラブ－桐蔭学園高
577	村田大志	1988.5.29	長崎県	長崎中央RS－長与RS－長崎北陽台高－早大
578	堀江恭佑	1990.7.11	東京都	小平RS/東京高－明大
579	林泰基	1985.4.26	大阪府	大東RS/四条中－大阪桐蔭高－立命館大
580	アマナキ・レレイ・マフィ	1990.1.11	トンガ	トンガカレッジ高－花園大
581	カーン・ヘスケス	1985.8.1	NZ	ネイピアテックObs/ネイピアボーイズ高－オタゴ大－オタゴ代表
582	稲垣啓太	1990.6.2	新潟県	新潟市JrRS/新潟工高－関東学院大
583	垣永真之介	1991.12.19	福岡県	草ヶ江YR/東福岡高－早大
584	松井千士	1994.11.11	大阪府	大阪工大RS－大阪RS/大宮中－常翔学園高校
585	宇佐美和彦	1992.3.17	愛媛県	西条高－立命館大
586	村田毅	1988.12.15	東京都	慶応志木高－慶大
587	ティム・ベネット	1990.8.1	オーストラリア	ビークロフト/ペナントヒルズ高
588	渡邉隆之	1994.5.27	北海道	小樽RS/札幌山の手高－東海大
589	北川賢吾	1992.8.27	熊本県	熊本RS－草ヶ江YR/東福岡高－同大
590	森太志	1988.4.25	福岡県	草ヶ江YR－府中JrRS/仙台育英高－帝京大
591	知念雄	1990.11.18	沖縄県	那覇西高－順天堂大－順大大学院
592	谷田部洸太郎	1986.7.29	群馬県	樹徳高－国士館大
593	山本浩輝	1992.11.17	大阪府	石見智翠館高－筑波大
594	安藤泰洋	1987.8.22	秋田県	船川南小スポーツ少年団/秋田工高－関東学院大
595	テビタ・タタフ	1996.1.2	トンガ	トンガカレッジ－目黒学院中・高－東海大
596	児玉健太郎	1992.1.28	福岡県	鞘ヶ谷RS/小倉高－慶大
597	石橋拓也	1992.8.19	福岡県	鞘ヶ谷RS/小倉高－慶大
598	山下一	1992.6.14	長崎県	三和中－長崎北高－筑波大
599	野口竜司	1995.7.15	大阪府	枚岡中－東海大仰星高－東海大
600	東恩納寛太	1992.11.26	沖縄県	名護高－帝京大
601	小瀧尚弘	1992.6.13	鹿児島県	鹿児島実高－帝京大
602	井上大介	1989.11.16	奈良県	やまのべラグビー教室/天理中・高－天理大
603	前田 土芽	1996.11.30	長崎県	長与YR/海星高－筑波大
604	坂手淳史	1993.6.21	京都府	神川中－京都成章高－帝京大
605	アタアタ・モエアキオラ	1996.2.6	トンガ	トンガカレッジ－目黒学院中・高－東海大
606	金正奎	1991.10.3	大阪府	啓光学園中・高－早大
607	三浦昌悟	1995.6.8	秋田県	金足西少年RS/秋田北中－秋田工高－東海大
608	古川聖人	1996.12.6	福岡県	鞘ヶ谷RS/東福岡高－立命館大
609	安田卓平	1996.5.20	京都府	同志社中・高－同大
610	橋本大吾	1994.1.28	埼玉県	熊谷RS/熊谷東中－深谷高－筑波大
611	ファウルア・マキシ	1997.1.20	トンガ	トンガカレッジ/日本航空石川高－天理大
612	中嶋大希	1996.3.25	埼玉県	深谷南中－深谷高－流経大
613	細田佳也	1987.8.5	長野県	上郷RS－飯田高－日大
614	笹倉康誉	1988,8,4	神奈川県	藤沢ＲＳ/向上高－関東学院大
615	パエア ミフィポセチ	1987.7.6	トンガ	正智深谷高－埼工大
616	茂野海人	1990.11.21	大阪府	岬ＲＳ－岬中－江の川高－大東文化大
617	松田力也	1994.5.3	京都府	南京都ＲＳ/陶化中－伏見工高－帝京大
618	仲谷聖史	1981.10.27	大阪府	高槻三中－島本高－立命館大
619	梶川喬介	1987.9.5	福岡県	かしいYR－福工大城東高－福工大
620	アニセ サムエラ	1986.8.30	フィジー	スバグラマースクール－フィジー工科大
621	ヘル ウヴェ	1990.7.12	トンガ	トーマス高－拓殖大
622	三村勇飛丸	1989.2.27	栃木県	佐野高－明大
623	ロトアヘア アマナキ	1990.4.14	トンガ	トゥポウカレッジ高－花園大学
624	レメキ ロマノ ラヴァ	1989.1.20	NZ	ポンソンビー・ポニーズ/ランコーン高校
625	伊藤平一郎	1990.10.5	福岡県	平尾ウイングRS/城南中－大分舞鶴高－早大
626	マルジーン・イラウア	1993.6.5	NZ	マンジアイースト中－ケルストンボーイズ高－帝京大
627	松橋周平	1993.11.24	長野県	長野市少年少女RS/市立船橋高－明大
628	山本幸輝	1990.10.29	滋賀県	野洲中－八幡工高－近大
629	ラファエレ ティモシー	1991.8.19	サモア	デラセラカレッジ高(NZ)－山梨学院大
630	小川高廣	1991.3.18	福岡県	中鶴少年RS/東福岡高－日大
631	布巻峻介	1992.7.13	福岡県	かしいYR－東福岡高－早大
632	山路泰生	1985.2.20	東京都	長崎南山高－神奈川大

所属クラブ等	デビュー	CAP	ポジション	通算得点
ヤマハ発動機/サンウルブズ	2016ウェールズ	4	フッカー	5
サントリー/サンウルブズ		11	プロップ	5
ヤマハ発動機/サンウルブズ	2017韓国1	4	ロック	
リコー	2017韓国1	1	ロック	
サントリー	2017韓国1	4	フランカー	5
東芝/サンウルブズ	2017韓国1	10	フランカー	
サントリー/サンウルブズ	2017韓国1	15	SH	10
NTTコム/サンウルブズ	2017韓国1	4	SO	41
サントリー	2017韓国1	3	WTB、FB	
サントリー/サンウルブズ	2017韓国1	2	プロップ	
ヤマハ発動機	2017韓国1	1	WTB	
トヨタ自動車/サンウルブズ	2017韓国1	2	プロップ	
パナソニック/サンウルブズ	2017韓国2	3	SO	27
ヤマハ発動機	2017香港1	2	CTB	
サントリー	2017香港2	2	フッカー	
NPCノースランドートヨタ自動車ーサントリーーNEC	2017ルーマニア	2	CTB	
キャノン/サンウルブズ	2017ルーマニア	8	フッカー	
SRフォースー日野自動車ーコカ・コーラ	2017アイルランド1	6	CTB、FB、WTB	5
トヨタ自動車/サンウルブズ	2017オーストラリア	9	ロック、フランカー、No8	10
SRキングスーブルズーNTTドコモ	2017オーストラリア	9	ロック	10
パナソニック/サンウルブズ	2017オーストラリア	5	プロップ	5
クボタ/サンウルブズ	2017オーストラリア	3	CTB	
トヨタ自動車/サンウルブズ	2017オーストラリア	3	フランカー	
ホンダヒート/サンウルブズ	2017トンガ	7	プロップ	
サントリー/サンウルブズ	2018ジョージア	3	フランカー	
PSIスーパーソニックスートヨタ自動車/サンウルブズ	2018NZ	1	WTB	5
NECー神戸製鋼	2018NZ	2	ロック、No8、プロップ	
サントリー	2018ロシア	1	CTB	

No.	氏名	生年月日	出身地	出身校	
633	日野剛志	1990.1.20	福岡県	浮羽RS/筑紫高ー同大	
634	石原慎太郎	1990.6.17	東京都	世田谷RS/国学院久我山高ー明大	
635	大戸裕矢	1990.3.9	埼玉県	熊谷RS/熊谷東中ー正智深谷高ー立命館大	
636	柳川大樹	1989.2.19	徳島県	徳島城東高ー大阪体育大	
637	小澤直樹	1988.10.8	神奈川県	桐蔭学園中・高ー慶大	
638	徳永祥尭	1992.4.10	兵庫県	宝塚RS/関西学院高ー関西学院大	
639	流大	1992.9.4	福岡県	りんどうYR/荒尾高ー帝京大	
640	小倉順平	1992.7.11	東京都	八王子RS/桐蔭学園高ー早大	
641	尾崎晟也	1995.7.11	京都府	南京都RS/伏見中ー伏見工高ー帝京大	
642	須藤元樹	1994.1.28	東京都	練馬RS/国学院久我山高ー明大	
643	伊東力	1990.1.11	長崎県	諫早農高ー龍谷大	
644	浅堀航平	1994.2.3	京都府	伏見中ー京都成章高ー帝京大	
645	山沢拓也	1994.9.21	埼玉県	熊谷東中ー深谷高ー筑波大	
646	鹿尾貫太	1995.9.6	福岡県	草ヶ江YR/東福岡高ー東海大	
647	堀越康介	1995.6.2	群馬県	高崎RC/桐蔭学園高ー帝京大	
648	デレック・カーペンター	1988.7.26	NZ	シティRFC/カモ高ーオークランド大	
649	庭井祐輔	1991.10.22	兵庫県	西神戸RS/報徳学園高ー立命館大	
650	ウィリアム・トゥポウ	1990.7.20	NZ	ブリスベンステート高校/NRLカウボーイズ	
651	姫野和樹	1994.7.27	愛知県	御田中ー春日丘高ー帝京大学	
652	ヴィンピー・ファンデルヴァルト	1989.1.6	南アフリカ	ネルスプロイト高校	
653	ヴァルアサエリ愛	1989.5.7	トンガ	トゥポウカレッジ中ー正智深谷高ー埼玉工大	
654	シオネ・テアウパ	1992.7.9	トンガ	トゥポウカレッジ高ー流通経済大学	
655	フェツアニ・ラウタイミ	1992.10.21	トンガ	トンガカレッジ高ー摂南大学	
656	具智元	1994.7.20	韓国ソウル	大分RS/日本文理大附高ー拓殖大学	
657	西川征克	1987.5.18	大阪府	文の里中ー東海大仰星高ー関西学院大	
658	ヘンリー ジェイミー	1990.3.11	NZ	Mtロスキルグラマー校ー立正大	
659	中島(ヴァカウタ)イシレリ	1989.7.9	トンガ	リアホナ高ー流経大	
660	梶村 祐介	1995.9.13	兵庫県	伊丹RS/報徳学園高ー明大	

※所属チームはキャップ獲得時
※省略国名　Eg=イングランド、Fr=フランス、It=イタリア、NZ=ニュージーランド、Wa=ウェールズ

あとがき

記者が初めて足を踏み入れたラグビーワールドカップは1991年、第2回イングランド大会だった。日本代表の試合取材を最優先しつつ、トゥイッケナム、マレーフィールド、ランズダウンロード、アームズパーク、パルク・ド・プランセ。ファイブネーションズのホームスタジアムを一巡りできるよう、それもホームチームの試合を味わえるように日程を組んだ。今ではどのスタジアムもすっかり姿を変えてしまった。当時はどのスタジアムも今よりキャパは少なかったけれど、スタジアムに風情があった。歴史を感じた。逆に言うと、かつてのラグビーの雰囲気を味わえる最後の大会に、ギリギリ滑り込めたのだと思う。

もちろん、試合はどれも素晴らしかった。選手たちの決意と連帯。集中。互いへの敬意。その場にいられることの幸せを感じた。

以来、ラグビーワールドカップの取材は記者のライフワークになった。日本代表は、なかなか望んだ結果を得られなかったけれど、どの試合でも現地の人たちが温かく応援してくれた。優勝争いにも関係ない、世界的に見れば弱小国同士の戦いにでも、開催国のファンたちは、大挙してスタジアムに駆けつけ、声援を贈ってくれた。記者もその恩恵にあずかった。日本代表が素晴らしい戦いを見せてくれたときは、必ずと言って良いほど酒場で、頼んでいないビールのパイントグラスが次々と運ばれてきた。御礼を言うと、赤ら顔をした現地の酔っ払いは、上機嫌で言うのだった。

「日本はいいラグビーをするな」

「オレはこれからジャパンを応援するよ」

最初はお世辞だと思った（何しろこっちは負けた悔しさでいっぱいなのだった、いつも）。だがそのうちに、相手は本当に感動しているんだなと気付いた。どっちを応援していた、勝った負けたということではない。相手は、日本チームの素晴らしいプレーを通じて、日本の魅力を感じ取れたことを喜んでいた。それを、本当に嬉しそうに、こちらに伝えようとしてくれた。ビールのパイントグラスを贈ってくれたのは、そのあいさつがわり、というニュアンスだった（もちろん、喜んでいただいた）。

記者自身も同じだった。日本が勝ったとき、日本が素晴らしいトライを取ったときは、本当に嬉しかった。だけど、他国の素晴らしいプレーに出会ったとき、かっこいいコメントを聞けたとき、彼らの気持ちをダイレクトに感じたとき。その感動はまた違う味わい深さがあった。

2019年、日本で開かれるワールドカップでは、たくさんの人が、初めて目にする国のチームの試合を応援することだろう。予備知識はほとんどないかもしれない。だけど、ラグビーの試合には必ずその国の国民性が見える。手も足も使えて、体ごとぶつかることができて、80分間という長い時間にわたって広いフィールドを走り続けるから消耗も激しい。だからこそ選手の素顔がピッチの上にあからさまに出る（最近はTMO＝テレビジョンマッチオフィシャル＝ビデオ判定も増えているから、その待ち時間を過ごしている表情にもチームのメンタルは垣間見えるだろう）。それまで知らなかった国について何かを発見したとき、それまで味わったことのない感動を得るだろう。

記者自身、これまでのワールドカップで、他の国のチームの魅力を、人々の魅力を感じ取れたとき、えも言われない感動、言い換えると幸福感を覚えた。地球が小さく、他国が近くなると感じた。

スポーツの世界大会の魅力とは、頂点を争う戦いの素晴らしさと同じくらい、世界と出会えることにあるのだと思う。スポーツはヘイトの対極にある。相手がいるから力を出せる。相手が努力してきたからいい試合ができる。相手が違う文化、バックグラウンドを持つならなおさら面白い。幸せな時間を過ごせる。相手を尊敬できる。だから熱中できる。すべてを賭けることができる。勝ち負けよりも大きな価値が、そこには見つけられる。

本書は、ラグビーワールドカップという大会を日本に迎えるにあたり、その歴史を創ってきたたくさんの人たちのことを、その歴史でたくさんの人の心を震わせた素晴らしい試合やプレーのことを、よりたくさんの人に知っていただきたいと思って作成した。これまでのワールドカップ取材で目撃した場面とストーリーと記録を紹介しつつ、これからみなさんが目にするワールドカップとはどんなに素晴らしい大会なのか、日本も含む各国の選手はどんな気持ちで大会にやってくるか、想像してもらうためのヒントになる情報をお伝えしたいと思った。

試合の前、試合のあと、ワールドカップ期間中も終了後も延々と続くだろう議論に、世界との繋がりに本書がお役に立てたなら、今までワールドカップを取材してこられたことに、僅かでも恩返しできたことになると思う。

本書を作成するに当たり、これまで取材させていただいたすべての選手、試合を運営されたスタッフ、関係者の皆さん、試合を盛りあげてくれたファンの皆さんに御礼申し上げます。そして、何度も長期間の出張に出る僕を支えてくれた家族に、心から感謝します。

みなさん、ワールドカップを、思い切り楽しみましょう。

2019年夏　大友信彦

【著者略歴】

大友信彦（おおとも・のぶひこ）

1962年生まれ。スポーツライター。
気仙沼高校、早稲田大学卒業。東京中日スポーツ記者として、ラグビーワールドカップを1991年第2回大会から7大会連続で全期間取材。Numberスコアカードは1994年から隔号連載。ラグビーマガジン「記録ナビ」は2000年から連載。WEBマガジン「RUGBYJAPAN365」（2011年設立）スーパーバイザー。同WEBマガジンオフィシャルブログ「ツール・ド・ラグビー」も2011年から。主な著書に「楕円球に憑かれた男たち」（洋泉社 1996年）、「再起へのタックル」（洋泉社 1999年）、「南アからウェールズまで」（洋泉社 2000年）、「奇跡のラグビーマン村田亙　37歳の日本代表」（双葉社 2005年）、「釜石ラグビーの挑戦」（水曜社 2007年）、「オールブラックスが強い理由」（東邦出版 2011年）、「エディー・ジョーンズの監督学」（東邦出版 2012年）、「釜石の夢　被災地でワールドカップを」（講談社文庫 2015年）、編書に「ザ・ワールドラグビー」（新潮社 2003年）、「不動の魂」（五郎丸歩著　実業之日本社 2014年）ほか共著も含め多数。

【主要参考文献】『ザ・ワールドラグビー』（新潮社2003年）、『ラグビーマガジン』（月刊・ベースボール・マガジン社）、『WORLD RUGBY YEARBOOK』（年刊・VSP）、『RUGBY FOOTBALL』（隔月刊・日本ラグビーフットボール協会）、その他、各大会・試合で発行されたプログラム、ワールドラグビーや各国協会の公式サイト、ESPN.comを初めとする民間・私設サイトの記述を参考にさせていただきました。また、ラグビー史料の発掘に人生を捧げた日本フットボール考古学会主幹の故・秋山陽一氏には多くの情報と知見をいただきました。格別の謝辞を捧げます。

読《よ》むラグビー

2019年 9 月10日　初版第1刷発行

著　者　大友信彦
発行者　岩野裕一
発行所　株式会社実業之日本社
〒107-0062　東京都港区南青山5-4-30
CoSTUME NATIONAL Aoyama Complex 2F
【編集部】TEL.03-6809-0452
【販売部】TEL.03-6809-0495
ホームページ　http://www.j-n.co.jp/
印刷所　大日本印刷株式会社
製本所　大日本印刷株式会社

カバーデザイン　杉本欣佑
本文デザイン　若松 隆

©Nobuhiko Otomo 2019 Printed in Japan
ISBN978-4-408-33881-1（書籍管理）
落丁・乱丁の場合は小社でお取り替えいたします。

実業之日本社のプライバシーポリシー（個人情報の取り扱い）については上記ホームページをご覧ください。
本書の一部あるいはすべてを無断で複写・複製（コピー、スキャン、デジタル化等）・転載することは、法律で認められた場合を除き、禁じられています。また、購入者以外の第三者による本書のいかなる電子複製も一切認められておりません。